"儒家文明省部共建协同创新中心"资助项目

山东大学儒学高等研究院重点项目

山东省"泰山学者"项目阶段性成果

汉字
中国

仁

曾振宇 · 主编

韩 星 · 著

华夏出版社
HUAXIA PUBLISHING HOUSE

图书在版编目（CIP）数据

仁／韩星著 . -- 北京：华夏出版社，2020.6
（汉字中国／曾振宇主编）
ISBN 978-7-5080-9788-6

I . ①仁… II . ①韩… III . ①汉字－通俗读物 ②中华
文化－通俗读物 IV . ① H12-49 ② K203-49

中国版本图书馆 CIP 数据核字（2019）第 124061 号

仁

作 者	韩 星	
责任编辑	李春燕	
美术设计	远顾设计工作室	
责任印制	顾瑞清	
出版发行	华夏出版社	
经 销	新华书店	
印 刷	三河市万龙印装有限公司	
装 订	三河市万龙印装有限公司	
版 次	2020 年 6 月北京第 1 版	
	2020 年 6 月北京第 1 次印刷	
开 本	880×1230 1/32	
印 张	10.125	
插 页	4	
字 数	220 千字	
定 价	66.00 元	

华夏出版社 地址：北京市东直门外香河园北里 4 号 邮编：100028
网址：www.hxph.com.cn 电话：(010) 64663331 （转）
若发现本版图书有印装质量问题，请与我社营销中心联系调换。

甲骨文　仁

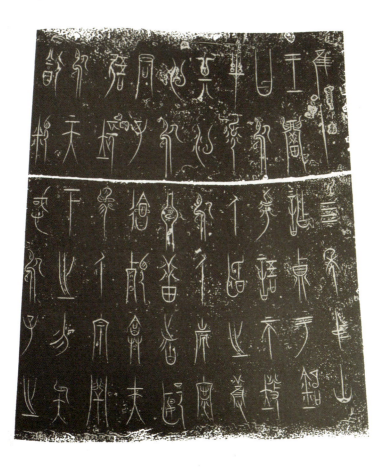

金文　战国中山王厝鼎

隶书　东汉张迁碑

土仁間君昊耀敬咏昊祓尊琦

大人之意違運心思乃知立表

后紀傳億載昊文曰

堂雕統華骨羍天畫卦顏育空

桑孔和元孝俟祖叡宫大阿所

授前閭九頭以升言教說百

隶书　东汉礼器碑

隶书　东汉石门颂

序

　　《汉字中国》丛书即将付梓，主编曾振宇教授嘱我在书尚写几句话。我认为"汉字中国"是个好题，丛书的出版是件好事，摆到读者面前的是一套好书，振宇教授美意岂能却之？遂谨献鄙意如下。

　　首先我想说，这是一套什么样的丛书。显然，它不是研究中国文字的学术丛书，而是在文字研究基础上通俗地讲述中国自有的文化哲学体系中一批重要概念的著作，是一套把汉字与它所承载的哲学概念如何紧密地融合起来这一独特的现象呈现出来的创新之作。

　　丛书的编著者们认为"中国本土哲学与文化形态中的概念、文字和词语是中国哲学与文化的'结晶体'"。这是一个含义很深邃、又很形象的比喻。这就意味着《汉字中国》将对中国哲学与文化的概念进行深入解读，探索其内涵和外延，从而发掘、展现中华文化与其哲学的精神、品质、性格的独特性，消解中国哲学与文化之双足只穿西方哲学之鞋履所带来的误解、困惑与尴尬。反过来看，通过对中国哲学与文化的认知和体验，又可以明了并深化对这些汉字形音义的来龙去脉、衍生变异以及遗存、渗透在现代汉语词汇中的文化基因的认识。或许这也是本套丛书冠以《汉字中国》之名的用意所在吧。

诚然,《汉字中国》所分析、论列的,大多是日常所用的字词,有些即使是"专门"词语,也已经为越来越多的人所习见;但是,由于种种历史的、社会的原因,今人也常常与这些字词的深意若即若离。而如果忽略了汉字在数千年传承、延绵、孳乳、变异过程中沉淀于后世语言形式里的传统文化意义,就会冷淡了中华文化的特性,很可能语言/概念发生"漂移"现象,不得已时只好乞灵于异质文化,从而难以形成阐述中华文化的中国话语体系。

"结晶体"这样一个形象而很有意趣的比况,更会引发读者的遐想:在这个"结晶体"里面,有着丰富多样的微观世界,中国文化的种种现象和思想都在有序地存在着、排列着。由此可以想见,《汉字中国》的筹划、酝酿、研究,用心良苦矣!我不由得又想到,《汉字中国》的影响所及,可能并不仅限于人文社会科学、哲学领域,即使在构建科学技术伦理、自然语言处理、人机对话、中外语言互译,乃至人工智能等领域,似乎也可以参考一下吧。

话说得远了些,就此搁笔。

忝谓之"序"。

2019 年 8 月 22 日

汉字
中国

◆ 仁

目录

第一章

仁的起源 ················· 1

一、仁的文字学考察················· 2

二、仁的文化人类学考察················· 9

三、仁的思想史考察················· 15

第二章

孔子的"仁"及其仁学思想体系 ··········· 23

一、"仁"——孔子思想的核心················· 23

二、孔子仁的渊源················· 24

三、孔子仁的含义················· 25

四、仁是生命的实践················· 30

五、仁与其他诸德行的关系················· 35

六、仁与人格境界················· 40

第三章

孟子以仁义为核心的内圣外王之道··········· 43

一、仁义为思想核心················· 43

二、内圣之道——仁德修养论 …………………………49

三、外王之道——仁政学说 …………………………55

第四章

荀子以仁为基础的礼义之统 ……………… **70**

一、仁是荀子思想的基础 …………………………70

二、荀子以仁为基础的礼义之统 …………………………76

结语 …………………………86

第五章

汉初儒者仁义核心价值观构建 ……………… **88**

一、陆贾仁义为本，道德为上 …………………………88

二、贾谊仁义为本，非礼不成 …………………………92

三、韩婴仁而好礼，仁本法用 …………………………99

第六章

董仲舒三才构架下的仁学思想 ……………… **106**

一、三才之道与董仲舒的三才观 …………………………106

二、《春秋》公羊学的仁学精神 …………………… 110

三、以三才为主体构架的仁学思想 …………………… 112

四、对"五常之道"的初步构建 …………………… 119

第七章

汉代仁学的多向流播 ……………… **124**

一、《淮南子》的道德仁学 ……………………124

二、扬雄"即体建用"仁学……………………………………131

三、《白虎通》的神性仁学………………………………135

四、桓谭以仁义正道为本………………………………140

五、王符富民正学兴仁义………………………………143

六、荀悦法教五常行仁政………………………………148

第八章

魏晋南北朝仁义价值观的解构与玄学化…………**153**

一、何晏、王弼以无为本，崇本息末……………………153

二、阮籍、嵇康越名教而任自然、以仁义为臭腐………161

三、向秀、郭象：名教即自然，仁义挠天下………………168

四、魏晋南北朝时期其他儒者的仁学观…………………175

第九章

中唐儒者对仁的新发展……………………………**186**

一、韩愈重建仁义价值观………………………………186

二、李翱灭情复性论……………………………………196

三、柳宗元立中道、行五常……………………………202

第十章

两宋理学家的仁学…………………………………**212**

一、张载"为天地立心"…………………………………212

二、二程以仁为天下正理………………………………220

三、朱熹集性理仁学之大成……………………………233

第十一章

宋明心学家的仁学 ················· 246

一、陆九渊发明本心之仁 ················· 246

二、陈献章天人合一的仁本论 ················· 256

三、王守仁天地万物一体之仁 ················· 265

第十二章

清代学者的仁论 ················· 276

一、黄宗羲的仁义功用观 ················· 276

二、王夫之内圣外王一体之仁 ················· 285

三、戴震人伦日用生生之仁 ················· 297

四、阮元"相人偶"人伦实践之仁 ················· 304

参考文献 ················· 313

第一章

仁的起源

　　"仁"是中国古代最重要，也是儒家思想最核心的一个概念，从孔孟到程朱的历代大儒，都把仁作为一种最高的道德准则，仁成为中国古代伦理道德的宗旨和根本，是人们立身处世、为政治国的指南和规范，是中华人文精神的集中体现。在中国古代，"仁"的内涵非常丰富，"仁"的范围非常广泛，几乎统摄着一切美好的德性，重要的如诚、敬、恕、忠、孝、爱、知、勇、恭、宽、信、惠、慈、亲、善、温、良、俭、让、中、庸、恒、和、友、顺、礼、齐、庄、肃、悌、刚、毅、贞、谅、质、正、义等，这些德目都体现了仁。因此，仁对中国传统文化的基本精神，儒家思想的核心价值以及整个民族的道德修养，都有着深远的影响。那么，这么重要的一个概念，起源于何时？最初的本意为何？对这些问题，历来众说纷纭，至今仍然尚无确切答案。这里仅从文字学、文化人类学、思想史三个方面加以考察，以对这一问题做一些探讨，以就教于大方之家。

一、仁的文字学考察

"仁"字是什么时候出现的？汉字是世界上最古老的文字之一，其形成完整体系的标志是甲骨文。对于甲骨文中是否有"仁"字，目前学界有两种相反的意见：一是认为甲骨文中没有"仁"字，更多的一些甲骨文著作、类编和辞书，也没有收录"仁"字；二是认为甲骨文中已经有"仁"字，并把所释读的这个字收入有关的论著中。

至于金文，根据考古发现已证明有"仁"字。1974 年考古人员在河北省平山县发掘了战国时期中山国墓葬群，在其中的 M1号墓发现中山王鼎，其铭文中有这么一句话："无不率臣"[1]，大部分学者认为这个"臣"字就是"仁"字。[2] 这是战国时期金文中存在"仁"字的确证。1981 年8 月 4 日，周原考古队在陕西省扶风县黄雄乡强家村发掘了一座西周墓，其中一件夷伯夷簋，又称夷伯簋，被定性为西周晚期（懿孝之际）青铜器，其中有"尸（夷）白（伯）尸（夷）于西宫"与"仁白（伯）尸（夷）于西宫"两句，前句是"尸白"，后句是"仁白"。这说明"尸"字和"仁"互代通用，尸伯、夷伯、仁伯是一回事，古代"尸""夷""仁"为一个字。

1 / 参见河北省文物管理处：《河北省平山县战国时期中山国墓葬发掘简报》，《文物》1979 年第 1 期。

2 / 参见容庚：《金文编》，中华书局 1985 年影印本，第 559 页。白奚：《仁字古文考辨》，《中国哲学史》2000年第 3 期。

夷伯簋是西周金文存在"仁"字的新证。[1]

文字学方面的解释最有代表性的当然是东汉许慎《说文解字》解释"仁"字说："亲也。从人二。忎，古文仁，从千心作。尸，古文仁，或从尸。"这就是说，许慎认为"仁"字有三种写法：

关于"仁"，东汉大经学家郑玄注《中庸》"仁者，人也"一句说："人也，读如'相人偶'之人，以人意相存问之言。"孔颖达《毛诗正义》曰："人偶者，谓以人意尊偶之。"联系起来看，就是说"仁"表示两个人之间的亲密，所以"仁"字"从人二"，就是指两个人互相以人意相存问，以人意尊偶，即互相亲爱的意思。所谓"相人偶"是汉代的特殊用语，"偶（耦）"有"匹""配""合""对"之意，两人见面相揖为礼，彼此之间互致敬意与问候，表示相亲相敬，便是"相人偶"。这都说明"仁"的本义表示两个人彼此间一种相亲相爱相敬的意思。

阮元作《〈论语〉论仁论》，发挥"相人偶"之说："春秋时孔门所谓仁也者，以此一人，与彼一人相人偶而尽其敬礼忠恕等事之谓也。相人偶者，谓人之偶之也。凡仁，必于身所行者验之而始见，亦必有二人而仁乃见。"[2]这是说，从字源看，"仁"是用以称两个人之间敬礼忠恕

1／霍彦儒，辛怡华主编：《商周金文编》，三秦出版社2009年版，第16页。

2／［清］阮元：《揅经室集》，中华书局1993年版，第176页。

的范畴。只要有两个人，他们之间就构成一种人伦关系；要想维持人与人之间的关系，就要相互亲爱、亲近。

近代以来许多学者也对"相人偶"进行发挥，如康有为对"相人偶"之意做了现代解说："仁从二人，人道相偶，有吸引之意，即爱力也，实电力也。人具此爱力，故仁即人也；苟无此爱力，即不得为人矣。"[1] 从"相人偶"产生吸引力而相亲，由相亲进一步形成像电力一样的爱力，这就是"仁"，"仁"是人之为人的根本，所以要成为一个真正的人就必须具有爱力（电力）；反之，如果不具有爱力（电力），就不成其为人了。这是引进西欧近代自然科学万有引力之说，给"相人偶"抹上了浓厚的科学色彩。

梁启超在《先秦政治思想史》中，也认同郑玄"仁"训作"相人偶"，他说："非人与人相偶，则'人'之概念不能成立。申言之，若世界上只有一个人，则所谓'人格'者决无从看出。人格者，以二人以上相互间之'同类意识'而始表现者也。既尔，则亦必二人以上交相依赖，然后人格始能完成。"[2]

谭嗣同也认为"'仁'从二从人，相偶之义也。""仁以通为第一义。以太也，电也，心力也，皆指出所以通之具。"[3] 谭嗣同试图汇通古今中外诸家学说，建立自己的仁学体系。在他看来，中外通、上下通、男女内外通、人我通是仁的基本要义。

1 / 康有为：《中庸注》，中华书局 1987 年版，第 208 页。

2 / 梁启超：《先秦政治思想史》，中华书局 2015 年版，第 98 页。

3 / 谭嗣同：《仁学》，中州古籍出版社 1998 年版，第 67、73 页。

现代有学者把"相人偶"解释为一种古老的礼仪，如刘文英先生认为"相人偶"是一种古老的礼仪："两个人见面，首先观顾对方，然后互相作揖，表示敬意和问候"，并进一步认为，"仁"字的结构就是"相人偶"的象形，因而"'仁'的观念是由'相人偶'礼仪产生的，这种礼仪就是'仁'的观念的客观原型。"[1]

张立文先生也认为，"相人偶"是一种仪礼，是仁观念的原型，可能来自夷人，这种仪礼形式蕴含着亲密的关系。[2]

不过，应该提及的是儒家的"仁"所讲的人与人之间的亲爱是以血缘关系为基础的，相亲相爱首先是从亲人开始的，是在亲情之爱的基础上以同心圆的方式层层扩展的。所以仁的首要含义是亲爱自己的亲人。《国语·晋语一》："为仁者，爱亲之谓仁。为国者，利国之谓仁。"《礼记·中庸》："仁者人也，亲亲为大。"孔颖达疏："仁谓仁爱相亲偶也。言行仁之法，在于亲偶。欲亲偶疏人，先亲己亲，然后比亲及疏，故云'亲亲为大'。"认为仁是人与人相亲偶的关系，但仁的实行首先是先亲爱自己的亲人，然后由亲近之人推及疏远之人。《礼记·经解》："上下相亲谓之仁。"亲善首先是对自己的亲人。清人孔广居《说文疑疑》则说："仁，亲也。人莫亲于父母，故以二人为意。《记》曰：'仁者人也，亲亲为大。'"[3]这显示了儒家的仁爱是一种等差之爱的特点。

1 / 参见刘文英：《"仁"之观念的历史探源》，《天府新论》1990 年 6 期。

2 / 参见张立文：《略论郭店楚简的仁义思想》，《孔子研究》1999 年第 1 期。

3 / ［清］孙广居：《说文疑疑》卷下，光绪恩庵校本。

关于"忎"，段玉裁说：忎，"从心，千声也"。[1]这要从"㥁"（仁）说起。"㥁"首见于战国玺印文，新见于郭店楚简，郭沫若早在 1932 年就把"㥁"释为"仁"字的异形，并推测它与"忎"的构形字例相同，他说古㥁字是仁字的异体字。仁字古代写作忎，从心千声，㥁字则从心身声，字例相同，可以互证。[2]而庞朴先生则不赞同，他认为我们现在从郭店简上看到的从身心的字，只因为"身"符有时被简化，大肚子变成一个实心的黑点，有点像是"千"字，于是从身心便被误会成从千心了。[3]刘翔在郭沫若基础上坚持认为，仁字较早的构形为"㥁"，后来讹变为"忎"，再省变为"仁"。[4]这样，刘翔就对"仁"提出了与许慎和段玉裁等传统解释有别的新解。由于郭店竹简中七十多个"仁"都写作"㥁"，为儒家仁学研究带来了新的活力，扩大了解释的空间。但在具体诠释中学者们的意见不尽相同，可以概括为两种：一种解释认为，"㥁"就是心里想着别人，爱惜人的生命，关心他人；另一种解释则认为"㥁"是对己身的爱，是心里想着自己，思考着自己，而不是对别人的爱和关心。其实，在我看来，这两种解释在儒家的义理中并不矛盾，是兼容的，因为儒家的仁爱是从"自爱"出发的，爱人首先要自爱。《荀

1／段玉裁：《说文解字注》上册，凤凰出版传媒集团，凤凰出版社 2007 年版，第 640 页。

2／郭沫若：《金文丛考》第二册，人民出版社 1954 年版，第 216 页。

3／参见庞朴：《"仁"字臆断——从出土文献看仁字古文和仁爱思想》，《寻根》2001 年第 1 期。

4／刘翔：《中国传统价值观诠释学》，上海三联书店 1996 年版，第 157－159 页。

子·子道篇》提出了"仁者自爱":有一天,孔子与他的三个弟子讨论仁爱的问题,子路先进来。孔子说:"仲由!明智的人是怎样的?仁德的人是怎样的?"子路回答说:"明智的人能使别人了解自己,仁德的人能使别人爱护自己。"孔子说:"你可以称为士人了。"子贡进来。孔子说:"端木赐啊!明智的人是怎样的?仁德的人是怎样的?"子贡回答说:"明智的人能了解别人,仁德的人能爱护别人。"孔子说:"你可以称为士君子了。"颜渊进来。孔子说:"颜回!明智的人是怎样的?仁德的人是怎样的?"颜渊回答说:"明智的人有自知之明,仁德的人能自尊自爱。"孔子说:"你可以称为贤明君子了。"类似记载又见《孔子家语·三恕篇》。我们分析孔子对子路、子贡、颜渊三位弟子问同样的问题回答不一样所下的不同的判词就会明白,孔子把知人爱人,看得比为人所知和为人所爱重要;把自知和自爱,又看得比知人和爱人重要。作为一种道德实践,仁者爱人的基本精神与价值取向在于为他人而奉献自我。然而,对仁德的理解如果仅仅停留在对"为他"("爱人")向度的单纯强调之上,则仁德就可能陷入一种对行动者自身缺乏积极价值关怀意涵的片面的自我否定。于是,"仁者爱人"的"爱人"也就必然趋于苍白、僵硬,或者出于外在道德规范的强制约束,或者出于行动者的刻意、造作,而缺失由内而生的植根于行动者生命本源的内驱力。因而,作为对儒家仁道伦理的全面理解,在"为他"的深处还体认到"为己",这就是颜渊所说的"仁者自爱"[1]。

1 / 王楷:《仁者自爱——儒家传统的道德生命观及其哲学基础》,《孔子研究》2012 年第 5 期。

儒家的仁要从自爱开始，以自爱为起点。一个不知自爱的人，即使爱人，也可能以其昏昏，使人昭昭。当然，人不能仅仅满足或停留在自爱，甚至以自爱为中心，而应该不断扩展仁爱的境界，提升仁爱的层次。[1] 正因为这样，"仁"包括了"爱己"和"爱人"两个方面。如果说"从人从二"的"仁"字主要反映了人——我关系的一面，那么，"从身从心"的"悬"字则更多反映了心——身内在的一面，它们共同构成了"仁"的完整内涵。孔子仁学正是从这一传统而来，包含了"成己"与"爱人"两方面内容。[2]

关于"尼"字，有学者已经尝试着结合近些年来新出土的文字材料对此字进行考辨，认为"尼"字也是由一个人形"（尸）"与"二"字构成。"尸"字是一个象形字，甲骨文、金文像人屈膝坐之形。另外，古人称代表死人接受祭祀的活人为"尸"。古代祭祀时，生者因不忍见至亲之不在，乃以活人"尸"代表死者接受祭礼，甚至享用祭品。文献资料"尸"字是一个坐着的人形。无论是构成"仁"的"亻"，还是构成"尼"的"尸"，其实都是"人"的象形，区别只是前者是一个立着的人形，后者是一个坐着的人形罢了。"仁"和"尼"构字的原则和要素是完全相同的，都是许慎所说的"从人二"，它们要表达的，都是"亲也"的"同类意识"。[3]

关于"尼"，段玉裁还有一个值得关注的说

1 / 参见韩星：《仁爱与和谐》，《青岛科技大学学报》（社会科学版）2013年第4期。

2 / 参见梁涛：《郭店竹简"悬"字与孔子仁学》，《哲学研究》2005年第5期。

3 / 参见白奚：《"仁"字古文考辨》，《中国哲学史》2000年3期。

法，他的《说文解字注》按："古文夷亦如此"[1]，这就提出了"仁"与东夷人的关系问题，暗示了研究"仁"字起源的文化人类学方向，这点我将在下面讨论。

二、仁的文化人类学考察

关于"仁"的观念，一些古代文献还有这样的说法，即"仁"的观念最早可能萌芽于东夷集团。如许慎《说文解字》在《大部》中解释了"夷，东方之人"之后，清儒段玉裁注曰："惟东夷从大。大，人也。夷俗仁，仁者寿，有君子不死之国。"是说夷是东方诸多部落的总称，其风俗仁厚、纯朴，活得长寿，有君子不死之国之说。

关于"君子之国"，《山海经·海外东经》载："君子国在其北，衣冠带剑，食兽，使二大虎在旁，其人好让不争。"《大荒东经》："有东口之山，有君子之国，其人衣冠带剑。"是说有一个君子之国，那里的人穿衣戴帽而且腰间佩带宝剑，但人们好让不争。《后汉书·东夷列传》解释东夷的"夷"字时指出："夷者，柢也。言仁而好生，万物柢地而出。故天性柔顺，易以道御，至有君子、不死之国焉。""夷""柢"即树木的根，万物都有根才能生长起来，比喻东夷人讲好生的仁德，树木根深才可以长高、不老，人有仁德也可健壮长寿，所以就有"夷俗仁，仁

1 / 段玉裁:《说文解字注》上册，凤凰出版传媒集团，凤凰出版社2007年版，第641页。

者寿"之说。东夷的风俗讲仁德，有仁德的人可以长寿。"仁者
寿"也见《论语·雍也》篇，《十三经注疏》解释"仁者寿"说：
"仁者少思寡欲，性常安静，故多寿考也。"有仁德的人很少胡
思乱想，没有多少欲望，性格喜欢安静，所以能够长寿。西汉
大儒董仲舒在《春秋繁露·循天之道》中说："仁人之所以多寿
者，外无贪而内清净，心平和而不失中正，取天地之美，以养其
身，是其且多且治。"有仁德的人没有贪欲，内心清净，平和中
正，获取自然界美好的精华，用来滋养自己的身体，因而活得长
寿。总之，东夷人秉天地好生之仁德，天性柔顺，敦厚平和，崇
尚仁德，故多长寿。因此，"仁"的本义与"东方之人""东方之
族""东方之地"的风俗有着某种联系。"仁"既不是上天派生
的，也不是个别圣人创造的，它来源于古老民族的生活和风俗。
这种风俗曾经为古老先民视为平常之事，见惯不惊。[1]

　　孔子的"仁"与"夷俗仁"有密切的联系，《论语·子罕》
"子欲居九夷"，《论语·公冶长》"道不行，乘桴浮于海"，刘宝
楠《论语正义》说："夫子不见用于中夏，乃欲行道于外域，则
以其国有仁贤之化故也。"孔子周游列国，不遇明君，不被任
用，圣道不行，遂有想到九夷去的念头，或许
是因为孔子知道九夷有崇尚仁德的文化传统。
《汉书·地理志》云："东夷天性柔顺，异于三
方之外，故孔子悼道不行，设浮于海，欲居九
夷，有以也夫！"因为东夷的人跟其他地方的

1 / 参见武树臣:《"仁"的起
源、本质特征及其对中华法
系的影响》,《山东大学学报》
2014 年第 3 期。

人不一样，天性温顺，孔子的政治理想不能在中原推行，所以他就发牢骚说乘着木筏到东夷国去。从一些资料来看，孔子对东夷人及其文化是很尊重的，他曾乘鲁国附属小国郯国国君郯子来鲁国访问的机会拜见郯子，向他请教学习。这个郯国，虽是鲁国南方一个区区小国，却在当时颇有名气，这其中的主要原因是国君郯子的政绩、才华和仁孝之德赢得了人心。郯子治郯讲道德、施仁义、恩威有加，百姓心悦诚服，使郯地文化发达，民风淳厚，一些典章制度都继续保持下来，对后世的影响十分深远。鲁昭公十七年（前525）郯子第二次朝鲁时，昭公盛宴款待。席间，鲁大夫叔孙昭子问起远古帝王少昊氏以鸟名官之事。郯子数典述祖侃侃而谈。他说：少昊是我的祖先，我当然知道。我的祖先少昊挚初立位时，恰好有凤凰飞来，这被当成吉祥的征兆，因此就拜鸟为师，以鸟名来称呼各种官职。郯子进一步解释说：少昊是我们的高祖，我知道这是什么道理。从前黄帝以云来记事，因此他的百官都以云命名；炎帝以火来记事，因此他的百官都以火命名；共工氏以水记事，他的百官都以水命名；太昊氏以龙记事，他的百官都以龙命名。我的高祖少昊让凤鸟氏掌管历法。凤鸟氏，就是历正。凤凰是吉祥的神鸟，它一出现天下就和平安定，它是知道天时的。历正是主管历数正天时的官。玄鸟氏掌管春分、秋分。玄鸟即燕子，它们春分飞来，秋分离去，故名掌管春分和秋分的官为玄鸟氏。伯赵氏掌管夏至、冬至。伯赵就是伯劳鸟，它夏至开始鸣叫，冬至停止，故以它命名这个官职。青鸟氏掌管立春、立夏。青鸟就是鸧鸹，它在立春开始鸣叫，立夏停止，故这个官职以它命名这个官职。丹鸟氏掌管立秋、立冬。丹鸟即雉，它立秋来，立冬离去，故以它命名。以上这四种鸟都是凤鸟氏的属官。祝鸠氏就是司徒。祝鸠非常孝顺，故以它命名主管教育的官职。颛顼之后，因为无法记录远古时代的事情，就从近古时代开始记录。作为管理百姓的官职，就只能以百姓的事情来命名，而不像从前那样以龙、鸟命名了。孔子当时二十七岁，在鲁国做个小官，他听了郯子这番话之后，就拜郯子为师。可见，孔子时代，东夷人还有着较高的文化水平和仁德的风尚。

西周时东夷有个徐偃王，史书上有徐偃王好仁而亡的说法。徐偃王，嬴姓徐氏，名诞。徐戎（徐国）国君，统辖今淮、泗一带，建都泗水。徐国历史悠久，相传夏朝时早已雄踞于东方，其首领名皋陶，偃姓，曾被舜任命为掌管刑法的官员。皋陶生子伯益，伯益因助大禹治水有功，禹封其子若木于徐地，建立徐国，其部落名徐夷、徐戎或徐方。徐国的范围为今淮、泗一带，国都建在今泗洪境内的大徐城，相传四十四世，直到周敬王八年（前512）为吴国所灭，历时一千六百余年。徐国的历史传至第三十二世时，国君即东夷盟主徐偃王。徐偃王好行仁义，徐国五谷丰登，人民安居乐业，国力不断强盛，来朝贡者日益增多，统治的范围也越来越大。据史料记载，当时各地来朝者"三十有六国""地方五百里"，范围涉及淮河、泗水流域的苏、鲁、豫、皖

的部分地区。周穆王以徐偃王"僭越"称王、"逾制"建城等为由
讨伐偃王，派造父驾驷马日行千里，由昆仑急速而至，传令楚文
王出兵讨伐徐国，大破之，杀偃王。对于徐偃王的悲剧，韩非子
反思说："古时周文王住在丰、镐一带，土地只有百里见方，施行
仁义的政治，用安抚的手段使西戎归附了自己，终于统一了天下。
徐偃王住在汉水以东，土地有五百里见方，施行仁义的政治，向
他献地朝贡的国家有三十六个；楚文王怕他危害到自己，起兵攻
打徐国，便灭掉了它。所以周文王施行仁义的政治终于统治天下，
徐偃王施行仁义的政治却亡掉了自己的国家，这说明仁义的政治
只适用于古代而不适用于今天。"（《韩非子·五蠹》）韩非子举文
王行仁义而王天下，偃王行仁义而丧其国的历史事实得出仁义用
于古不用于今的结论。《淮南子·人间训》也记载：从前徐偃王喜
欢施行仁义，这样使天下三十二个国家朝拜他。这时王孙厉就对
楚文王说："君王如果不讨伐徐国，那过不了多久，我们就要反过
来去朝拜他了。"文王就说："徐偃王是位有道之君，他喜欢施行
仁义，我们不好讨伐他。"王孙厉就接着说："强国对付弱国，大
国对付小国，这就如同用石击卵、虎吃猪一样，大王有什么好犹
豫的。再说实施文治却不能实现德政，奉行武道又不能显示出实
力，那么祸乱没有比这更大的了。"听了这席话，文王说："好！"
于是就发兵攻打徐国，并很快将徐国消灭了。这样，徐偃王就成
为一个只知实施仁义却不知道世道已变的人了。这与韩非子的观点
一致，韩非子也批评徐偃王知仁义而不知世变，是其悲剧结局的

根本原因。

到了春秋战国，殷商后代的宋国还出了个宋襄公。殷商文化是以东夷文化为基础的，宋襄公传承了东夷人的仁德文化，内修国政，仁义治国，国力有较大的提升，并以仁义为号召，成为春秋五霸之一。不过，他和其他四霸不同，其他四霸皆因实力强大，能够召集各诸侯会盟而称霸。宋襄公只是在齐国内乱时，帮助齐公子复国，想代齐作为盟主，但没有军事实力。前638年，宋、楚泓水之战时宋襄公施行"仁义"，结果被楚军击败，自己也因伤重身亡。据《左传·僖公二十二年》载：宋襄公与楚国人在泓水边上作战。宋军已经排成队列，楚军还没有全部渡过河。司马子鱼说："他们兵多，我们兵少，趁他们没有全部渡过河，请君王下令攻击他们。"宋襄公说："不行。我们号称仁义之师，怎么能趁人家渡河时攻打呢？"楚军渡过河以后还没有排开阵势，司马又建议宋襄公进攻。宋襄公说："还不行。等他们列好阵吧。"等楚军布好军阵，楚兵一冲而上，大败宋军，宋军损失惨重，宋襄公也被楚兵射伤了大腿。大家都埋怨宋襄公不听公子司马子鱼的意见，宋襄公却教训道："一个有仁德之心的君子，作战时不攻击已经受伤的敌人，同时也不攻打头发已经斑白的老年人。古人每当作战时，并不靠关塞险阻取胜，寡人的宋国虽然是殷商亡国之人的后裔，却不攻打没有布好阵的敌人。"汉代董仲舒在《春秋繁露·俞序》中说："……宋襄公不厄人，不由其道而胜，不如由其道而败，《春秋》贵之，将以变习俗，而成王化也。"将宋襄公塑造成一个为理想牺牲的仁人，对汉代的影响很大。司马迁在《史记·宋微子世家》最后的太史公曰里面就品评了宋襄公，说他虽然因推行仁义而败于泓，但后人也因此伤感于中国的礼仪崩坏，以至于这种讲仁义的人得到这种下场，因此宋襄公以他的"礼让"得到后人的认可，位列五霸。宋襄公讲仁义绝不是"空谈"，而是实实在在地将仁义的理念贯彻到实际行动中，这也是符合当时的社会礼仪的。因为在周代，按照礼仪和道德要求，连贵族出去打猎都要依照礼法，比如不杀幼兽、一箭没射死的伤兽也不能赶尽杀绝，此外还有诸多其他礼制的规定。春秋前期的诸侯战斗都还是遵循礼仪的，一般要下战书约定时间、地点，然后待军队双方列阵完毕，才堂堂正正开战，而绝不是春秋后期到战国为了战胜对方使阴谋诡计，冷酷残忍，无所不用其极。

由此可以看出，东夷仁德文化的传统是春秋时期孔子仁学思想的一个渊源。王献唐先生就曾提出东夷古国的道德观念是仁道，孔子本是接受东方传统的仁道思想，又进一步发展为儒家的中心理论[1]。

三、仁的思想史考察

《诗经》中的"仁"字出现了两次，一是《郑风·叔于田》："叔于田，巷无居人。岂无居

1 / 王献唐：《山东古国考》，齐鲁书社 1993 年版，第 219 页。

人？不如叔也。洵美且仁。"该诗描写郑庄公的弟弟太叔段打猎、饮酒、骑马时的勇武矫健，赞美他人品出众，无人能及。所以，有学者指出，"洵美且仁"的"仁"似不具有道德的含义，而主要强调的是外貌英俊威武，有男子气魄[1]。一是《齐风·卢令》："卢令令，其人美且仁。"这是描写一位猎人的风采，下面两段又分别提到"其人美且鬈""其人美且偲"，均说的是容貌气质和能力。"其人美且仁"的"仁"字与之对应，也应是指男子气魄。所以《诗经》中"仁"字凡两见，但均与后世的用法不同，主要是指有人样儿，有男子气魄，生命力洋溢的精神气概，反映了当时人们对"人之为人"的理解。[2]

仁是人之为人的根本，以"人"释"仁"的文献资料很多：《中庸》："仁者，人也。"《孟子》："仁也者，人也。"《荀子·君子》："仁者，仁此者也。"董仲舒《春秋繁露·仁义法》："仁之为言，人也。"纬书《春秋·元命苞》曰："仁者，情志好生爱人，故其为仁以人，其立字二人为仁。"[3]清人徐灏《说文解字注笺》："《中庸》曰：'仁者，人也。'《孟子》曰：'仁也者，人也。'《荀子·君子》篇曰：'仁者，仁此者也。'谓仁即为人之道也。人能尽为人之道，斯谓之仁，故因而重之以见义。二有偶义，故引申之有相亲之义。

1／参见屈万里：《仁字涵义之史的观察》，《民主评论》1954 年第 5 卷 23 期。

2／梁涛：《郭店竹简"忞"字与孔子仁学》，《哲学研究》2005 年第 5 期。

3／[清]赵在翰辑：《七纬》下，钟肇鹏，萧文郁点校，中华书局 2012 年版，第 415 页。

郑康成氏所谓相人耦，是也。扩而充之则曰博爱之谓仁。千心为仁即取博爱之意。"[1]是说仁是人之为人之道，有相亲相爱之意，是由爱亲人扩充到爱他人，所以也有博爱的意思。

就儒家经典来看，《尚书·金縢》载周公自谓"予仁若考能，多材多艺，能事鬼神"，"予仁若考"一句中的"仁"字解说亦多分歧，有的认为很难说是真正仁的观念，也有把这里的"仁"解释为一种美德的。其实孔安国注认为这里的"考"指父，全句意思为：我周公仁能顺父，又多材多艺，能事鬼神。[2]孙星衍疏曰："'考能'作'巧能'，知'考'字当作'桥、巧'。"[3]尽管两种说法差别很大，但对仁的理解则相当一致，即把仁看成一种品德。《尚书·太甲下》："惟天无亲，克敬惟亲。民罔常怀，怀于有仁。""罔"通"无"，"怀"为归向。孔传："民所归无常，以仁政为常。"老百姓没有固定不变的归向，如果有的话，那就是仁政了。《尚书·泰誓中》："虽有周亲，不如仁人。""周"是周密、周到、亲切的意思。"周亲"即关系最为密切，对自己最为关心照顾的亲人。不过，因为《太甲》《泰誓》是伪古文，是否能反映西周时有仁的观念还不敢确定，仅作参考。

西周后期，"仁"的观念肯定出现了，《逸周书·宝典解》为武王告周公以仁德为宝

1 / 丁福保：《说文解字诂林》，中华书局 1988 年版，第 7918 页。

2 /〔唐〕孔颖达：《尚书正义》，北京大学出版社 1999 年版，第 334 页。

3 /〔清〕孙星衍：《尚书今古文注疏》下，中华书局 1986 年版，第 326 页。

而作，它通过武王与周公的对话，讲述了所谓"四位"（定、正、
静、敬）、"九德"（孝、悌、慈惠、忠恕、中正、恭逊、宽弘、温
直、兼符），还讲述了所谓"三信"，内容涉及王者修身、择人、
敬谋、慎言的原则，重点讲信、义、仁，而其落脚点在于"仁"。
周公作揖叩头，起来说："臣既能生宝，恐未有，子孙其败。既能
生宝，未能生仁，恐无后亲。王宝生之，恐失王会，道维其废。"
武王行礼，说道："格而言！维时余劝之以安位，教之广。用宝而
乱，亦非我咎，上设荣禄，不患莫仁。仁以爱禄，允维典程。既
得其禄，又增其名，上下咸劝，孰不竞仁？维子孙之谋，宝以为
常。"武王行礼，说道："你的话最好了。为此我要劝勉百姓安以
四位，教他们都懂得九德。如果因行用信、义、仁而发生混乱，
那就不是我的过错了。上面设置荣誉俸禄，就不怕谁不仁了。行
仁而又珍爱俸禄，确实会成为典范。既能得到他的俸禄，又增加
了他的名誉，上上下下都相互劝勉，谁能不竞相为仁？为子孙后
代考虑，这个宝要长久不变。"武王提出，为了子孙后代江山万年
长，要把"仁"作为珍宝长久地保持下去。《逸周书·文政解》提
出"昭九行"："一仁，二行，三让，四言，五固，六始，七义，
八意，九勇。"这九"行"显然已经是德行了，其中"仁"为九行
之首。该篇又提出"固九守"："一仁守以均，二智守以等，三固
守以典，四信守维假，五城沟守立，六廉守以名，七戒守以信，
八竞守以备，九国守以谋。"陈来先生认为其中前四项，仁、智、
固、信都是德行，仁可以保持均平而无偏倾，从这个说法中可以

了解"仁"的意义。[1]对于由西周到春秋仁的观念的演变，陈来先生论述道，"周人德性论的叙述中有些地方已经提到仁德，但或意义不清，或强调不力。而在春秋各诸侯国，仁的意义渐渐明确，其地位也越来越重要"，但"在多数场合，'仁'只是众德之一，地位并非突出于诸德之上"。[2]

　　到了春秋时期，随着从重神向重人的转变，人本意识渐浓，《左传》《国语》中的"仁"字逐渐多了起来。这些"仁"字的涵义丰富，但多从道德原则和治国之道立论，如《左传·庄公二十二年》载：二十二年春季，陈国人杀了他们的太子御寇。陈国的敬仲和颛孙逃亡到齐国。齐桓公想任命敬仲做卿，他辞谢说："寄居在外的小臣如果有幸获得宽恕，能在宽厚的政治之下，赦免我的不熟谙教训，而得以免除罪过，放下恐惧，这是君王的恩惠。我所得的已经很多了，哪里敢接受这样的高位而招来官员们的指责？"齐桓公就让他担任了工正官。敬仲招待齐桓公饮酒，桓公很高兴。天晚了，桓公说："点上灯继续喝酒。"敬仲辞谢说："臣只知道白天招待君主，不知道晚上陪饮。不敢遵命。"君子说："酒以成礼，不继以淫，义也。以君成礼，弗纳于淫，仁也。"酒用来完成礼仪，不能没有节制，这是义；由于和国君饮酒完成了礼仪，不使他过度，这是仁。《国语·周语上》记载了周襄王时代内史兴的一段话，其中多次提及"仁"："礼，所以观忠、信、仁、义也。忠，所

1 / 陈来：《古代思想文化的世界》，生活·读书·新知三联书店2002年版，第250页。

2 / 陈来：《古代思想文化的世界》，第256、269页。

以分也；仁，所以行也；信，所以守也；义，所以节也。忠分则均，仁行则报，信守则固，义节则度。"意思是说，礼仪就是用来观察忠、信、仁、义的，忠是用于判断，仁是用于施行，信是用于维护，义是用于节制。以忠判断才公正，以仁施行才生效，以信维护才稳固，以义节制才适度。这里"仁"与"忠""信""义"并列，为礼所涵摄下的一个具体德目。《国语·周语中》："以怨报德，不仁。"《国语·周语下》："爱人能仁。"《左传·哀公七年》："小所以事大，信也。大所以保小，仁也。背大国，不信，伐小国，不仁。"《国语·周语中》载周襄王的一位大臣富辰说："仁，所以保民也。……不仁，则民不至。"《国语·晋语一》云："为仁与为国不同，为仁者爱亲之谓仁，为国者利国之谓仁。"这里的"仁"指居家能"爱亲"、在邦能"利国"之"仁"。

值得注意的是，《左传》《国语》中的"仁"多在孔子之前，但多能够与孔子论"仁"契合。如《左传·隐公六年》："亲仁善邻，国之宝也"，是讲以亲善邻邦为仁；相反，见难不救、幸灾乐祸则为不仁，《左传·僖公十四年》记载了这么一个故事：春秋时，晋国发生灾荒，请求向秦国买粮，大臣百里奚赞同卖粮，秦国给晋国支援了大批粮食，使晋国渡过了灾荒。第二年，秦国发生灾荒，向晋国求援，晋国不肯帮助，大臣庆郑劝谏晋国国君："背施无亲，幸灾不仁，贪爱不祥，怒邻不义。四德皆失，何以守国？"意思是背弃对自己有过恩惠的人，就会再无亲人；幸灾乐祸就是不仁；贪求所爱之物，就是不祥；使邻人怨怒，就是不义。这四种道德都丢掉了，用什么来保卫国家？晋惠公不听。庆郑退下来说："国君要后悔的！"消息传到秦穆公那里，秦穆公非常生气，便先发制人，倾巢出动，带着他的人马及战车四百辆，东出崤山，浩浩荡荡杀奔晋国而来！晋惠公也准备充分，严阵以待，发战车六百辆，西出黄河，耀武扬威挺兵相拒！两家终于反目为仇，挥戈相向，"秦晋之好"再也好不下去了。

更值得注意的是，《左传》中甚至有一些孔子论"仁"的直接思想来源。如《僖公三十三年》臼季对晋文公说，"臣闻之，出门如宾，承事如祭，仁之则也"，这与《论语·颜渊》"仲弓问仁，子曰：出门如见大宾，使民如承大祭"几乎一样。《左传·昭公十二年》所载：仲尼曰："古也有《志》，'克己复礼，仁也'，信善哉！"这表明孔子也承认"仁"是古已有之的观念，而且本义就是为了克己复礼。总之，《左传》中"仁"作为美德之一，常与礼、义、智、信、忠、敏等德目并列，这与孔子的做法非常一致。从以上这些内容看，春秋时"仁"的内涵正在不断丰富，但一则还是礼乐文化传统中一个不起眼的"德目"，二则还比较零散，没有形成体系。孔子在反思礼乐文化时，注意到了这一点，他发现了其中蕴涵的丰富的可资开掘的人文信息，对"仁"进行了哲理化的升华和系统阐述，在生活和政治实践中多向地赋予"仁"以新意，使之成为其学说体系的一根新的支柱，与礼一起支撑起了一座巍峨的仁学思想体系的大厦。

根据以上考察，我们可以看到，"仁"观念的渊源复杂而多元，显示了中国文化的源远流长，儒家思想的深厚底蕴。"仁"字在甲骨文中是否存在还未定，但在金文中已经出现是确定无疑了。《说文解字》中"仁"字的三种写法分别表达了仁相亲相爱相敬的含义，自爱与爱人两方面内容。"仁"与古代的祭祀礼仪有关系，"仁"的观念最早可能萌芽于东夷集团。儒家经典《诗》《书》《周书》中已经有了"仁"的观念，尽管其含义还不全是后来的道德观念。到了春秋时期，中国文化基本精神从重神向重人的转变，人本意识渐浓，《左传》《国语》中的"仁"逐渐多了起来。这些"仁"字的含义很多，但多从道德原则和治国之道立论，多与孔子论"仁"能够契合，成为孔子仁学形成的现实土壤。孔子正是在深远的历史文化渊源和深厚的思想土壤中形成其仁学思想体系的。

第二章

孔子的"仁"及其仁学思想体系

一、"仁"——孔子思想的核心

核与心组成"核心"一词，是指事物最主要且赖以生存和发展的那一部分。关于孔子思想体系的核心是什么？有多种不同说法：仁、礼、和、中庸等，但多数学者认为是"仁"。孔子以"仁"为其思想体系的核心，也以"仁"为首要之德、全面之德，形成了其"仁学"思想体系。《礼记·儒行》谈到仁与诸种德行的关系时说："温良者，仁之本也；敬慎者，仁之地也；宽裕者，仁之作也；孙接者，仁之能也；礼节者，仁之貌也；言谈者，仁之文也；歌乐者，仁之和也；分散者，仁之施也。儒皆兼此而有之。"温和善良是仁的根本，恭敬谨慎是仁的质地，宽宏大量是仁的兴作，谦逊地待人接物是仁的功能，礼节是仁的外貌，言谈是仁的文采，歌乐是仁的和谐，分财散物是仁的施与。这些美德儒者兼而有之。显然，儒者们的诸多德行都是仁的体现。《论语·述而》载孔子曰："志于道，据于德，依于仁，游于艺。"这可以说是儒家思想的纲要，集中体现了仁的核心地位。孔子所谓"道"是指人道，即做人必须遵循的总原则、追求的总目标，所以要志于道；德者得也，得道也，道体现在人就是德，德是人的一切行为的依据；"仁"是"德"的根本，"德"从属于"仁"，故依于仁，即符合于"仁"的行为才是道德行为；至于"艺"，包括礼乐射御书数等六门技艺，在进行这些技艺活动时当然要以"仁"为指针。所以，"道""德""仁"三者是相通的，或者可以说，是同一概念的不同表述。在这个意义上，道、德也就是仁道、仁德，其中心点则在仁。[1]后来历代儒家就大致沿着这个脉络，以仁为核心，不断传承与发展孔子的思想，形成了一脉相承、博大精深的儒学思想史。

二、孔子仁的渊源

那么，孔子的"仁"是怎么来的呢？其远的渊源与第一章"夷俗仁"有关，前面已经叙述，此处略。

孔子的"仁"的近的渊源是西周，是对周人"德"的继承和发展。孔子的"仁"受西周德治思想的启发，把"仁"作为实现德治的一个必要条件，把德治思想从天命的敬德落实到人本的仁治，更新了德治的含义。然而，仁治毕竟与西周的德治有区别，区别就是：德治是把民当作臣民来恩惠，仁治则是把民当作人来对待。正是在这个意义上，孔子认为春秋时人们尽管对德

1 / 许建良：《先秦儒家的道德世界》，中国社会科学出版社2008年版，第41页。

多有议论，但"知德者鲜矣"。(《卫灵公》)只有他，才从德治思想中升华出了仁作为新的德（道德之德）的基础，只有这样，把仁与德联系起来看，也才能真正认识德。孔子通过对"六经"的阐释，把古代"尚德"的传统提升概括为"仁爱"的观念，"仁爱"在孔子这里不仅是政治的准则和目标，也是人类生活的根本准则和目标，因而"仁爱"就具有了本体论意义。

孔子把仁的重点放在对"人"的研究上，把人从天命神学中解放出来，提出了"仁"作为他思想的中心，在中国思想史上首次系统地形成了一套人学思想体系，为中华文化的人文精神奠定了基础。郭沫若把孔子的"仁学"称为"人的发现"[1]，张岂之先生也认为，"《论语》中多处为'仁'规定界说，其特点是：'仁'不是以祖先神的崇拜为出发点，而是以人的理性为基点；不是以氏族群体为出发点，而是以个人修身为基点；不是以维护一方而牺牲另一方为出发点，而是以力求照顾到人际双方的利益为基点。孔子将'仁'解释为'爱人'就显示了这样一些特点"。[2]

三、孔子仁的含义

孔子继承了前人的观念，并且把"仁"发展成为系统的学说。在《论语》中，有58章涉及仁，一共有109个仁字，可见孔子对仁的重视，

1 / 郭沫若:《十批判书》,《郭沫若全集》历史卷第二卷，人民出版社1982年版，第91页。

2 / 张岂之:《儒学·理学·实学·新学》，陕西人民出版社1991年版，第6页。

就今人看来，仁的概念内涵很丰富，但孔子并没有给仁以确定的定义，只是根据对象、情景的不同，采取不同的阐述方式，表达不同的思想内容，在现实生活中"能近取譬"地揭示仁的不同内涵，给后人留下了不断诠释发挥的空间，却让我们今天的人有时感到无所适从。

在孔子所有的关于"仁"的论述中，有"仁"的本质和内涵的问题，如"孝弟也者，其为仁之本与"。（《学而》）孝指尊敬顺从父母，弟（悌）指尊重兄长，是中国古代处理家族内部两大关系的基本要求。子曰："弟子入则孝，出则弟。"（《学而》）"出则事公卿，入则事父兄。"（《子罕》）由于当时的家族组织与行政关系密切，在家能孝悌者，在政治上必定能敬重君主、公卿，因此当有人对孔子说："你为什么不从事政治呢？"孔子道："《尚书》上说：'孝呀，只有孝顺父母，友爱兄弟，并把这种风气影响到政治上去。'这也就是从事政治呀，为什么一定要做官才算从事政治呢？"就是说孝悌本身就是政治，或者说就是政治的一部分。那么，如何做到孝呢？一是合礼。子曰："生，事之以礼；死，葬之以礼，祭之以礼。"（《为政》）父母活着的时候，要按礼侍奉他们；父母去世后，要按礼埋葬他们、祭祀他们，即生前死后都能以礼待之，便是孝。二是真情实感。子游问孔子什么是孝，孔子说："现在许多人认为孝就是能养父母，让父母吃饱。其实你养狗养马也要让它们吃饱，如果只是给饭吃而不能真正孝敬父母，那跟养狗养马又有什么区别呢？"就是说，赡养父母要有敬重的感情，不然，与对待犬马就没有分别了。这一观点还可以从孔子对宰我的批评中得以印证，有一次宰我问孔子："老师啊！服丧三年，时间就已经很长了，我觉得一周年可以结束它了。"孔子说："父母去世一年后就吃稻米饭，穿锦衣，你心安吗？"宰我说："心安。"孔子说："你心安就那样去做吧！君子守丧期间，吃美味不觉得甘美，听音乐不觉得快乐，日常生活都觉得不安生，所以不像你说的那样去做。如今你心安，就那样去做吧！"宰我出去后，孔子说："宰予真是不仁啊！孩子生下来长到三岁，然后才离开父母的怀抱。父母去世了，孩子为守三年丧期，这是天下通行的丧礼。宰予对他的父母有三年的敬爱之情吗？"孔子为什么批评宰我"不仁"？原因就在于其泯灭了"亲亲"之情。宰我想简化守丧三年的丧礼本无可厚非，孔子对此做出严厉的批评，原因在于他忘却了生下来长到三岁，然后才离开父母怀抱所蕴含的父母对子女的亲情之爱，缺失了子女对过世父母应该视死如视生的孝道，泯灭了子女对父母应有的亲亲之爱，就是"不仁"。

"仁者爱人""克己复礼为仁"是孔子对"仁"的两个最重要的界定。

在孔子这里，爱人是"仁"的一个基本含义。樊迟问仁时，孔子说："爱人。"（《颜渊》）历史上的思想家对仁的解释众说纷纭，然而爱人是其基本的精神，是修己之学的根本。这里的"人"是一种泛称，是一个类概念，超越了阶级、种族的局限。孔子的爱人是有亲疏远近之别的，《泰伯》载子曰："君子笃于亲，则民兴于仁。"在上位的人如果亲爱自己的亲人，老百姓当中就会兴起仁爱的风气。因此，他教育弟子"泛爱众而亲仁"，（《学而》）希望弟子要广泛地去爱众人，亲近那些有仁德的人。他还把亲情之爱推到与自己没有血缘关系的人身上，"四海之内，皆兄弟也"。（《颜渊》）对没有血缘关系的人如果能够以亲兄弟那样的态度与情感对待的话，那当然是"泛爱众"的体现。孔子对自然界的生命充满了怜悯之情。《述而》载："子钓而不纲，弋不射宿。"意思是说：孔子钓鱼用鱼竿而不用渔网捕，射鸟不射巢中的鸟，这就充分体现了孔子爱物及取物有节的思想。《孔子家语·曲礼子夏问》载孔子家的一条看门狗死了，孔子让他的学生子贡去帮他埋葬，并叮嘱道："马死了按照一般的做法，是用旧的帷幕把它包起来埋葬的，狗死后是用旧的车盖把它覆盖着埋葬掉。所以为什么人家旧的帷幕不扔掉，旧的车盖也不扔掉呢？是他们要给这些动物预备着。现在我贫困不堪，连个旧的车盖也没有，你一定弄一张旧席子，把它好好裹起来，不要让它的头被泥土弄脏了。"孔子为什么要这样近乎庄重地安排学生埋一条死去的看家狗，而不像人们通常所做的那样，食其肉，寝其皮，或随便弃之荒野，任野兽撕食？原因是孔子一生推行仁德，其所思所行，无不以"仁"为出发点和最终归宿。如此葬狗，正显示了他对动物的悯爱之情，出于践行"仁爱"的自觉。同时，孔子也非常重视爱的反面——恶。《论语》中多次提到好恶之恶的问题，"唯仁者能好人，能恶人"。（《里仁》）仁者才能好人，能恶人，就是有爱有恶，爱憎分明。仁者之所以有爱有恶，是因为仁者是真正地爱人，是爱好人。如果爱了坏人，等于是害了好人，所以必须爱憎分明。好、恶是基本的道德情感问题，但如何好人，如何恶人，就涉及了道德标准问题，这就是知的问题，也即理性的问题。《论语·阳货》记载子贡问孔子说："君子也有厌恶的人吗？"孔子说："有厌恶的人。厌恶专好散播别人坏处的人，厌恶身居下位而诽谤上位的人，厌恶恃强勇敢而无礼的人，厌恶果决敢为而固执不通事理的人。"顿了一会儿孔子又说："端木赐呀，你也有厌恶的人吗？"子贡说："我厌恶窃取抄袭别人的成果却自以为聪明的人，厌恶不谦逊却自以为勇敢的人，厌恶揭发攻讦别人却自以为正直的人。"孔子说："我厌恶用紫色取代红色，厌恶用郑国的声乐扰乱雅乐，厌恶用伶牙俐齿而颠覆国家这样的事情。"显然，孔子所恶的是不讲道德、破坏礼乐秩序的言行，孔子的恶是与爱相反相成的，也就是说，正是出于对道德和礼乐秩序的爱，才有对不讲道德、破坏礼乐秩序的恶。

《论语·颜渊》中颜渊问仁，子曰："克己复礼为仁。一日克己复礼，天下归仁焉。"孔子讲通过自我修养，使一切言行举止都合乎"礼"，这样内外兼修，天下的人就会赞许你为人仁了。可以看出，孔子标举的仁的境界很高，涵摄很广，但并不是虚悬在天上，而是要通过自我的不断修养，践行礼制，仁礼并建，相辅相成，互为支撑，在仁与礼的圆满统一中实现天下归仁的理想境界。

四、仁是生命的实践

在"仁"的实践上，孔子重视人之为人的主观能动性，人作为道德主体，其践行仁的意愿及行为就是主体力量的体现。出于此，孔子说"为仁由己，而由人乎哉？"（《颜渊》）要想实践仁德，全凭自己，不能指望别人。"仁乎远哉？我欲仁，斯仁至矣。"（《述而》）"仁"很远吗？我想要"仁"，那么"仁"就来了。为仁是道德选择，人是具有充分的意志自由的，是完全应当做自己的主宰，而不在于别人对你有什么影响。践仁行礼，在孔子看来是"愿不愿"的问题，不存在"能不能"做的问题，所以他说："有能一日用其力于仁矣乎？我未见力不足者。"（《里仁》）有谁能在一天里把自己的力量全部用在实行仁德上呢？我还没有看见力量不够的。实行仁德，在发挥自己主观能动性的基础上就是要持之以恒，坚持不懈，孔子说："譬如为山，未成一篑，止，吾止也。譬如平地，虽覆一篑，进，吾往也。"（《子罕》）这里以堆土成山比喻实行仁道，坚持不懈，积少成多，而不能半途而废，功亏一篑。

"仁"被孔子看成是一个人安身立命的根本，须臾不可去。孔子将仁看成是人出入房屋所必经的正道，"谁能出不由户？何莫由斯道也？"（《雍也》）《论语·里仁》云："苟志于仁矣，无恶也。"一个人确实能够立志修养仁德，就不会有恶行了。又说："君子去仁，恶乎成名？君子无终食之间违仁，造次必于是，颠沛必于是。"君子如果离开了仁德，又怎么能称得上君子呢？君子没有一顿饭的时间背离仁德的,就是在最紧迫的时刻也必须按照仁德办事,就是在颠沛流离的时候也一定会按仁德去办事的。那么,怎么样培养"仁德"呢?《论语·子张》载子夏说:"博学而笃志,切问而近思,仁在其中矣。"既要广博地学习,又要有一个追求的中心,这就叫"博学而笃志";既要多问问题,又不好高骛远,不切实际地空想。而要多想当前的事情,与自己的实际情况密切相关的事情,这就叫"切问而近思"。能做到这两点,仁德就在其中了。

孔子珍惜生命,当弟子季路向孔子请教有关"死"的道理,孔子答说:"未知生,焉知死?"(《先进》)表面看来,孔子对于"生死"问题采取了一种避而不谈的回避态度,事实上,孔子的话语中明显透露着一种重视人生的生死观,始终把人的"生"放在优先的地位。在《雍也》中孔子还提出"仁者寿"。为什么仁者寿?一个具有高尚道德修养的仁者,怀有仁爱之心,胸怀宽广,心平气和,身体健康,这样的人会活得长寿。当然,为了实现生命的价值,儒家在特殊的情境下还敢于牺牲自己,成就道义。当面临生死与仁义、生死与名节之间的重大抉择时,儒家会毫不犹豫地慷慨赴死。孔子说:"志士仁人,无求生以害仁,有杀身以成仁。"(《卫灵公》)为了实践"仁",绝不贪生怕死,牺牲生命也在所不辞,可见"仁"在孔子心目中的地位与价值是不可替代的,高过生命的生存意义。

"仁"是在人与人的关系中落实的,《论语·子路》记载他的学生樊迟问怎样才是仁。孔子说:"平常在家规规矩矩,办事严肃认真，待人忠心诚意。即使到了夷狄之地，也不可背弃。"《卫灵公》记载子贡问怎样修养仁德，孔子说："工匠想要做好他的工作，必须先要磨快他的工具。居住在这个国家，要侍奉大夫中的贤者，和士人中的仁者做朋友。"《阳货》记载子张向孔子问仁。孔子说："能在天下行五德，成仁了呀！""请问五德是什么？"孔子说："恭敬、宽厚、诚信、敏达、恩惠。恭敬就不侮慢，宽厚就得民众，诚信别人就信任他，敏达就有功效，恩惠就足以使唤人。"这里的五个方面都是仁德的要求，都涉及怎么处理人与人之间的关系。人与人之间的关系虽然很复杂，但最基本的无非是己与人。在孔子看来，仁就是处理人与人关系的最高准则和基本途径，他归结为忠恕之道，实践"仁"的具体途径和方法就是"忠恕"。《颜渊》记载仲弓问仁，孔子说："己所不欲，勿施于人。"《雍也》载孔子说："夫仁者，己欲立而立人，己欲达而达人。能近取譬，可谓仁之方也已。""己欲立而立人，己欲达而达人"就是所谓"忠"。在《论语》里，"忠"不是像后世那样，专指处理君臣关系的道德规范，它还具有更广泛的含义。诸如，"主忠信""与人忠""为人谋而不忠乎？""忠焉，能勿诲乎？"这里所说的"忠"，都包含着真心诚意，积极为人的意思。"己所不欲，勿施于人"就是所谓"恕"。在《论语》里，"恕"包含着"宽恕""容人"的意思。这就是孔子所提倡的"以直报怨，以德报德"（《宪问》）、"不念旧恶，怨是用希"（《公冶长》）的品德。可见，忠者，有诚恳为人之心也。恕者，无丝毫害人之意也。至于如何实践仁，则在于推己及人。"己欲立而立人，己欲达而达人"，是推己及人的肯定方面，孔子称之为"忠"，即"尽己为人"。推己及人的否定方面，孔子称之为"恕"，即"己所不欲，勿施于人"。推己及人的这两个方面合在一起，就叫作忠恕之道，就是"仁之方"（实行仁的方法）。[1]统而言之，忠恕就是仁的应有之义，是实现仁的具体途径。析而言之，忠和恕又有所不同。忠是指"己欲立而立人，己欲达而达人"，恕是指"己所不欲，勿施于人"。

把"仁"贯彻于政治生活的过程当中，孔子要求统治者首先把老百姓作为人看待，提倡爱民、养民、利民、富民、教民、安民、博施于民等，如主张："道千乘之国，敬事而信，节用而爱人，使民以时。"（《学而》）孔子说："治理一个有一千辆兵车的中等规模国家，要谨慎认真地对待政事，获得民众信任，节俭用度，爱护下属，征用百姓要在农闲时节。"对于管仲，孔子虽然批评他"不知礼"，还因为公子纠与公子小白相争失利被杀，召忽与管仲都是公子纠的智囊，召忽以自杀尽忠，管仲不能以死来报答他的主人公子纠反而做了公子纠的政敌齐桓公的相，孔门高足子路和子贡都认为管仲"未仁"，而孔子却是完全赞赏管仲，甚至为管仲辩说。他说："桓公九合诸侯，不以兵车，管仲之力也。如其仁！如其仁！""管仲相桓公，霸诸侯，一匡天下，民到于今受其赐；微管仲，吾其被发左衽矣。"（《宪问》）对子路说"桓公九合诸侯，不以兵车"之事，孔子一方面承认管仲辅佐齐桓公虽

1／冯友兰:《中国哲学简史》，北京大学出版社1996年版，第38—39页。

是假仁义以行其霸业，但在多次召集诸侯们时能够尊奉和平原则，客观上保证了当时"国际环境"的相对和平。另一方面，肯定管仲帮助齐桓公实现了"一匡天下"的暂时"大一统"局面，使老百姓因此免于分裂战乱之苦，中原华夏因此免于被四周夷狄侵扰，保持礼乐文明而没有倒退到野蛮状态。所以，孔子从这两点上认为管仲是合乎仁道的。就是说，孔子一方面把仁德之仁与事功之仁分开了说，管仲缺乏仁德之仁，而有事功之仁；同时又联系起来说，管仲的事功之仁实际上出于仁德之仁，仁德之仁是事功之仁的根本。出于"爱民"的思想，孔子极力提倡"养民"，他赞扬子产"其养民也惠"，(《公冶长》)他还注重"利民"，要求为政者"因民之所利而利之"。(《尧曰》)当冉有问道，人口众多怎么办时，孔子回答说："富之。"再问富裕起来又怎么办？孔子回答："教之。"这种"富民""教民"的主张在当时是非常先进的政治理念。

　　孔子虽然没有明确地提出仁政，但他提出为政者要做到尊五美、屏四恶，其实就是仁政的应有之义。有一次，子张向孔子请教："怎么样就可以从政呢？"孔子说："要尊重五种美德，摒除四种恶政，就可以从政了。"子张说："五种美德是什么？"孔子说："君子使百姓得到好处，自己却无所耗费；安排劳役，百姓却不怨恨；有欲望，而不贪图财利；安舒矜持，而不骄傲放肆；庄重威严，而不凶猛。"子张说："怎样能使百姓得到好处，自己却无所耗费呢？"孔子说："顺着百姓所能得到利益之处而让百姓去获得利益，不就是使百姓得到好处而自己却无所耗费吗？选择百姓能干得了的劳役让他去干，他们怎会怨恨呢？希望实行仁义而得到了仁义，还贪求什么财利呢？君子无论人多人少，势力大势力小，都不敢轻慢，这不就是安舒矜持而不骄傲放肆吗？君子衣冠端正整齐，目光神色都郑重严肃，使人望而敬畏，这不就是庄重威严而不凶猛吗？"子张说："四种恶政是什么？"孔子说："事先不进行教育，犯了错就杀，这叫虐；事先不告诫不打招呼，而要求马上做事成功，这叫暴；很晚才下达命令，却要求限期完成，这叫贼；同样是给人东西，拿出手时显得很吝啬，这就是有司。"推行美德，摒弃恶政，这些是对君子从政的一种带有理想色彩的要求，是以"中和"为原则，融道德与政治为一体，抟修己与治人为一团，是其后儒家修齐治平的先导，对中国士人政治思维影响既深且巨。

五、仁与其他诸德行的关系

1. 仁与礼、乐

在孔子思想中，仁与礼是相互补充、渗透和融合的。例如，孝为"仁之本"，而孝的内容是"无违"，即敬顺父母，"生，事之以礼；死，葬之以礼，祭之以礼"。(《为政》)以礼事亲，以礼治丧，以礼祭祖，便是孝。这就是说，亲亲之礼为"仁之本"。又如"君君、臣臣、父父、子子"是礼的要求，然而从仁的观点来看，君仁、臣忠、父慈、子孝也是仁的要求。孔子仁礼并重，二者有机地结合统一在他的思想学说中，显示出完整的人道观。例如，他一方面强调"人而不仁，如礼何？"，视仁为礼的灵魂；另一方面又要求"克己复礼为仁，一日克己复礼，天下归仁焉"，以礼为仁的条件。"仁"与"礼"的结合便产生相互影响：从礼这方面说，由于"仁"作为"礼"的内容或内在的道德依据，国家的典章制度受"仁"的制约，而体现了"仁者爱人"的道德原则。建立在这种道德原则基础上的"礼"，便成为人们自觉的道德实践。从仁这方面说，由于以"礼"作为其外在的形式，"仁"亦受"礼"的制约。"礼"虽以"仁"为内容，但作为国家典章制度和调节诸关系的规范，又以"亲亲"为原则，这便渗透到"仁"的义理蕴涵中来。[1]总之，必须是仁礼结合，才能造成有道的社会，造就有道的人。

　　仁与乐既有天然的血缘，又有逻辑的贯通。二者的关系似乎为多数人所忽略。"乐"本来是与儒家的"乐教"有关，儒家创始人孔子对诗歌、音乐等艺术活动一直抱有浓厚的兴趣，有时会达到非常入迷乃至废寝忘食的程度，有一个孔子在齐闻韶，三月不知肉味的故事。孔子在齐国与齐国的乐官谈论音乐，听到了舜时的《韶》乐，就学习了起来，有三个月的时间竟尝不出肉的味道。这当然是一种形容的说法，但他欣赏古乐已经到了痴迷的程度，也说明了他在音乐方面的高深造诣。

　　孔子曾经向师襄子学习弹琴，这个故事很有意思。孔子能够循序渐进不断深入领会音乐的本质。师襄子先教了一首曲子，孔子练了十

1 / 张立文：《中国哲学逻辑结构论》，中国社会科学出版社1989年版，第82页。

多天以后，师襄子说，你可以学新的曲子了。孔子说，我已经学会了这首乐曲，但是我觉得对节奏的技巧还不太熟练，然后他继续练。又过了一段时间，师襄子说，你已经掌握了节奏的技巧，可以学新的乐曲了。孔子说，我还没有领会乐曲所表现的思想情感，然后他继续练。又过了一段时间，师襄子说，你已经领会了乐曲的思想情感了，可以再学新的曲子了。孔子说，我还不能想象出作这首曲子的是一个什么样的人，所以他还继续练。又过了一段时间，师襄子说，我现在从你弹的乐曲中，已经仿佛看到了有一个人正在严肃地沉思，安然地站在高处，他胸怀着远大的志向。孔子说，我在弹的时候也想象出作者是什么样的人了，我能够想象到作者黝黑的面孔高大的身材，他目光凝视远方，好像是一个王者，正关注着四方。除了周文王还能有谁呢？孔子通过不断学习、演奏这首乐曲，体会到了这首乐曲的作者应该是周文王。师襄子一下离开了座位回过头来向孔子行了再拜之礼，然后说，我的琴师在传授这首乐曲的时候就是这样说的，这首曲子就叫《文王操》。我们从这个故事能够看出孔子学习礼乐非常认真和勤奋。

孔子在教学中很重视诗教和乐教，认为一个人的学习，应该"兴于诗，立于礼，成于乐"。（《泰伯》）即以音乐为其学习的最后完成阶段。"乐教"相当于今天的音乐教育，但承担着更多的人文教化责任。《论语·先进》记录了孔子与学生之间"各言其志"的一次谈话。子路回答："一个诸侯小国，夹在大国中间，受到别国军队侵犯，再加上国内闹饥荒，让我去治理，三年以后，就可以使人民有武勇，而且懂得礼义。"孔子听了微笑。孔子又问："冉求，你怎么样呢？"冉求答道："六七十里或者五六十里见方的土地，让我去治理，三年以后，就可以使人民衣食饱暖。至于礼乐教化，就要等待君子来施行了。"孔子又问："公西赤，你怎么样？"公西赤答道："我不敢说能做到，只是愿意学习。在宗庙祭祀之时，或者在诸侯朝见天子、诸侯互相聘问等会见中，我愿意穿着礼服，戴着礼帽，做一个引导宾客的司礼官。"孔子又问："曾点，你怎么样呢？"这时曾点弹瑟的声音逐渐放慢，到最后"铿"的一声，离开瑟而站起来，回答说："我和他们三位所说的志趣很不一样。"孔子说："那又何妨呢？也只是谈谈自己的志向而已。"曾点说："晚春三月，已经穿上了春季的衣服，我和五六位成年人，六七个少年，在沂水岸边洗涤头脸手脚，在舞雩台上吹吹风，一路唱着歌走回家。"孔子长长地叹息说："我赞成曾点所说的。"这表明他是在追求一种很高的精神境界。这种境界就是《庄子》讲的"与天和者谓之天乐"，《乐记》讲的"大乐与天地同和"，即与天地之道同和同乐的最高审美境界。

2. 仁与智、勇

《论语·宪问》载孔子说："君子道者三，我无能焉：仁者不忧，知者不惑，勇者不惧。"孔子说："君子之道有三个方面，我未能做到，仁德的人不忧愁，睿智的人不迷惑，勇毅的人不畏惧。"子贡说这是"夫子自道也"。在孔子看来，能够做到仁、智、勇三者的统一就是作为一个君子所应当达到的最高境界，他尽管自谦说"我无能焉"，而他的学生子贡则认为这是"夫子自道"，也就是说子贡认为孔子已经达到了这种境界。三者的关系是这样：首先，"仁"是核心，涵摄智和勇。他说："仁者安人，知者利仁。"（《里仁》）有仁德的人安于仁，有智慧的人利于仁。"智"是从属于、服务于"仁"的。其次，勇与仁的关系是，"仁者必有勇，勇者不必有仁"，（《宪问》）仁者具有普遍性的道德情怀，同时也具有内在的道德意志，因此必有勇。换句话说，仁者境界必然包含了勇这一要素。孔子重视学，学是达到仁智勇的基本途径，如果不学无知，就会因知性方面的蒙蔽出乱子，"好勇不好学，其蔽也乱"；（《阳货》）勇不能无礼，"勇而无礼则乱"，（《泰伯》）其结果与不好学相同，都可能出乱子。《论语·颜渊》记载司马牛问什么样的人算得上是君子。孔子回答说："君子不忧不惧。"司马牛说："不忧不惧就可以称为君子了吗？"孔子说："自我反省，内心无愧，还有什么忧愁、有什么畏惧呢？"君子能够自我反省，没有歉疚，就能够做到不忧不惧。这里"不忧"就是仁，"不惧"就是勇。蒙培元先生说："知、仁、勇三者，虽可以分别言之，且代表心灵存在及其活动的不同方面，即智性、情感和意志，但就心灵境界而言，三者实际上构成统一的整体境界。""在这三者之中，仁是核心，也是统名，仁的境界能够而且应当包括知和勇二者。从这个意义上说，三者实际上是一个境界，即仁的境界。""孔子的真正贡献就在于，他不仅提出了人的学说，而且从知、情、意几方面考察了人的心灵问题，因而提出知仁勇三种境界，而最终归结为仁的境界。"[1]

六、仁与人格境界

孔子把"仁"与人格境界联系起来，梁启超发挥说：《论语》中许多仁字，各人问仁，孔子答的都不同，若懂得仁字是人格的抽象名词，便句句都通了。孔子说的仁，只是教人怎样做人，只是教人能尽其性；能尽其性，自然能尽人之性。《论语》中说出"仁"的内容有种种，都是完成人格必要的条件。[2]

《论语·公冶长》载孟武伯问孔子："子路是仁德的人吗？"孔子说："我不知道。"孟武伯又问，孔子说："仲由嘛，在拥有一千辆兵车的国家里，可以让他管理兵役军事方面，但我不知道他能不能做到仁。"孟武伯又问："冉求这个人怎么样？"孔子说："冉求这个人，可以让他在一个有千户人家的公邑或有一百辆兵车的采邑里当总管，但我也不知道他能不能做到仁。"孟武伯又问："公西赤又怎么样呢？"孔子说："公西赤嘛，可以让他穿着礼服，站在朝廷上，接待贵宾，我也不知道他能不能做到仁。"孔子对自己的三个学生分别进行评论，肯定了他们各有才能，有的可以管理

1 / 蒙培元：《心灵超越与境界》，人民出版社 1998 年版，第 132–145 页。

2 / 梁启超：《儒家哲学》，世纪出版集团，上海人民出版社 2009 年版，第 139 页。

军事，有的可以管理内政，有的可以办理外交，但不轻易赋予他们仁的评价。因为"仁"是一个至高的人格境界。如果能够把一个人口众多的诸侯国的兵役军事管理好，使民众不因为兵役而困苦，不因为国家不安全而受到威胁，是不是仁德的体现呢？能够把一个中等的士大夫封地管理得井井有条，使民众能安居乐业，是不是仁德的体现呢？在孔子看来，他们虽然各有自己的专长，符合礼制、德治的政治需要，但仁德是一个更高的要求，要在具体的政治实践中体现出来，而不是一个空虚的名词，不可以轻易地说谁有没有仁德。

仁作为至高的人格境界就是圣人的境界。"仁"的最高层次——超凡脱俗、转识成智，达到了"圣"的境界。《论语·雍也》记载子贡问孔子说："如有博施于民而能济众，何如？可谓仁乎？"子曰："何事于仁，必也圣乎！尧舜其犹病诸！"子贡向孔子请教说："假如有人能够广泛地给予民众恩惠且能救助更多的人，这如何呢？可以算是仁人了吗？"孔子毫不含糊地回答说："这不仅是一个仁者，甚至可以说是一个圣者了，即使尧舜也难以做到。"孔子这里说的，既是"仁"与"圣"的区别，实际也是"仁"的一般层次和最高境界的差异："圣"实际也是"仁"，是最高境界的"仁"。郑家栋说："儒家哲学是仁学，而仁学在本质上乃是'圣'学，圣学即是关于'天人之际'的学问，'天人之际'处理的乃是人与终极存有的关系问题。孔子儒家的'仁'正是在'圣'的意义上而非'爱'的意义上成为宗

1 / 郑家栋:《断裂中的传
统——信念与理性之间》,
中国社会科学出版社 2001
年版,第 284-285 页。

教的。仁作为'爱'是现实的、具体的,仁作为'圣'则是超越的、普遍的。""仁的圆满实现就是圣。"[1]"仁"的终极境界是实现圣人的理想人格。

第三章

孟子以仁义为核心的内圣外王之道

一、仁义为思想核心

（一）孟子仁义与仁、义对举

孔子思想中有仁和义，其中"仁"是孔子提出的最根本的道德原则，"义"则是根据具体情况处事合宜的道德标准。孔子强调的重点是"仁"，其他德目没有得到太多显扬。孟子对儒家仁义成为核心价值观的贡献很大，近现代学者多认为孟子思想的核心是仁义。《孟子》一书中"仁义"一词共出现了 24 次（其中"仁义忠信""仁义理智"不包括在内），成为孟子思想中的核心概念。但是，应该注意的是"仁"在儒家思想中总体上居于核心或统摄地位，孟子也不例外，所以徐复观说："孟子虽仁义并称，或仁义礼智并列，但仁仍是居于统摄的地位。"[1]

孟子仁与义对举很多："仁，人之安宅也；义，人之正路也。旷安宅而弗居，舍正路而不由，哀哉！"（《离娄上》）仁，是人最安泰的住

1 / 徐复观:《中国人性论史·先秦篇》,上海三联书店2001 年版,第 159 页。

宅；义，是人最正确的道路。把最安泰的住宅空置起来不住，把
最正确的道路舍弃在一边不走，真是可悲啊！就是说，"仁"是人
安身立命的根基，是人的精神家园和生命的支撑点，是人最高的
道德理想和行为原则；而"义"是人为人处世处理各种社会关系
行为的最高准则，是实现人之为人基本价值的正路。"仁，人心
也；义，人路也。舍其路而弗由，放其心而不知求，哀哉！"(《告
子上》) 所谓仁，就是人的善心、良心；所谓义，就是人当行的正
道。人们舍弃了正道而不走，丧失了善良的本性而不知道去寻找，
悲哀啊！"人皆有所不忍，达之于其所忍，仁也；人皆有所不为，
达之于其所为，义也。人能充无欲害人之心，而仁不可胜用也；
人能充无穿逾之心，而义不可胜用也。"(《尽心下》) 人人都有不
忍心干的事，把它推及至他所忍心去干的事上，就是仁；人人都
有不肯去干的事，把它推及至他所肯干的事上，就是义。一个人
能把不想害人的心理扩展开去，仁就用不尽了；一个人能把不愿
扒洞翻墙行窃的心理扩展开去，义就用不尽了。"杀一无罪，非仁
也。非其有而取之，非义也。居恶在？仁是也。路恶在？义是也。
居仁由义，大人之事备矣。"(《尽心上》) 杀死一个无罪的人，是
不仁；不是自己的东西却去占有，是不义。居住的地方在哪里？
仁便是；要走的路在何方？义便是。居于仁而行于义，大人的事
便齐备了。从孟子的论述来看，仁与义对举，含义各有侧重，结
构相互对称，既呈现一体之两面，又表达二者之一致。这似乎把
仁、义看成并列的关系，其实并非如此。这需要进一步弄清楚作

为"人心"的仁与作为"人路"的义是一种什么关系。孟子与告子讨论仁与义内外问题时的一个重要思路是将"义"归于主体人的"心",把义看作主体心的外在表现。因此,这里的仁、义都内在于人,但二者并不是并列关系而是从属关系。在孟子看来,作为"人心"的仁具有高度的理性自觉,作为"人路"的义即来自仁,掌握了仁也就掌握了义。[1]

总之,孟子关于"仁义"与仁、义对举的讨论,说明孟子的仁义在结构上具有二重性,即抽象的、一般的仁义和具体的、现实的仁与义。两者是一个问题的两个方面,有一致之处,又各有侧重。一方面,抽象的仁义思想表现为仁义并举,另一方面抽象的仁义在现实中指向最重要的两大社会关系:父子与君臣,即以"仁"指导父子关系,以"义"指导君臣关系,然后把"仁义"提升为最主要的道德规范。这样在孟子的思想中,一是抽象的道德原则,即"仁义";二是处理现实主要社会关系的道德规范,即"仁与义";不但抽象道德原则变为现实道德规范,而且也由抽象的一变成了现实的二,相对有效地处理了两大社会关系,这是孟子哲学努力的一大成果。[2]

(二)仁义为本的人禽之辨和义利之辨

孟子较早地以仁义为本,进行人禽之辨和义利之辨。《孟子·离娄下》说:"人之所以异于

1 / 参见梁涛:《孟子的"仁义内在"说》,《燕山大学学报》(社会科学版)2001年第4期。

2 / 万光军:《孟子仁义思想研究》,山东大学出版社2009年版,第3—5页。

禽兽者几希，庶民去之，君子存之。舜明于庶物，察于人伦，由
仁义行，非行仁义也。"这里的仁义是指道德实践的内在根据。人
与禽兽比较起来就差那么一点点，即人心中有仁义，而禽兽没有。
如果人被私欲遮蔽，丢弃了仁义，那便是禽兽了。就是说，人与
禽兽最根本差别是人有扎根于心的仁义，人的所有行为都应该是
从此发出，是一种发自内心的自觉行为，而不是表面上有意地行
仁义，此即所谓"由仁义行，非行仁义"。正是在这个意义上，孟
子批评杨墨邪说诬民，阻碍了仁义道德，将会使人们堕为禽兽。

　　义利之辨其实是仁义与功利之辨。《孟子·梁惠王上》记载
孟子见梁惠王谈论义与利的问题。孟子拜见梁惠王，梁惠王说：
"老先生，你不远千里而来，一定是有什么对我的国家有利的高见
吧？"孟子回答说："大王！何必说利呢？只要说仁义就行了。大
王说'怎样使我的国家有利？'大夫说'怎样使我的封地有利？'
一般人士和老百姓说'怎样使我自己有利？'结果是上上下下互
相争夺利益，国家就危险了啊！在一个拥有一万辆兵车的国家里，
杀害它国君的人，一定是拥有一千辆兵车的大夫；在一个拥有
一千辆兵车的国家里，杀害它国君的人，一定是拥有一百辆兵车
的大夫。这些大夫在一万辆兵车的国家中就拥有一千辆，在一千
辆兵车的国家中就拥有一百辆，他们的拥有不算不多。可是，如
果把义放在后而把利摆在前，他们不夺得国君的地位是永远不会
满足的。反过来说，从来没有讲仁的人却抛弃父母的，从来也没
有讲义的人却不顾君王的。所以，大王只说仁义就行了，何必说

利呢？"孟子提出义利之辩，是针对当时富国强兵、穷兵黩武的社会现实和流行的功利主义社会风气，而梁惠王就算满脑子的自私功利，却屡屡失败。孟子谒见梁惠王，梁惠王对孟子提出的问题就是"将有以利吾国？"他所谓的"利吾国"，是希望孟子像当时的法家、纵横家那样，能够给他开出富国强兵、开疆拓土的良方来。而孟子对法家、纵横家这样的人是非常藐视的，对他们的功利主义、实用主义是极端否定的，对于梁惠王这种不顾人民生命财产的损失，一味追求自己的权势和享乐的做法自然也非常反感，所以他断然地说："王何必曰利？亦有仁义而已矣。"迎头给梁惠王一副清醒剂，批评梁惠王老想着"利"，根本就忘了还有"仁义"。并告诫梁惠王，作为国家最高首脑都老想着利，那么上行下效，从卿大夫到普通老百姓就会各自打自己的小算盘，各自谋自己的小利益，这样上下交征利，国家就很危险了。

当然，孟子提出义利之辩，推崇仁义，贬斥利，但并没有完全否定利。他下面继续给梁惠王提出了一些切实可行的仁政措施："不违农时，谷不可胜食也；数罟不入洿池，鱼鳖不可胜食也。斧斤以时入山林，材木不可胜用也。谷与鱼鳖不可胜食，材木不可胜用，是使民养生丧死无憾也。养生丧死无憾，王道之始也。五亩之宅，树之以桑，五十者可以衣帛矣；鸡豚狗彘之畜，无失其时，七十者可以食肉矣；百亩之田，勿夺其时，数口之家可以无饥矣；谨庠序之教，申之以孝悌之义，颁白者不负戴于道路矣。七十者衣帛食肉，黎民不饥不寒，然而不王者，未之有也。"（《梁惠王上》）如果兵役徭役不妨害农业生产的季节，粮食便会吃不完；如果细密的渔网不到深的池沼里去捕鱼，鱼鳖就不会被吃光；如果按季节拿着斧头入山砍伐树木，木材就会用不尽。粮食和鱼鳖吃不完，木材用不尽，那么百姓便对生养死葬没有什么遗憾。百姓对生养死葬都没有遗憾，就是王道的开端了。分给百姓五亩大的宅园种植桑树，那么，五十岁以上的人都可以穿丝绸了。鸡狗和猪等家畜，百姓能够适时饲养，那么，七十岁以上的老人都可以吃肉了。每家人有百亩的耕地，官府不去妨碍他们的生产季节，那么，几口人的家庭就可以不挨饿了。认真地办好学校，反复地用孝顺父母、尊敬兄长的大道理教导老百姓，那么，须发花白的老人也就不会自己背负或顶着重物在路上行走了。七十岁以上的人有丝绸穿，有肉吃，普通百姓饿不着、冻不着，这样还不能实行王道，是从来不曾有过的事。要求梁惠王富裕人民、安定人民、教化人民，梁惠王听了很高兴。孟子的这些具体主张，都包含了利，当然首先是对人民有利。保证了人民的基本利益，国家也就能巩固，其实这才是从根本上对国家有利。可见孟子的主张是符合社会长远发展的，是人民、国家与君主互利、共利。这与《大学》里讲的"国不以利为利，以义为利也"完全一致。如果人君能够躬行仁义而无求利之心，那么上行下效，必然对在下者起到风行草偃，以德化之的作用。

二、内圣之道——仁德修养论

孟子以仁义为核心的仁学不仅仅是一套仁学思想体系，他更注重思想的实践；不仅仅是一套形而上学的理论，他更强调理论的落实。按照儒家内圣外王的传统，这里先讲孟子的内圣之道，再讲其外王之道。

孟子的内圣之道与其人性论有关。孟子认为人有先天的善性善心，这是人之为人的始，有此"始"即应该实现"终"，"人皆可以为尧舜"，这当然是植根于"性善论"而鼓励人人向善，希贤希圣，成就圣贤人格。对此，孟子提出了通过加强内在仁德修养，提升自己人格的修养功夫论。孟子认为仁义皆内在，但仁与义比较起来，仁更是根本的根本，核心的核心。所以，他在性善论的基础上以仁为人之为人的本质。

（一）仁者，人也

人不同于其他动物的地方在于，他不是满足、停留于自然、本能的生活，也不仅仅是在消极地适应环境中求得自身的生存，人之为人就在于他在满足了生命的基本需求之后，更进一步对生命的意义发生追问：到底什么是人？如何才能真正成为人？儒家思想体系中"人"与"仁""人道"与"仁道"其实是相通的。儒家经典《中庸》《孟子·尽心下》《礼记·表记》《孔子家语·哀公问政》都引用据说是孔子说的"仁者，人也"，这是说"仁"与

"人"在基本内涵上是一致的。在此基础上,"仁道"与"人道"也就是相通的。《孟子·尽心上》载:"仁也者,人也;合而言之,道也。"所谓仁,意思就是人。人和仁结合起来,就是所说的道。就是说,仁与人是一个硬币的两面,他们互为表里,而二者合起来就是儒家之道——人道。

儒家多以"仁"释"人",以"仁"作为人之为人的本质特征,其根本意义在于肯定人的价值,承认人的独立人格。这种意义上的人并不是近代一些人批评的那样是只讲整体、不讲个体的人,而是在整体与个体、社会价值与个人价值之间走中道。儒家以仁为人之为人的本质体现了儒家追求的道德理想。

(二)以恻隐之心言仁

孟子说:"恻隐之心,仁也。"这是孟子试图给"仁"下的一个定义,以恻隐之心言仁是孟子对孔门仁学的一个创新。"恻隐"是指对他人的不幸、危难境遇而产生的哀痛、同情之情。《告子上》说:"恻隐之心,人皆有之。"他举例说,例如一个人看见孩童掉入井中,必然会产生怵惕恻隐之心,这种恻隐之心是没有任何功利目的的,完全是天然情感的真实流露,因此,将这种恻隐之心"扩而充之"便是仁。"恻隐之心"也就是"不忍人之心","不忍人之心"也就是仁心:"人皆有所不忍,达之于其所忍,仁也。"(《尽心下》)"不忍"和恻隐一样,都是对他人特殊境遇下的不幸而产生的哀痛、同情之情;"所忍"则是一般情境下的仁爱之情。

当然，可以说"恻隐之心，仁也"，但不能反过来说"仁，恻隐之心也"，因为"恻隐之心"只是"仁"的发端，是仁的初始部分，不是仁的全部，所以《孟子·公孙丑上》又更确切地说："恻隐之心，仁之端也。"李泽厚先生论"恻隐之心"说：

> 何谓"恻隐之心"？"恻隐之心"到底是什么？人们讲得很多，学说、理论也五花八门，却一直不太清楚。这四个字是孟子提出的。孟子说它是"仁之端"，是人先验（先于经验）地存有而"活泼泼地"呈现出来的良知良能。孟子以小孩坠井人往救之的直觉的道德行为作为例证。这种行为不为名不为利，纯是一片天机呈现，认为这是道德的根源和动力。人在生活中逐渐失去了这种良知良能，所以要赶紧从内心发掘它、存养它，存则得之，舍则失之。这也正是宋明理学家所强调的"天地之性""义理之性"等等一大堆学说的由来，它构成了中国伦理学的主流。通俗读物《三字经》一开头就是"人之初，性本善"，已普及到民间社会，影响极大。[1]

这就是说，由"恻隐之心"所体现的"仁之端"后来发展为人性善，成为中国伦理学的主流，对中国人身心性命影响很大，可以说塑造了中国人的道德精神和良善性格。

（三）养心寡欲

在修养方面，孟子提出了养心寡欲的功夫

---

1 / 李泽厚:《谈"恻隐之心"》，http：//www.aisixiang.com/data/15615.html

论。孟子主张性善论，人具有与生俱来的善性，但是人生在世，受各种物欲引诱，本来的善性在一天天变恶，孟子认为这就是失其本心。这里的"本心"是指人人固有的"四心"——恻隐之心、羞恶之心、辞让之心和是非之心。"失其本心"也就是"放其良心"。他以牛山之木为比喻，说道："齐国东南牛山的树木曾经很茂盛的啊，可因为在大国之郊野，斧斤时时砍伐之，这些树木还能保持茂盛吗？牛山之木当然也日夜生长，有雨露滋润，奈何牛羊放牧践踏其间，久而久之便成了光秃秃的牛山。人见其光秃秃的模样，以为牛山未尝有材，未尝有美，这岂是牛山本来的样子呢？"这就讲出了世间万物皆需滋养的道理，万物皆需要滋养，那么人性的善呢？仁义呢？孟子把话题落回到了人的身上。人身也是如此，难道没仁义之心吗？他们放任良心失去，也像用斧头砍伐树木一样，天天砍伐，还可以保持茂盛吗？他们在一天里所滋生出来的善心，在清晨时所呼吸到的清明之气，使得他的好恶和一般人有点儿接近了，可到了第二天，他们的所作所为，又把它们消灭了。反复窒息的结果，便是他们夜晚的息养之气不足以存在了，夜晚的息养之气不足以存在，也就和禽兽差不多了。心不知道放到哪里去了。那要怎样去将其求回来，或者说怎么"养"呢？（《告子上》）就是说，良心就是善心，也就是仁义之心。人本来都有仁义之心，但是很多人把这个良心放佚了。因此，他教人"求其放心"，把失去了的仁义之心找回来。他以人丢失了鸡狗为例，说人丢失了鸡呀狗呀等家畜，会着急地要找回来，可是丢失了良心则往往不知道去找回来。学问之道只不过是寻找良心、树立本心罢了。

把良心找回来怎么办？孟子进一步强调要时时"操存"——好好守护。所谓"操存"，就是执持心志，不使丧失，使心始终处于神清气定、时刻符合仁义道德的状态。在"操存"的基础上孟子还提出了"养心"："养心的方法，没有比尽量减少欲望更好的了。那些平素欲望少的人，尽管也有失去本心的，但为数却是很少；那些平素欲望多的人，尽管也有能保存本心的，但为数也是很少。"(《尽心下》)强调修身养性最主要的就是清心寡欲，不要有太多的欲望。孟子认为，人的道德修养好坏、修养境界高低取决于自身怎么"养"，他说："人对于身体，哪一部分都爱护。都爱护，便都保养。没有一尺一寸的肌肤不爱护，便没有一尺一寸的肌肤不保养。考察他护养得好不好，难道有别的方法吗？不过是看他注重的是身体的哪一部分罢了。身体有重要的部分，有次要的部分；有小的部分，也有大的部分。不要因为小的部分而损害大的部分，不要因为次要部分而损害重要的部分。护养小的部分的是小人，护养大的部分的是大人。"(《告子上》)一个人的生命有大小，大者心灵也，小者肉体也。如果只追求小体即生理层面的自我满足，就是小人；反之，则为大人。也就是说，"养"要先养大、养心，其次才是吃好喝好养好自己的肉体之身。

如果我们再把孟子的"寡欲"与老庄、杨朱进行比较，就会发现孟子与道家不同，不是禁欲主义，也与杨朱不同，不是纵欲主义，而是走中道的节欲主义。

（四）大丈夫人格

　　孟子提出了大丈夫人格："居天下之广居，立天下之正位，行天下之大道。得志与民由之，不得志独行其道。富贵不能淫，贫贱不能移，威武不能屈。此之谓大丈夫。"（《滕文公下》）至于大丈夫，则应该住在天下最宽广的住宅里，站在天下最正确的位置上，走着天下最光明的大道。得志的时候，便与老百姓一同前进；不得志的时候，便独自坚持自己的原则。富贵不能使我骄奢淫逸，贫贱不能使我改移节操，威武不能使我屈服意志。这样才叫作大丈夫！怎么造就大丈夫人格？孟子说要修养一种"浩然之气"作为其内在的精神支撑。《孟子·公孙丑上》记载他的学生公孙丑问他："请问老师什么叫浩然之气呢？"孟子说："这很难用一两句话说清楚。这种气，极端浩大，极端有力量，用正直去培养它而不加以伤害，就会充满天地之间。不过，这种气必须与仁义道德相配，否则就会缺乏力量。而且，必须要有经常性的仁义道德蓄养才能生成，而不是靠偶尔的正义行为就能获取的。一旦你的行为问心有愧，这种气就会缺乏力量了。"这种气显然不是纯粹的自然之气，而是与天地阴阳之道和人间仁义道德配偶俱行的气，是在修身养性过程中修炼出来的气。如果它能够充实人的五脏六腑，就会使人精神焕发，精力充沛；反之，没有这样的气，人就会生命萎靡，好像没有吃饭一样，干啥都没有力气。

三、外王之道——仁政学说

（一）孟子仁政学说的现实动因

孟子的仁学是接着孔子的仁学讲的，他像孔子一样，有强烈的现实关怀意识，以天下为己任，也曾带领弟子周游列国，在战国时期特定的环境下寻求治国平天下之道，在孔子为政以德的思想基础上，提出了系统的仁政学说。

孟子生活于战国时期，各国统治者争城以战，杀人盈城；争地以战，杀人盈野，兼并战争规模越来越大，死亡人数越来越多，加重了人民的苦难，加深了社会矛盾。这个时期诸侯国之间的战争都不符合"仁义"的标准，不但违反了西周以来礼制所规定的上下等级名分制度，也给人民带来了无穷无尽的灾难。

由于现实的严酷性，其他各家各派如墨家、法家、兵家、纵横家等不同程度地把功利视为治国的要务，墨家提倡"交相利"；法家与兵家大讲耕战，追求富国强兵；纵横家游说于诸侯之间，获取最大利益。对此，孟子非常反感，强烈批判这些人，对于有人宣称"我善为陈，我善为战"，他直截了当地判定为"大罪也"（《尽心下》）。在《孟子·告子下》中孟子说："如今服侍国君的人都说：'我能为国君开拓土地，充实府库。'又说：'我能够替国君邀约盟国，每战一定胜利。'如今所说的好臣子，正是古代所说的残害百姓的人。国君不向往道德，不立志行仁，却去想法让他富有，这等于是去让夏桀富有。按如今这样的道路走下去，不改变如今的风俗习气，即便把整个天下给他，也是一天都坐不稳的。"
这些以功利诱惑君主，以战争蛊惑君主的人不是良臣而是民贼。
他认为这种现象产生的根本原因是当时的为政者"不仁"的缘故，
他直接批评："不仁哉，梁惠王也！"（《尽心下》）强调"惟仁者
宜在高位。不仁而在高位，是播其恶于众也"。（《离娄上》）只有
道德高尚的仁人，才应该处于统治地位。如果道德低的不仁者处
于统治地位，就会把他的罪恶传播给群众。

（二）孟子仁政学说的逻辑理路

　　不破不立，孟子的仁政思想是在批判现实的同时明确地提出
来的，认为当时社会最重要、最急切的是推行仁政。"仁政"一词
在《孟子》一书中出现了十次，贯穿于他一生的政治活动和理论
探索中，可以说是他仁学思想在政治上的具体应用。

　　孟子仁政学说的内在逻辑以仁为基础，是一个横向的由内向
外、由人向物推衍的理路，他说："君子之于物也，爱之而弗仁；
于民也，仁之而弗亲。亲亲而仁民，仁民而爱物。"（《尽心上》）
孟子说："君子对于万物，爱惜它，但谈不上仁爱；对于百姓，仁
爱，但谈不上亲爱。亲爱亲人而仁爱百姓，仁爱百姓而爱惜万
物。"孟子主张要从亲爱自己的亲人出发，推向仁爱百姓，再推向
爱惜万物，这就形成了儒学仁爱推己及人、推人及物的逻辑理路，
这一逻辑理路与《大学》"修身、齐家、治国、平天下"的逻辑是
一致的，是儒家仁爱思想由内圣而外王的展开。

（三）孟子仁政学说的思想渊源

孟子仁政学说的历史渊源是古代圣王之道，即"先王之道"。古代圣王的代表就是尧舜，孟子的仁政学说是以尧舜之道为理想范本的。孟子说："尧舜之仁，不遍爱仁，急亲贤也。"（《尽心上》）以尧舜的仁德尚且不能够爱所有的人，因为他们急于爱德才兼备的贤人。"舜明于庶物，察于人伦，由仁义行，非行仁义也。"（《离娄下》）舜明白万事万物的道理，明察人伦关系的实质；因此能遵照仁义的本心来做事，不是为了行仁义才这样做。《晋书·祖逖列传》记载了这样一个故事：晋朝时候，有一个叫祖逖的人，他的天性无拘无束，度量很大，把钱财看得很轻，喜欢做侠义的事情，每每到种田人家去的时候，假称他哥哥的意思，把谷米和绸布分给贫苦的人。京师里发生了乱事，祖逖就带领了亲戚和同乡的人，有几百家，到淮泗地方去避难。他让所有的车子马匹，都载那些年老的和生病的人，自己却步行着。所带的药物和衣服粮食，都和逃难的人共有。后来元帝叫他做了刺史的官。祖逖因为国家的山河破碎，前途未卜，常常存着振兴恢复的心思。后来终于尽数恢复了晋朝失去的土地。祖逖的道义行动，多得数不过来。他劝导督促百姓从事农业生产，对自己要求严格，布行施舍，收殓埋葬死去的人，并为之祭祀。百姓都感恩喜悦，曾摆酒席会见众人，一位八十多岁的老人坐在中央哭泣道："我们这些人都老了，却得到一位父母官，即使我活不了多久就会死去，又有什么遗憾的呢？"祖逖死的时候百姓们像死了亲人一样悲伤。他得民心到了这样的地步，那是他靠着仁义的本心来做事，不是为了行仁义才这样做啊！

因为尧舜之道是仁义之道，《孟子·离娄上》总结历史的经验说："离娄之明，公输子之巧，不以规矩，不能成方圆。师旷之聪，不以六律，不能正五音。尧舜之道，不以仁政，不能平治天下。今有仁心仁闻，而民不被其泽，不可法于后世者，不行先王之道也。"离娄眼神好，公输班技巧高，但如果不使用圆规曲尺，也不能画出方圆；师旷耳力聪敏，但如果不依据六律，也不能校正五音；虽有尧舜之道，如果不施行仁政也不能使天下太平。现今有些国君虽有仁爱之心、仁爱之誉，但老百姓却不能得到他们的恩惠，也不能被后世效法，就是因为不施行先王之道的缘故。"规矩，方圆之至也；圣人，人伦之至也。欲为君尽君道，欲为臣尽臣道，二者皆法尧舜而已矣。不以舜之所以事尧事君，不敬其君者也；不以尧之所以治民治民，贼其民者也。孔子曰：'道二，仁与不仁而已矣。'暴其民甚，则身弑国亡；不甚，则身危国削。名之曰幽、厉，虽孝子慈孙，百世不能改也。《诗》云：'殷鉴不远，在夏后之世。'此之谓也。"圆规、曲尺是方、圆的最高标准；圣人是做人的最高典范。要做国君，就应尽国君之道，要做臣属，就应尽臣属之道，这两者都效法尧、舜就行了。不用舜侍奉尧的做法来侍奉君主，就是对自己君主的不恭敬；不用尧治理百姓的做法来统治百姓，就是残害百姓。孔子说："治理天下的道理只有两个：行仁政和不行仁政而已。"残害自己的百姓过于厉害的，就会自己被杀、国家灭亡；即使不太厉害，也会自己遭遇危险、国家削弱，死后被称为"幽""厉"，即使是孝顺仁慈的子孙，经百世之后也无法更改。《诗经》上说："殷商的借鉴并不遥远，就在那夏朝桀统治的时代。"说的就是这个意思。"三代之得天下也以仁，其失天下也以不仁。国之所以废兴存亡者亦然。"（《离娄上》）夏、商、周三代得到天下是由于仁，他们失去天下是由于不仁。国家之所以兴盛或衰落、生存或灭亡也是如此。尧舜之道就是儒家的王道，按照孟子的看法，尧舜之道就是以仁政平治天下的样板。是否行仁政是古代圣王与暴君的根本区别。以仁政为核心的先王之道是他心目中理想政治的象征，为政者不行先王之道是最大的不明智。

（四）孟子仁政学说的人性论依据

孟子的仁学思想是立足于性善论的心性之学，故而他首先强调仁政的前提和基础是仁心。孟子认为，是人都有"不忍人之心"，即怜悯体恤别人的心，君王是人，当然也有怜悯体恤别人的心。有怜悯体恤别人的心才能施行怜悯体恤百姓的政治，即仁政。如果能用怜悯体恤别人的心，施行怜悯体恤百姓的政治，治理天下就可以像在手掌心里面运转东西一样容易了。在孟子看来，只要君王具备了"仁爱之心"，施行仁政就不难了。《孟子·梁惠王上》记载："王坐于堂上，有牵牛而过堂下者，王见之，曰：'牛何之？'对曰：'将以衅钟。'王曰：'舍之！吾不忍其觳觫，若无罪而就死地。'对曰：'然则废衅钟与？'曰：'何可废也？以羊易之！'"齐宣王见有人牵着牛要去祭祀，于是产生了不忍之心，要用羊把那头牛换下来。孟子说，就凭您这样的仁慈心肠就足以统一天下啦！不过您只是用羊换下牛，大王如果可怜牲畜无辜被杀，那么牛和羊有什么区别呢？所以用羊换下牛不是问题的要害，您如果有这样的仁心就很难得了，有仁心实行仁政就好比举一根羽毛、折一根树枝那样容易。由牛推及羊，由禽兽推及人民，便是"仁术"的体现，便是"仁政"的根本。所以孟子接着告诉齐宣王："敬爱自己的长辈，进而也敬爱别人的长辈；爱护自己的孩子，进而也爱护别人的孩子。做到这一点，统一天下就像在手掌心里转动东西那样容易。如果广施恩德就足以安抚天下，不施恩德，连妻子儿女也安稳不住。古代的贤明君主之所以远远超过一般人，没有别的原因，只是善于将他们所做的推广开去罢了。"只要你把这样的"仁心"从自己的妻子儿女推恩到普天之下的百姓身上，使君心与民心融为一起，就能够保四海升平，即平治天下。反之，如果君心不正，仁政就不可能实行。

仁政不但要唤醒君主的仁心，还要唤醒老百姓的仁心，《孟子·滕文公上》说："老百姓中形成这样一条准则：有稳固产业的人，才有一定的道德观念和行为准则，没有稳固产业的人，便不会有一定的道德观念和行为准则。假若没有一定的道德观念和行为准则，就会胡作非为，违法乱纪，什么坏事都干得出来。等到他们犯了罪，然后加以惩罚，这就像是布下罗网陷害百姓。哪有仁人做了君主却干陷害百姓的事的呢？所以贤明的君主必定要恭敬、节俭，以礼对待臣下，向百姓征收赋税有一定的制度。"孟子认为，要维护社会的基本稳定，关键在于使老百姓有稳固的产业，以维持其基本的生活。孟子认为，只有士才能做到"无恒产而有恒心"，至于一般老百姓无恒产便无恒心。因此，要使老百姓有恒心，就得使他们有恒产，于是对于老百姓来说恒产就成为恒心的必要条件。正是出于这样的考虑，孟子提出了仁政的许多具体措施。

（五）孟子仁政学说的具体措施

1. 制民之产。制民之产就是君主要想法保证老百姓有稳固的产业，一定使他们上能赡养父母，下能养活妻子儿女；年成好时能丰衣足食，年成不好也不至于饿死。然后督促他们做好事，所以老百姓跟随国君走就容易了。就是说，要给百姓以基本的生活资料，保证其基本生活需求。"制民之产"的目标其实不高，就是一幅小农经济的理想图景：五亩的宅地，房前屋后栽上桑树，五十岁的人就能穿上丝棉袄了。鸡、狗、猪等禽畜，不要错过它们的繁殖时机，七十岁的人就能吃上肉了。一百亩的田，不要占夺农时，八口之家就可以不挨饿了。搞好学校教育，反复说明孝顺父母、敬重兄长的道理，上了年纪的人就不会肩扛头顶着东西赶路了。老年人穿上丝绵吃上肉，一般百姓不挨饿受冻，这样还不能统一天下的，是从来不会有的。(《梁惠王上》) 为了保证 "制民之产" 基本主张的实现，孟子提出实行井田制。

2. 实行井田制。孟子认为施行仁政，一定要从划分、确定田界开始。田界不正，井田的面积就不均，作为俸禄的田租收入就不公平，因此暴君污吏必定要搞乱田地的界限。田界划分正确了，那么分配井田，制定俸禄标准，就可轻而易举地办妥了。以滕国为例，虽然地方狭小，但也要有人做君子，也要有人做农夫。没有做官的君子，就没有人来治理农夫；没有农夫，就没有人来供养君子。请考虑在农村实行九分抽一的助法，在都市自行交纳十分抽一的赋税。卿以下的官吏一定要有可供祭祀费用的五十亩田，对家中未成年的男子，另给二十五亩。百姓丧葬迁居都不离乡。乡里土地在同一井田的各家，出入相互结伴，守卫防盗相互帮助，有病相互照顾，那么百姓之间就亲近和睦。一里见方的土地定为一方井田，每一井田九百亩地，中间一块是公田。八家都有一百亩私田，首先共同耕作公田；公田农事完毕，才敢忙私田上的农活，这就是使君子和农夫有所区别的办法。这是井田制的大概情况。(《滕文公上》) 孟子认为，通过恢复井田制度，一方面可以确保国家的赋税，另一方面也能够保证百姓的基本生存。战国中期，土地兼并成为普遍的社会问题，要施行 "仁政" 就必须制止兼并，恢复井田制，划分和确定土地的疆界，土地归属确定，赋税、徭役、各级官吏的俸禄自然就确定了。

3. 使民以时。孟子要求统治者不在农民耕种和收获的季节征发徭役、兵役，大兴土木等，以免耽误农时，妨碍农业生产的正常进行。"不耽误百姓的农时，粮食就吃不完；细密的渔网不放入大塘捕捞，鱼鳖就吃不完；按一定的时令采伐山林，木材就用不完。粮食和鱼鳖吃不完，木材用不完，这就使百姓养家活口、办理丧事没有什么遗憾的了。百姓生养死丧没有什么遗憾，这就是王道的开始。"强调统治者不能违背农时，只要不违背农时，百姓就可按时劳作，得到好的收成。丰衣足食，百姓生养死葬没有什么憾事，那就可以算作是行王道仁政了。

4. 省刑罚，薄税敛。面对战国时期各诸侯国普遍实施的严酷刑罚，孟子主张"省刑罚"即少用刑罚，减轻刑罚的危害程度。"不嗜杀人"即慎重地运用死刑，不依靠杀人来维持统治。"薄税敛"就是寡取于民，避免为富不仁的聚敛，限制过分的剥削。《滕文公上》记载滕文公问孟子治理国家的事情时，孟子说："是故贤君必恭俭礼下，取于民有制。"意思是说，贤明之君征收赋税时都有一定的制度，不能随心所欲地乱来。《尽心上》中说："易其田畴，薄其税敛，民可使富也。"让百姓种好他们的地，减轻他们的赋税，就可以使百姓富足。《离娄上》中孟子举了事例，当年孔子的学生冉求做季氏的大管家，他为替季氏敛财，把赋税增加了一倍。孔子听了这事情之后十分生气，就说冉求不是我的学生，号召其他学生大张旗鼓地攻击冉求。孟子举这一事例，是为了让执政者以此为鉴，施行仁政，爱民厚民，否则即使富可敌国，也会受到道德的谴责。同时，孟子也从反面警告统治者，如果"对百姓过于残暴就会自身被杀、国家灭亡；即使不太厉害，也会自身危险、国家削弱。"要求统治者实行仁政，体恤民生艰难，不可暴民太甚，否则会导致身弑国亡的悲惨结局。

5. 重民爱民。孟子说："民为贵，社稷次之，君为轻。"(《尽心下》)孟子认为在国君、江山社稷与民众的比较中，民众应放在首位。因为如果得不到民众的支持，国家政权、君主的地位都无法存在。因此，孟子要求统治者重视民众，以民为本，"保民而王"(《梁惠王上》)，认为只有这样，才能使国家稳定。他以桀和纣为例说："桀和纣失去了天下，是因为失去了人民；失去人民，是由于失去了民心。得天下有办法，得到人民，就能得到天下了；得到人民有办法，赢得民心，就能得到人民了；得民心有办法，他们想要的，就给他们积聚起来，他们厌恶的，不强加给他们，如此罢了。"(《离娄上》)孟子要求统治者爱护民众，争取民心，不违背民众的意向。他还通过历史的经验教训来说明统治者如何对待民众的重要性：当年周文王、周武王当朝的时候，行仁政，对待老百姓很好，老百姓也就善良；到了周幽王、周厉王当朝的时候，对待老百姓很残暴，结果老百姓也就变得横暴起来了。老百姓的善与暴取决于统治者是行善政还是行暴政。真是暴君治下出刁民啊！孟子十分深刻地意识到了人民力量的强大，并呼吁统治者实行仁政，以此争取民心，获得人民的拥护，标志着先秦儒家政治伦理思想逐渐走向成熟。孟子还提出了"发政施仁"，必先关心"穷民"的主张："年老无妻叫鳏，年老无夫叫寡，年老无子叫独，年幼无父叫孤。这四种人是天下最困难而又无所依靠的人。当年文王发布政令、施行仁政，必定先照顾这四种人。"（《梁惠王下》）因此孟子认为为政者应该高度重视和关心弱势群体的生存状态。

孟子主张统治者要关心民生，体察民情，与民同休共戚。他说："古之人与民偕乐，故能乐也。"（《梁惠王上》）古代的圣人与民众同乐，故能够享受到真正的快乐。"今王与百姓同乐，则王矣。"（《梁惠王下》）今天的国君如果能够做到与百姓同乐，就可以称王于天下了。"乐以天下，忧以天下，然而不王者，未之有也。"（《梁惠王上》）如果一个人能够做到与民同乐，与民同忧，休戚与共，感同身受，没有不能称王的。

6. 道德教化。民有恒产之后，再教之以礼义人伦，使之树立正确的价值观念和道德标准，"仁政"的理想也就实现了。《孟子·梁惠王上》描绘了一幅小农经济的理想图景，孟子特别提出百亩之田解决人民口粮问题，五亩之宅树之以桑解决衣帛问题，养鸡养猪解决肉食问题以后，还特别提出"谨庠序之教，申之以孝悌之义。""庠序之教"是三代圣王传承下来的治国平天下的法宝，孟子告诉梁惠王要设立庠序学校来教导百姓。"设为庠序学校以教之。庠者，养也；校者，教也；序者，射也。夏曰校，殷曰序，周曰庠，学则三代共之，皆所以明人伦也。人伦明于上，小民亲于下。有王者起，必来取法，是为王者师也。"（《滕文公上》）孟子认为，不同时代的教育在具体细节上有差异，但根本的目的都是明人伦。人伦不明，则九族不睦，百姓不亲，人无道德，社会无秩序。人无道德，虽名之为人，而几与禽兽无别，也不可能建立起良好的社会秩序。所以他强调：人类生活的通则是：吃饱、穿暖、安居而没有教育，便同禽兽差不多。圣王大舜对这种情况很忧虑，就任命契担任司徒，把人伦之道教给人民——父子讲亲爱，君臣讲礼义，夫妇讲内外之别，长幼讲尊卑次序，朋友讲真诚守信。这种设计深刻体现了孟子的仁政以关心民生为出发点，不仅仅以追求"老者衣帛食肉，黎民不饥不寒"为目的，同时也重视道德教化，讲究孝悌之义，提倡尊老爱老，以伦理生活的幸福美满为终极目标，使孟子的仁政思想成为伦理与政治相结合的典范。

7.通功易事，百业俱兴。在经济方面，孟子多次强调不同行业、不同职业、不同产业的均衡发展对社会正常运转的重要性，认为社会上有官吏们的事，有小民们的事。再说一个人日用所需要靠各种工匠来替他制备。假如每个人一定要自己制作所需要的东西才使用，这是在导致天下人疲于奔走啊。所以说：有些人动用智力，有些人动用体力。动用智力的人治理别人，动用体力的人被人治理；被人治理的人养活别人，治理人的人靠别人养活。这是天下通行的道理。(《滕文公上》)

（六）仁政为王道之本

孟子推行仁政，实际上也就是王道，是上古圣王治国平天下之道，也是西周德治思想的延伸与发展。仁政是孟子针对战国时期的社会对古代王道政治的发展，针对现实他划分了两种政治形态——"王道"与"霸道"："以力假仁者霸，霸必有大国，以德行仁者王，王不待大。"（《公孙丑上》）区分王道与霸道的基本原则是仁，标准是德与力，二者是相互对立的。"以德行仁"有极大的正当性，所以能够令人心悦诚服；而"以力假仁"则依靠强权与暴力，凭借威势，利用权术与刑赏，是建立在对方力量不足的基础上，不是心悦诚服，只能得势一时，不能长久。他概括总结夏商周三代王道政治的历史经验说：夏、商、周三代得到天下是因为行仁政，他们的后人失去天下是因为不行仁政。一个国家的衰败、兴起、生存、灭亡，也是这个道理。天子不行仁政，便不能保全天下；诸侯不行仁政，便不能保全国家；士大夫不行仁政，便不能保全宗庙；士人和百姓不行仁义，便不能保全自身。（《离娄上》）三代天下之得失、国家之消亡，是以是否行仁政为标志的。也就是说，为政须行"仁政"，否则必然自取灭亡。

关于王霸之辨问题，产生于春秋时期。孔子处于社会转型时期的天下失道、礼崩乐坏的混乱时代，对历史上的圣王政治进行了理论总结和道德升华，强调王道政治理想。孟子到战国时期以"仁"为价值标准作"王霸之辩"，将霸、王作为两条对比鲜明的政治方略和统一天下的途径提了出来。在强调王霸对立的前提下，鲜明地表达了"尊王贱霸"的立场。孟子还以仁言、仁声做比喻，把霸道称为善政，王道称为善教。《孟子·尽心上》云："仁言不如仁声之入人深也，善政不如善教之得民也。善政民畏之；善教民爱之。善政得民财，善教得民心。"仁言就是给老百姓说说仁话，而仁声是为老百姓做了实实在在的仁事而赢得声望。所以，仁言不如仁声深入人心，善政不如善教获得民心。善政是使百姓害怕不敢违背而已，善教则通过感化使百姓乐于接受。善政能把百姓的财富聚敛到自己手中，善教却能赢得老百姓心悦诚服的拥护。

孟子对"仁政"理想有生动的描述：现在如果有王能改革政治，施行仁德，便会使天下的士大夫都想到大王的朝廷里来做官，庄稼人都想到大王的田地来种地，行商坐贾都想到大王的市场上来做生意，旅客也都想从大王的道路上来往游历，各国痛恨本国君主的人也都想到您这里来诉说。果真做到这样，又有谁能阻挡得住大王统一天下呢？（《梁惠王上》）尊重有品德的人，任用有才能的人，凡是杰出人物都给他一个合适的职位，那么天下贤明的人就高兴，都想来这个国家干事业图发展。集市上允许居住、存货，不征收税，只是依法管理不让货物滞销，那么天下的商人就高兴，都想把货物存放在这个国家的集市上。边境关卡，只检查不收税，那么天下旅游的人就高兴，都想走在这个国家的大路上。种地的农民，除了用少量精力帮着耕种国家公田外，没有额外税收，那么天下的农民就高兴，想在这个国家的土地上劳动。定居的人，没有人头税和土地使用税，那么天下的百姓都高兴，盼望着迁到这个国家来。如果这五方面真能做到，那么邻国的百姓就会像敬父母一样看待这个国君，要是邻国派兵来攻，就好比是带领子女攻打父母，这种事从人类产生以来就从来没有成功过。这样，就是无敌于天下，而无敌于天下的人，就是上天选择的管理天下人民的领导者。能做到这样了，还不能称王，是绝不可能的。（《公孙丑上》）这是对仁政之下理想世界的憧憬与描绘，士农工商各个阶层的人们都能够各安其位、各行其是、和谐幸福地生活。这种仁政理想，正是孔子德政理想更为具体化的描述。孟子的仁政思想在中国古代社会曾发生过积极深远的影响，一方面对历代统治者有所警戒，对减轻人民的负担起了一定的作用；另一方面在其精神感召下，历代造就了不少志士仁人，成为象征中国精神的中国脊梁。近代以来有些学者把儒家仁政学说说成是"虚伪"的，是"为维护统治者的利益"的，简单地加以贬斥，其实很是片面的。

第四章

荀子以仁为基础的礼义之统

一、仁是荀子思想的基础

(一) 仁为基础

学界一般认为，孔子讲仁义礼乐，一方面以仁释礼，另一方面以礼落实仁；孟子主要发展了仁，偏重仁义构建；荀子更多地继承了礼，荀子偏重礼义构建。孟、荀兵分两路，各取一端，孟子多言仁，少言礼，荀子多言礼，少言仁。儒家仁学与礼学不是得到统一，而是进一步分化。既然荀子的思想体系以礼义为核心，那么"仁"在荀子思想中则处于从属的地位。事实上不是这样，"仁"在荀子的思想体系中仍然处于基础性地位。有学者统计，在《荀子》中，"仁"出现了36次，"仁义"出现了16次[1]，说明荀子也是以"仁"为基础构建思想体系的。

荀子处在战国末期，对先秦诸子乃至儒家各派都进行了无情的批判，但他还是继承了孔孟

1 / 参见佐藤将之：《荀子哲学研究之解构与建构：以中日学者之尝试与'诚'概念之探讨为线索》，《国立台湾大学哲学论评》2007 年 10 月第 34 期。

仁学的基本精神，《荀子·臣道》仍然倡言"仁者爱人""仁者必
敬人"为治道之本，《荀子·大略》主张"人主仁心设焉，知其役
也，礼其尽也。故王者先仁而后礼，天施然也"。强调君主是否有
仁心是治道的根本，而智和礼则在其次。因此，王者先仁而后礼，
为国当以仁为先。显然，"仁"在荀子思想体系中的地位与孔孟
其实是一样的。当然，这同孔子的"为仁由己"和孟子的"有不
忍人之心，斯有不忍人之政"的思路是不同的，其思考的重点不
在内在道德仁性的培养而在外在伦理制度的完善，从而在儒学史
上开辟了一条隆礼重法的理路，因而可称之为先秦儒学中的"礼
学"。但这个"礼学"仍然以仁学为基础，在本质上仍然是"仁本
礼用"之学。[1]

(二) 仁、义、礼

孟子多言仁义，其实荀子也讲仁义，在《荀子》一书中仁义
并举很多，如：

> 将原先王，本仁义，则礼正其经纬蹊径也。(《劝学》)
> 今以夫先王之道，仁义之统，以相群居，以相持养，
> 以相藩饰，以相安固邪？以夫桀、跖之道，
> 是其为相县也，几直夫刍豢稻粱之县糟糠
> 尔哉？(《荣辱》)
> 况夫先王之道，仁义之统，《诗》《书》
> 《礼》《乐》之分乎！(《荣辱》)

1 / 参见吴光:《从孔孟仁学
到民主仁学——儒学的回顾
与展望》,《杭州师范学院学
报》2001 年第 6 期。

圣人也者，本仁义，当是非，齐言行，不失毫厘，
无它道焉，已乎行之矣。故闻之而不见，虽博必谬；见
之而不知，虽识必妄；知之而不行，虽敦必困。不闻不
见，则虽当，非仁也，其道百举而百陷也。(《儒效》)

以上荀子讲仁义与孟子没有多大差别，说明荀子虽然以礼
义为要，然其价值源泉与思想归宿仍然是儒家的核心价值观之
一——仁义。荀子著作中许多"礼义"的含义与"仁义"就非
常接近，以至于可以互换，如"道者，礼义、辞让、忠信是也"
(《强国》)，"积礼义而为君子"(《儒效》)，"人无礼义则乱，不知
礼义则悖"(《性恶》)，等等，如果把这些句子中的"礼义"换成
"仁义"是完全可以的。其实荀子自己有时也是这样换着使用的，
如在同一篇《性恶》中，荀子前面有"明礼义以化之，起法正以
治之"，提出"礼义法正"之说，后面又有一大段"凡禹之所以为
禹者，以其为仁义法正也"，探讨"仁义法正"问题，似乎是在相
近的意义上使用"仁义"和"礼义"，而"仁义"显得更为重要。
所以，以仁义为本，以礼义为要，乃荀子儒学的道路。中唐学者
权德舆说："荀况、孟轲修道著书，本于仁义，经术之枝派也。"[1]
是说荀子与孟子都能够修儒家之道，著书立说，以仁义为本，是
儒家经学的支脉。对于孟荀的关系，汉代扬雄
《法言·君子》有"同门而异户"的看法。关于
同门异户，有学者认为是"道"同而"术"异，
即二人在基本价值理念与信仰上是同道中人，

1／权德舆：《比部郎中崔君
元翰集序》，《全唐文》，中华
书局 1983 年版，第 4998 页。

而分歧或差异就是"操术"不同。"操术"在荀子书中主要指"礼义之统"[1]，《荀子·不苟》说："推礼义之统，分是非之分，总天下之要，治海内之众，若使一人。故操弥约，而事弥大。五寸之矩，尽天下之方也。故君子不下室堂，而海内之情举积此者，则操术然也。"可见，操术主要指执持"礼义之统"的主张或方法。在这个意义上也可以说荀子的思想是以仁义为本，以礼义为用。对此我表示认同，"同门异户"说明孟荀同出于孔门，却走出了各自的道路。

仁、义、礼是孔子以来儒家常常相提并论的三个核心观念。荀子在孔子的基础上仁、义、礼、乐并提，《荀子·大略》说："亲亲、故故、庸庸、劳劳，仁之杀也；贵贵、尊尊、贤贤、老老、长长，义之伦也。行之得其节，礼之序也。仁，爱也，故亲；义，理也，故行；礼，节也，故成。仁有里，义有门；仁，非其里而处之，非仁也；义，非其门而由之，非义也。推恩而不理，不成仁；遂理而不敢，不成义；审节而不和，不成礼；和而不发，不成乐。故曰：仁、义、礼、乐，其致一也。君子处仁以义，然后仁也；行义以礼，然后义也；制礼反本成末，然后礼也。三者皆通，然后道也。"显然，这是在把仁、义与礼并列的情况下分析三者的密切关系及其功能。所以，仁、义、礼、善对于人来说，打个比方，就像是钱财粮食和家庭的关系一样：较多地拥有它的就富裕，较少地拥有它的就贫穷，丝毫没有的就困窘。仁义

1 / 路德斌：《荀子与儒家哲学》，齐鲁书社 2010 年版，第 9—10 页。

礼善对于人就好像财物粮食对于家庭一样重要，积累得深厚的人家就富有，积累少的人家就贫穷，一点没有积累的人家就会山穷水尽。首先，值得注意的是仁、义、礼并提的次序：仁、义在先，礼在后；仁、义为本，为治国之本；礼为末节，威仪节奏。其次，仁、义、礼三者在君子修养中作用、功能不同，但相互贯通，归本于道。再次，仁、义、礼三者对人们来说犹如货财粟米，是百姓日用、不可或缺的。

（三）仁政义兵

荀子也继承孔孟的仁政思想，但他强调在仁的价值观指导下的礼义构建来具体落实仁政。荀子心目中理想的先王之道就是对"仁道"最高的尊崇，是按照礼义推行的。他说："先王之道，仁之隆也，比中而行之。曷谓中？曰：礼义是也。道者，非天之道，非地之道，人之所以道也，君子之所道也。"（《儒效》）君主有仁心才能行仁政，《荀子·大略》说，君主的仁心是其自觉遵循礼制的内在基础，王者先仁后礼，才是合乎天道的。荀子认为正常的社会秩序是实现仁政的必要条件，而要维护正常的社会秩序，礼是最重要的工具。他说：古时候先王用名分来治理民众、用等级来区别他们，所以使有的人受到褒奖，有的人受到惩罚；有的人待遇优厚，有的人待遇微薄；有的人安乐，有的人劳苦，这并不是特地要用来造成放荡奢侈或美好的名声，而是要用它来彰明仁德的礼仪制度，贯彻仁德的秩序。（《富国》）在荀子看来，古代先王分割等异的"礼"就是"仁"的"文",是实现"仁"的具体方式;而"仁政"则必须通过"礼"的分割等异,才能够实现。他又说:"故尚贤使能,等贵贱,分亲疏,序长幼,此先王之道也。故尚贤使能,则主尊下安;贵贱有等,则令行而不流;亲疏有分,则施行而不悖;长幼有序,则事业捷成而有所休。故仁者,仁此者也;义者,分此者也;节者,死生此者也;忠者,惇慎此者也;兼此而能之,备矣;备而不矜,一自善也,谓之圣。不矜矣,夫故天下不与争能而致善用其功。有而不有也,夫故为天下贵矣。"(《君子》)礼通过划分不同的社会等级,使人们在差等格序中和谐相处,才使得仁政成为可能。

他还提出"礼宪"作为"仁义"的客观化,礼宪即礼法,牟宗三先生说,"礼宪者实是仁义之客观化"[1],是荀子对儒门内圣之学的外转,即内圣之仁道原则表现于社会历史之中,贯之于社会历史、政治、法律、组织、制度之上,形成组织社会人群的礼义法度,此即所谓的"礼义之统"。荀子以其诚朴笃实之心真切地注意到礼义之统,并极言知统类,一制度,断之于礼宪,为仁义原则指出客观化之道,是荀子对儒家未来发展的贡献。

荀子在战国末期提倡仁义之兵,因为到了这个时候不可能一味地反对战争,在孟子"仁者无敌"的基础上,《荀子·议兵》提出"仁人之兵",他们停留的地方无不会得到全面治理,他们经过的地方无不受到教育感化,就像及时雨的降落,百姓没有

1 / 牟宗三:《荀学大略》,廖名春编:《荀子二十讲》,华夏出版社 2009 年版,第 49 页。

人不欢喜。尧讨伐驩兜，舜讨伐三苗，禹讨伐共工，汤讨伐夏桀，周文王讨伐崇国，周武王讨伐商纣，这两帝、四王都是以仁人之兵驰骋于天下的。所以近处的人喜爱他们的善政，远方的人仰慕他们的德行；兵器的刀口上还没有沾上鲜血，远近的人就来归附了；德行伟大到这种地步，就会影响到四方极远的地方。仁人之兵即以仁义之兵，禁暴除害，可以达到兵不血刃的地步，近悦远来，四海若一家。对此，他的学生陈嚣提出质疑："先生议兵，常以仁义为本。仁者爱人，义者循理，然则又何以兵为？凡所为有兵者，为争夺也！"荀子不像墨子那样的主张"非攻"，而是在反战和平与侵略战争两个极端中取一个中庸之道，所以他回答说："非女所知也。彼仁者爱人，爱人，故恶人之害之也；义者循理，循理故恶人之乱之也。彼兵者，所以禁暴除害也，非争夺也。"（《议兵》）战争用兵是本着仁义理念禁暴除害，不是争夺。

二、荀子以仁为基础的礼义之统

对于荀子的礼义体系，他自己概括为"礼义之统"，司马迁在《史记·太史公自序》中说，他写作《孟子荀卿列传》时"明礼义之统纪"，指出礼义之统是荀学的要义。

（一）人道为本，礼义为主

荀子在天、地、人三才之道的构架以人道为本，以礼义为主。他说："在天者莫明于日月，在地者莫明于水火，……在人者莫明于礼义。""天有其时，地有其财，人有其治，夫是之谓能参。舍其所以参，而愿其所参，则惑矣！"（《天论》）荀子的基本观点是"天人相分"，所以他说天、地、人各有其道，在天者莫明于日月，在地者莫明于水火，在人者莫明于礼义。天有其时，地有其财，人有其治。这里人与天地并立为三，但人与天地不同的是人能以礼义参与到天地万物的变化之中，体现了人在天地之间的主体性地位。孟子讲"天时不如地利，地利不如人和"，（《公孙丑下》）荀子也说："上得天时，下得地利，中得人和。"（《富国》）能够代表人参与天地变化的就是君子，君子与天地并立为三，以礼义来参与天地万物变化。他还提出"礼有三本"——礼有三个根本："天地者，生之本也；先祖者，类之本也；君师者，治之本也。无天地，恶生？无先祖，恶出？无君师，恶治？三者偏亡焉，无安人。故礼，上事天，下事地，尊先祖而隆君师。是礼之三本也。"（《礼论》）说明礼是人效法天地的产物，也是天经地义的体现，事天地，尊先祖而隆君师就是礼的三个来源与根本。可以看出，荀子十分重视人（先祖、君师）作为三才之一的主动性和主体性，这也使他的"天人相分"没有发生西方文化中的天人分裂或者二元对立，而是仍然坚持了儒家三才构架中三元和合、以人道为本的特征。他说："我所说的道不是指天道，不是指地道，是人之所以为人之道，是君子之道。"（《儒效》）当然他不是否定天地之道，而是强调先王之道是人道为本，是人之所以行之道。

另外，荀子还非常重视人道的实践性，具体讲就是礼义道德的落实。他说："先王之道是仁道的最高体现，他们是遵循中正之道来实行它的。什么叫作中正之道呢？礼义就是这种中正之道。"（《儒效》）这样，荀子就使礼义成为人实现道德价值的切实可行的途径，也成为社会治理的根本法则。

荀子把"礼义"看成是道德的最高标准，是"道德之极"（《劝学》），"人伦尽矣"（《儒效》）。如果能够做到"隆礼贵义"，就达到了道德的最高境界。"礼义"作为"道德之极"通过君子来完成人伦秩序的重建，是一个社会的根本："天地者，生之始也；礼义者，治之始也；君子者，礼义之始也；为之，贯之，积重之，致好之者，君子之始也。故天地生君子，君子理天地；君子者，天地之参也，万物之总也，民之父母也。无君子，则天地不理，礼义无统，上无君师，下无父子，夫是之谓至乱。君臣、父子、兄弟、夫妇，始则终，终则始，与天地同理，与万世同久，夫是之谓大本。"（《王制》）由礼义所规范的基本人伦关系与天地同理，与万世同久，是人类社会的大本。

（二）诚心守仁，礼以正身

在修养论方面，荀子提出"养心莫善于诚"。他说："君子养心莫善于诚，致诚则无它事矣，唯仁之为守，唯义之为行。诚心守仁则形，形则神，神则能化矣；诚心行义则理，理则明，明则能变矣。变化代兴，谓之天德。天不言而人推高焉，地不言而人推厚焉，四时不言而百姓期焉。夫此有常，以至其诚者也。"（《不苟》）人生修养贵在诚，如果能做到诚，其他都不在话下了。而诚的具体内容则是仁义。只要能诚心坚守仁德，内在的修养一定会显现于外，就能感化别人；只要能诚心践履道义，明白人生道理，就能改变别人。

荀子把礼看成个人修身的标准。他说：礼是用来端正自身的。大凡人在动用感情、意志、思虑的时候，遵循礼义就和顺通达，不遵循礼义就颠倒错乱、懈怠散漫；在吃喝、穿衣、居住、活动或休息的时候，遵循礼义就谐调适当，不遵循礼义就会触犯禁忌而生病；在容貌、态度、进退、行走方面，遵循礼义就显得文雅，不遵循礼义就显得鄙陋邪僻、庸俗粗野。所以人没有礼义就不能生存。（《修身》）荀子主张以礼来端正自身，规范人的思想意识、言行举止。"礼者，人道之极也。然而不法礼，不足礼，谓之无方之民；法礼，足礼，谓之有方之士。礼之中焉能思索，谓之能虑；礼之中焉能勿易，谓之能固。能虑，能固，加好者焉，斯圣人矣。故天者，高之极也；地者，下之极也；无穷者，广之极也；圣人者，人道之极也。故学者，固学为圣人也，非特学无方之民也。"（《礼论》）对于个人修身来说，礼是依据，是人道的极致，是做人的规范。荀子要求君子严格按照礼义的标准来修养自身。如果一个人心存恭敬和忠信，依照礼义真心地去爱别人，就可以走遍天下，即便他身处蛮荒之地，人们也同样会尊重他。以礼修身，以义明政，就可以美名远扬，受人仰慕、王道的事业就达到最完美了。

　　以礼义为基本标准，荀子进一步提出了人伦关系各个方面的道德规范："遇君则修臣下之义，遇乡则修长幼之义，遇长则修子弟之义，遇友则修礼节辞让之义，遇贱而少者则修告导宽容之义。无不爱也，无不敬也，无与人争也，恢然如天地之苞万物。如是，则贤者贵之，不肖者亲之。"（《非十二子》）有人向他请教：请问怎样做君主？荀子回答说：要按照礼义去施舍，公平而不偏私。请问怎样做臣子？荀子回答说：要按照礼义去侍奉君主，忠诚顺从而不懈怠。请问怎样做父亲？荀子回答说：要宽厚仁爱而有礼节。请问怎样做儿子？荀子回答说：要敬爱父母而极有礼貌。请问怎样做哥哥？荀子回答说：要仁慈地爱护弟弟而付出自己的友爱。请问怎样做弟弟？荀子回答说：要恭敬顺服而一丝不苟。请问怎样做丈夫？荀子回答说：要尽力取得功业而不放荡淫乱，尽力亲近妻子而又有一定的界限。请问怎样做妻子？荀子回答说：丈夫遵行礼义就温柔顺从听命侍候他，丈夫不遵行礼义就诚惶诚恐而独自保持肃敬。这些原则，如果只能部分地做到，那么天下仍会混乱；全部做到了，天下就会大治；它们足够用来作为楷模了。每个人在社会中具有不同的角色，要处理不同的社会关系，以礼义为标准，就形成了不同人应当遵循的道德规范，借以和谐人际关系，促进社会和谐。

　　荀子还重视礼义的养人功能。他不讳言人一生下来就具有各种欲望如欲食、欲暖、欲息、好利、恶害等等，认为这是人与生俱来的生理本能，但可以在礼义的规范下调养人的这些欲望。他说："故礼者，养也。刍豢稻粱，五味调香，所以养口也；椒兰芬苾，所以养鼻也；雕琢、刻镂、黼黻、文章，所以养目也；钟鼓、管磬、琴瑟、竽笙，所以养耳也；疏房、檖貌、越席、床笫、几筵，所以养体也。故礼者，养也。"（《礼论》）这就给人的物质欲望以存在的合理性，而强调的是通过礼义来适当地满足人的正常欲望，而不是简单的禁欲主义。对此，他对宋钘的"欲寡论"提出了批评。宋钘当时提出："人之情，欲寡，而皆以己之情为欲多，是过也。"意思是说人的本性想要得很少，但现在的人却都认为自己的本性是想要很多，这是错误的。荀子批评这个观点说，如果宋先生认为古代那些人的本性也是"欲寡而不欲多"，那么，古代圣王岂不是用人所不想要的东西来奖赏人，而用人想要的东西来处罚人了？混乱颠倒真没有比这更大的了。宋先生如果还要一本正经地欣赏自己的学说，聚集门徒，办学授业，著书立说，而宣扬的道理却总是把"最大的治"说成是"最大的乱"，岂不是错得太厉害了吗？因此，他强调礼义仪式是用来调养情欲的，所以人如果专门把心思放在讲究礼义上，那么礼义情欲两方面就都能保全了。如果专门把心思放在满足情欲上，那么礼义情欲两方面就都保不住了。（《礼论》）也就是说，礼义使人的情欲得以合理地满足，这既不是禁欲主义，也不是纵欲主义，是符合儒家的中道的。当然，孟子有"寡欲说"，尽管他们都强调在人性修养上能够走中道，但比较起来，孟子是立足于内在心性，而荀子则是立足于外在礼义。

(三) 礼义的社会政治功能

荀子重视礼义的社会功能，认为人与动物的差别在于礼义，这点与孟子不尽相同。在人禽之辨问题上，荀子说："水火有气而无生，草木有生而无知，禽兽有知而无义；人有气、有生、有知，亦且有义，故最为天下贵也。力不若牛，走不若马，而牛马为用，何也？曰：人能群，彼不能群也。人何以能群？曰：分。分何以能行？曰：义。故义以分则和，和则一，一则多力，多力则强，强则胜物，故宫室可得而居也。故序四时，裁万物，兼利天下，无它故焉，得之分义也。"（《王制》）荀子认为人与其他动物比较起来之所以"为天下贵"，是因为人"能群"，即结为群体；而人之所以"能群"，又在于人能"分"，而"分"的标准则是"义"，这就是人与动物最大的差别。显然，他在这里更强调的是礼义对于人作为社会群体的重要性。对于社会来说，礼能维护人伦与社会分工的规则，有礼，社会才能安定。正是在这个基础上，他指出，先王能根据人性本恶、多欲好争的特点，"制礼义以分之"：人生来就有欲望；如果想要什么而不能得到，就不能没有追求；如果一味追求而没有个标准限度，就不能不发生争夺；一发生争夺就会有祸乱，一有祸乱就会陷入困境。古代的圣王厌恶那祸乱，所以制定了礼义来确定人们的名分。（《礼论》）这样做就能够使仁人处在君位上，那么农民就把自己的力量全部用在种地上，商人就把自己的精明全都用在理财上，各种工匠就把自己的技巧全都用在制造器械上，士大夫以上直到公爵、侯爵都将自己的仁慈宽厚聪明才能用在履行公职上，这种情形叫作大治。(《荣辱》)他认为，人类有欲望，故有欲求，进而有竞争，有混乱，古代先王为了不使社会混乱，就制定了礼义来使人们有所分别，同时又能够结为群体。人类群居合一之道是通过礼义以区分贵贱、长幼、智愚、能不能，以人载其事，各得其宜，并获得相应的报酬，这样仁人在上，农、商、百工、士大夫以至公侯能够各安其业，以仁厚知能尽其职能，实现社会公平。

对于礼的政治功能，荀子的基本理路是隆礼重法，王霸并用。作为先秦儒家的集大成者，荀子立足于儒家的基本立场，是一个礼治主义者，同时作为赵人，他受到三晋法家思想的影响，也能够兼容法家，形成了礼法结合的治道思想。

荀子援法入礼，从法律维度诠释礼，强调礼的法律功能以及对法律的宰制，使礼本身成为一种类似于法的存在。荀子把礼解释为法的总纲以及以法类推的各种条例的纲要，其实是把"礼"视为法的基本价值和基本准则。这样，"礼"就相当于国家的根本大法，起着规定各类具体法律、法令的宪法的作用。荀子强调礼与法的一致性，主张礼法并举，德法并用。他认为古代的圣王明礼义，起法度，天下大治："古者圣人以人之性恶，以为偏险而不正、悖乱而不治，故为之立君上之势以临之，明礼义以化之，起法正以治之，重刑罚以禁之，使天下皆出于治、合于善也。是圣王之治而礼义之化也。"(《性恶》)荀子主张礼和刑有它的适用范围，对于守法善良之士，以礼相待，而对于为恶不肖之士，则主张刑法并用，禁暴治乱。"由士以上则必以礼乐节之，众庶百姓则必以法数制之。"(《富国》)治国要有所区分，士人以上以礼乐治之，士人以下以法制治之，这显然是周代"礼不下庶人，刑不上大夫"的翻版。朝廷隆礼，百吏好法，隆礼重法，礼法合治，是治国的重要的途径。为了强调礼与法的一致性，礼法连用、合礼法为一体，荀子进一步提出了"礼法"的范畴。他举例说："上莫不致爱其下而制之以礼；上之于下如保赤子。政令制度，所以接下之人百姓，有不理者如豪末，则虽孤独鳏寡必不加焉；故下之亲上欢如父母，可杀而不可使不顺。君臣上下，贵贱长幼，至于庶人，莫不以是为隆正；然后皆内自省以谨于分，是百王之所同也，而礼法之枢要也。然后农分田而耕，贾分货而贩，百工分事而劝，士大夫分职而听，建国诸侯之君分土而守，三公总方而议，则天子共己而止矣。出若入若，天下莫不平均，莫不治辨，是百王之所同而礼法之大分也。"(《王霸》)可以看出，荀子的礼法包括等级名分和政令制度两部分内容，具有礼与法的双重内涵。礼法既是礼也是法。这样，荀子通过"礼法"概念的创造而使礼在统摄法的同时也获得了法的性质和特征。

荀子认为为政者通过隆礼重法，王霸并用，德刑并举，就能够构建良好的社会秩序。这使我们想到孔子的治道思想总体上是"道之以政，齐之以刑，民免而无耻；道之以德，齐之以礼，有耻且格"(《论语·为政》)，德、礼、政、刑在治道中的先后次序非常清楚，但荀子并没有否认法治的主要手段——刑罚，主张德主刑辅、宽猛相济。在治道模式上，尽管他主张王霸并用，但仍然坚持了儒家王道政治理想，认为其核心价值还是"仁义"。他发挥王道政治的精义说："彼王者不然：仁眇天下，义眇天下，威眇天下。仁眇天下，故天下莫不亲也；义眇天下，故天下莫不贵也；威眇天下，故天下莫敢敌也。以不敌之威，辅服人之道，故不战而胜，不攻而得，甲兵不劳而天下服，是知王道者也。"(《王制》)通过行仁义实现不战而胜，不攻而得，甲兵不劳而天下服就是王道政治。

(四) 圣人以礼义治天下

圣人达到了最高的精神境界，就有资格制定礼义法度，治理天下。古代圣明的君王认为人的本性是邪恶的，认为人们是偏邪险恶而不端正、叛逆作乱而不守秩序的，因此给他们建立了礼义、制定了法度，用来强制整治人们的性情而端正他们，用来驯服感化人们的性情而引导他们，使他们都能从遵守秩序出发、言行举止合乎人道的原则。(《性恶》)礼义法度原本就是由古代圣王制作，今天的圣人也要根据社会发展的需要和人们的性情变化，化性起伪，制作礼义法度，治理天下也要依靠礼义。因为圣人达到了道的境界，所以他能超越礼义之上而不受礼义限制。一般人只是在不自觉地遵循礼，只有圣人才能够自觉地认识和行使礼。

荀子认为，圣人是在天地人三才构架下运用礼义之"分"的功能来治理天下的。荀子认为，天地创造了人与万物，人在天地之间最为尊贵，人与动物的不同而优异于动物的地方，是人能群，即人能组成社会。而人之所以能"群"则在于能"分"，"分"即以礼义为标准确立亲疏远近、尊卑贵贱的社会等级，进行合理的社会分工，将社会资源进行公正的分配等。(《礼论》)圣人制礼作乐，制作礼义法度就是为了"分"，而后在"分"的前提下实现社会有等差和分界的和谐运转，所以他说："故先王案为之制礼义以分之，使有贵贱之等，长幼之差，知愚、能不能之分，皆使人载其事而各得其宜，然后使谷禄多少厚薄之称，是夫群居和一之道也。"(《荣辱》)

结语

如果说孟子思想的主要成就是在孔子"仁"的概念之后着重建立了"义"的概念，注重从内在心性上探求，以"仁义"为核心形成了自己的思想体系，那么荀子就是在孔子"仁"的基础上继孟子之后着重发挥孔子"礼"的概念，注重从外在规范上展开，以"礼义"为核心形成了自己的思想体系。在礼义构建中荀子继承了孔孟仁学的基本精神，以仁义为本，以礼义为用，更细致地分析了仁、义、礼以及仁道与礼义之间的复杂关系，传承孟子仁政思想，提倡仁义之兵。荀子的礼义之统是一个以"仁"为基础，包含了仁、义、礼、乐、法、刑在内的博大体系，以性伪之辨为人性论基础，人道为本，礼义为主，诚心守仁，礼以正身发挥礼义的社会政治功能，圣人以礼义治天下，形成仁政思想。总之，荀子是一个与孟子有共同思想基础、有许多相通一致之处的儒学大家，在战国末期开拓和推进了儒家思想的新展开，是先秦儒家思想的集大成者。

第五章

汉初儒者仁义核心价值观构建

汉初由于统治者实行清静无为的政策，社会文化环境相当宽松，出现了先秦诸子复兴的思潮。在这样的形势下，汉初儒者通过著书立说、上言进谏，持续而不断深入地针对秦的暴政和速亡进行批判反思。同时，他们积极宣扬和发展儒家学说，为汉政提供新的思想资源。

一、陆贾仁义为本，道德为上

（一）陆贾对汉初国家政策转型的影响

陆贾（约前240—前170），西汉思想家、政治家。早年追随刘邦，汉得天下后，陆贾经常在刘邦面前称引《诗经》《尚书》等儒家典籍。刘邦讨厌儒生，听到这些，很不高兴，就对他大骂道："乃公居马上而得之，安事《诗》《书》！"陆生曰："居马上得之，宁可以马上治之乎？且汤武逆取而以顺守之，文武并用，长久之术也。昔者吴王夫差、智伯极武而亡；秦任刑法不变，卒灭赵氏。乡使秦已并天下，行仁义，法先圣，陛下安得而有之？"刘邦听完之后，心情不快，脸上露出惭愧的颜色，就对陆贾说："试为我著秦所以失天下，吾所以得之者何，及古成败之国。"这样，陆贾就奉旨大略地论述了国家兴衰存亡的征兆和原因，一共写了十二篇。"每奏一篇，高帝未尝不称善，左右呼万岁，号其书曰《新语》。"（《史记·郦生陆贾列传》）说明陆贾对汉初政治的影响主要体现在以儒家仁义为核心价值，促进汉初政治模式发生根本性转变，走出战争思维，走向和平建国。

（二）陆贾对秦王朝二世而亡的反思批判

陆贾经历了战国末年和秦汉之际两次政治变动，凭借其丰富的政治阅历，反思和批判秦二世而亡的经验教训，认为秦速亡的根本原因是废弃仁义，不讲德治，过度相信刑罚的威力，而一味地严刑酷法，崇尚暴政，最终酿成"二世而亡"的悲惨结局。这就是说，以仁义治国才能长治久安，而依赖刑罚则只能导致迅速败亡。他还比较了古代尧舜等圣人行仁义与秦不行仁义的截然不同的结果，陆贾在《新语·辅政》中说，当年帝尧治国时把仁义当成巢穴，帝舜把禹、稷、契这些大臣当成手杖，所以尽管他地位很高但很安稳，有各种活动但社会稳定。而到了秦始皇就不一样了，是把刑罚作为巢穴，所以就有覆巢破卵之患；秦始皇、秦二世把赵高、李斯作为手杖，所以就有跌倒受伤之祸。什么原因呢？是尧、舜和秦始皇、秦二世所任用的人不同。尧、舜选贤任能，秦始皇、秦二世任用奸佞，所以结局也就有天渊之别。尧舜成为圣贤，称帝称王，而秦始皇、秦二世最后身败名裂，自取灭亡。所以，陆贾得出结论："周公与尧、舜合符瑞，二世与桀、纣同祸殃。……故圣贤与道合，愚者与祸同，怀德者应以福，挟恶者报以凶，德薄者位危，去道者身亡，万世不易法，古今同纪纲。"(《新语·术事》)

(三) 仁义为本，道德为上

在反思和批评秦不行仁义、二世而亡的经验教训的基础上，陆贾提出了以"仁义为本"的观点。他说："治以道德为上，行以仁义为本。故尊于位而无德者绌，富于财而无义者刑，贱而好德者尊，贫而有义者荣。"(《新语·本行》)他们试图通过重建儒家仁义道德为治道的根本来使汉初统治者改变秦王朝那种"专任刑罚"的统治方式。《新语》随处可见"仁义"，陆贾在孔孟的基础上主要把"仁义"与治道密切结合，成为儒家"王道政治"的本质，也是安身立命、治国平天下的根本，是国家政治生活和伦理生活的基础，不行仁义就会导致政治与社会秩序的混乱。只有以仁义为本，才能万世不乱，长治久安。这样，仁义的作用已远远不止于修、齐、治、平了，他把它扩展到社会关系和社会生活的各个方面，甚至成了制约着自然界的规律。陆贾把它抬高到"道基"，即高于一切的地位，以仁义作为衡量尊卑、贫富、贵贱、荣辱等的标准。

不过与先秦儒家不同的是，陆贾看到仁义道德如果不能借助权势来推行就无法实施。他认为，即便像孔子这样的圣贤人物，如果没有权势的支持，仁义道德最终也不能在社会上施行应用。道德与权势之间存在着张力，有人有权势却无道德，有人有道德却无权势。只有当权势与道德统一的时候，一个以仁义道德为理想目标的社会才可能变成现实。但是，他没有对二者的关系进行更深入的讨论。按照儒家传统的观念，道德为治理国家的根本，道德与政治是体用本末的关系，治国平天下只不过是道德在政治领域的现实表现，德政合一是儒家的理想模式。陆贾的认识比较实际，他看到了道德没有权势的虚悬，针对汉初的现实政治，他才提出了借助权势推行道德的主张。

至于如何借助权势来推行仁义道德，陆贾受到孔子为政以德、风行草偃的德治思想的影响，充分认识到君王的个人道德及其德政对于社会治理的重要性。《新语·思务》说："故仁者在位而仁人来，义者在朝而义士至。是以墨子之门多勇士，仲尼之门多道德，文王之朝多贤良，秦王之庭多不详。"如果君王具有善心良志，具备仁义之德，就会吸引仁人义士前来辅助，其政治就清明；反之，则腐败。所以陆贾十分强调君王如果要建功立业，成为圣王，就必须十分注意自己的道德修养，由内而外，由小而大，推行德治仁政。

二、贾谊仁义为本，非礼不成

(一) 贾谊对秦王朝速亡的反思批判

贾谊（前200—前168），洛阳（今河南洛阳东）人，西汉初年著名思想家、文学家，世称贾生，少有才学，年仅十八就因为能诵诗属文闻名于郡中，对诸子百家之学也颇为精通，然观其学，仍宗于儒学。汉初，儒生陆贾与叔孙通等人在总结秦亡教训的基础上，提出了以儒治国的设想，但未及付诸政治实践。至贾谊试图冲破文帝时黄老之学的束缚，把儒家学说推到政治前台。在思想上，他以经学为学术基础，以仁义为核心价值观，继承孔子仁本礼用的思想，形成了以仁与礼结合为主体构架的思想体系，得到了汉文帝的重视，对当时的政治产生了一定影响。

贾谊与陆贾相似，也是从反思秦王朝速亡的教训来提出其以仁义守天下的政治主张的，他认为秦之速亡，就在于取得政权以后仍然以法术诈力为统治的指导思想和方法，而没有改弦更张，实行仁义之治。"秦以区区之地，致万乘之势，序八州而朝同列，百有余年矣。然后以六合为家，崤函为宫，一夫作难而七庙堕，身死人手，为天下笑者，何也？仁心不施，攻守之势异也。"（《新书·过秦上》）他认为，同样是不施仁义，而打天下和守天下的发展趋势是截然不同的，也就是说，打天下不施仁义可以取得成功，而守天下不施仁义的话，必然要遭到失败。秦王朝曾经那么不可一世，但很快在农民起义的烈火中土崩瓦解，其原因就是秦始皇建立了秦王朝以后不施仁义，不行仁政。如果从秦王朝的历史发展来看，不施仁义，不行仁政也是有其历史渊源的，特别是从商鞅变法开始秦就步入了霸道政治。贾谊批评商鞅变法违背了礼义，抛弃了道德，一心想着富国强兵："商君违礼义，弃伦理，并心于进取，行之二岁，秦俗日败。秦人有子，家富子壮则出分，家贫子壮则出赘。假父耰锄杖耰，虑有德色矣；母取瓢椀箕帚箪，虑立谇语。抱哺其子，与公併踞。妇姑不相说，则反唇而睨。其慈子嗜利而轻简父母也，念罪非有伦理也，其不同禽兽僅人焉耳。然犹并心而赴时者，曰功成而败义耳。蹶六国，兼天下，求得矣，然不知反廉耻之节、仁义之厚，信并兼之法，遂进取之业，凡十三岁而社稷为墟，不知守成之数，得之之术也，悲夫！"（《新书·时变》）秦自商鞅变法违背礼义，抛弃道德，风气败坏，以功利主义摧毁了秦国基本的道德伦理基础，造成君臣互相利用、冲突，六亲互相残害，坏人横行霸道，老百姓与国君离心离德，埋下了灭亡的祸根。所以，他总结说："秦国失理，天下大败"（《新书·时变》），这"理"是什么？就是"仁义"，秦国不讲仁义道德，所以国家很快灭亡了。仁义的对立面是暴虐，"秦王怀贪鄙之心，行自奋之智，不信功臣，不亲士民，废王道而立私爱，焚文书而酷刑法，先诈力而后仁义，以暴虐为天下始"。（《新书·过秦下》）秦二世继承了王位后，不知改弦更张，继续暴虐人民，结果大祸到来，身死人手，成为天下人的笑柄。他还把秦与古代商汤、周武王进行比较："汤、武置天下于仁义礼乐，而德泽洽，禽兽草木

广裕，德被蛮貊四夷，累子孙数十世，此天下所共闻也。秦王置
天下于法令刑罚，德泽亡一有，而怨毒盈于世，下憎恶之如仇雠，
祸几及身，子孙诛绝，此天下之所共见也。"（《汉书·贾谊传》）
是否行仁义的结果已经被历史事实证明，为世人所共见。

（二）以仁义为核心的治道思想

贾谊从儒家性善论出发，认为仁义是英明君主的本性，"仁义
者，明君之性也"。（《新书·礼》）显然他之所以这样说，是希望
君王能够萌发仁心人性，自觉地推行仁政。他认为，"政莫大于
信，治莫于大仁"，（《新书·修正语上》）提出在仁义的基础上来
建立相应的制度。他以高皇帝刘邦为例说：刘邦以布衣起兵，打
下天下后能够和平建国，发展生产，让饱受战乱的老百姓得以休
养生息，还对以后的"文景之治"有开创之功，奠定了汉武反击
匈奴的坚实基础。他举高皇帝为例是希望当今皇上效法古代圣人，
相时立仪，度务制事，以"仁义"为价值标准来为汉朝订立所需
要的制度。为此，贾谊反复地强调实行"仁政"的好处，还举历
史上的黄帝来说明只有实行仁政才能臻于美政与善政。他说："黄
帝职道义，经天地，纪人伦，序万物，以信与仁为天下先。"所以
黄帝才能平治天下，并做到"天下太平"，希望后来的统治者能够
循着黄帝的道路前进，"故上缘黄帝之道而行之，学黄帝之道而赏
之，加而弗损，天下亦平也"。（《新书·修政语上》）贾谊还指出，
帝尧具有最强烈的"仁"心，所以其政治也就达到了最为理想的

境界。因为当时盛行黄老之学，贾谊由黄帝说到帝尧，就具有兼容道儒的意思，最终就是希望达到这样一种理想的政治境界。

仁义核心价值落实在政治实践中就是行仁政，贾谊的仁政思想同其他思想一样也是对儒家思想的继承和发展，主要内容包括：

其一，爱民。《新书·大政下》说："故夫民者，弗爱则弗附。"如果为政者不能爱护老百姓，老百姓就不可能支持它，甚至起来反抗。《新书·修政语上》说："德莫高于博爱人，……治莫大于仁。"帝王之德性在于博爱人民，其为治之道以仁政为最高追求。《新书·大政上》云："夫民者，万世之本也，不可欺。凡居于上位者，简士苦民者是谓愚，敬士爱民者是谓智。"老百姓世世代代都是治国理政的根本，在上位者简慢士人、虐待老百姓是愚蠢的行为，尊重士人、爱护老百姓是智慧的行为。《新书·修政语上》说：作为低层官员要恭敬严谨，高层官员谦恭仁慈，作为君主尊重士人、爱护老百姓，这是治国理民的纲要。显然，贾谊是在继承儒家民本思想的基础上强调君主和官吏应该敬士爱民。

其二，利民。爱民不是空洞地说说，要体现在惠民利民上。贾谊说：治国要引导老百姓以发展农业为根本，做到人人自食其力；如果从事闲杂业的人、游食之民都回来从事农业生产，那么老百姓就会没有非分之想，安分守己、节勤积蓄、安居乐业。物质财富是国家社稷的基础，治国理民的前提是要让老百姓吃饱饭，民以食为天。

其三，安民。他说："牧之以道，务在安之而已矣。下虽有逆行之臣，必无响应之助。故曰'安民可与行义，而危民易与为非'，此之谓也。"（《新书·过秦下》）治理百姓的关键在于使他们安居乐业，这样即使有叛臣也不会有人响应。所以，民众安稳就能够按照道义生活，而民众不安稳就容易走上违法犯罪的道路。

其四，乐民。贾谊在爱民、富民的基础上还强调乐民，"故夫为人臣者，以富乐民为功，以贫苦民为罪。故君以知贤为明，吏以爱民为忠。故臣忠则君明，此之谓圣王"。"故君子之富也，与民以财，故士民乐之"。（《新书·大政上》）也如《新书·修政语上》云："见爱亲于天下之人，而见归乐于天下之民。"由爱民而富民而乐民形成了密切联系的逻辑次序。

贾谊认为在具体实行仁义治道时也要吸收法家思想，《新书·制不定》中针对当时诸侯王坐大，贾谊把治国比喻为屠牛，进而告诫君王："屠牛坦一朝解十二牛，而芒刃不顿者，所排击，所剥割，皆象理也。然至髋髀之所，非斤则斧矣。仁义恩厚，此人主之芒刃也；权势法制，此人主之斤斧也。势已定，权已足矣，乃以仁义恩厚因而泽之，故德布而天下有慕志。今诸侯王皆众髋髀也，释斤斧之制，而欲婴以芒刃，臣以为刃不折则缺耳。胡不用之淮南、济北？势不可也。"贾谊认为，仁义恩厚相当于君王的锋利尖刀，权势法制相当于君王的斤斧，分封诸侯王就像牛的骨骼，如果用仁义来对待他们无异于用尖刀砍牛骨骼，会使仁义受到损害。所以，应该毫不犹豫地实施强权，以避免他们羽翼丰满以后威胁到中央政权。在这个问题上贾谊显然暂时放弃了儒家仁义而倒向了法家的强势。

（三）仁义为本，非礼不成

贾谊在继承发扬了孔子以仁为核心价值的同时又重视礼的思想，接着荀子大讲礼义，对先秦儒家关于"仁"与"礼"的关系问题有细致的发挥。以孔孟荀为代表的先秦儒家把礼作为一种外在的制度和规范，把仁作为人内在的修养和处世原则，主张外与内，礼与仁必须统一起来，仁本礼用。贾谊仁爱观和礼治观基本上传承了先秦儒家的思想，但又有所发展。他认为仁爱是礼的内容，礼则是仁爱的外在表现形式。他指出："礼，天子爱天下，诸侯爱境内，大夫爱官属，士庶各爱其家。失爱不仁，过爱不义。"他视爱人为仁的基本含义，并以此作为礼的基本内容。但是贾谊所说的爱是有差别的，他认为不同等级的仁爱的范围是不一样的。同时在形式和内容上也是有异的。他认为既然仁是礼的内容，那么礼便是仁的形式。礼是为了更好地处理君臣、父子、兄弟、夫妻、姑妇等各种社会政治与伦理关系，同时与仁、义、忠、慈、孝、友、顺等道德规范密切配合，维护国家稳定，促进社会和谐。他说："道德仁义，非礼不成。"（《新书·礼》），就是说道德仁义这些抽象的内容要通过礼的具体规范和制度外在化地表现出来，是在以"仁义为本"的前提下强调"仁义道德"的落实需要借助于礼治，以礼为依归，这显然是对孔子"仁"与"礼"关系的进一步发挥。贾谊一方面主张"仁义为本"，另一方面却又认为仁义以礼为皈依，二者似乎矛盾，其实不然。"仁义为本"侧重于论述道德素养，而"仁义礼归"则侧重于政治教化。仁义储备于人，即是"仁德修养"，发生于外则为"礼义规范"；对统治者而言是"以礼而治"，对普通社会成员来说则是"伦常规范"。[1]

（四）以礼为主，礼法并用

贾谊的以仁义为本的仁政思想是与其以礼为主、礼法结合的礼治思想相辅相成，密切联系的。在治道方面，贾谊把"礼"放在一个决定性的地位上，指出："故道德仁义，非礼不成；教训正俗，非礼不备；分争辨讼，非礼不决；君臣、上下、父子、兄弟，非礼不定；宦学事师，非礼不亲；班朝治军，莅官行法，非礼威严不行；祷祠祭祀，供给鬼神，非礼不诚不庄。是以君子恭敬、撙节、退让以明礼。"（《新书·礼》）在《礼记·曲礼》中也有相同的一段话。这就把"礼"推衍到了社会政治生活的各个方面，以礼为治国平天下的主体。所以他向文帝建议："夫立君臣，等上下，使纲纪有序，六亲和睦，此非天之所为，人之所设也。人之所设，不为不立，不修则坏。汉兴至今二十余年，宜定制度，兴礼乐，然后诸侯轨道，百姓素朴，狱讼衰息。"（《汉书·礼乐志》）

当然，贾谊绝不否认法的作用，而是认为礼法必须结合。贾谊这里所言之法，乃指刑法。他说："夫礼者禁于将然之前，而法者禁于已然之后，是故法之所用易见，而礼之所为生难知也。若夫庆赏以劝善，刑罚以惩恶，先王执此之政，坚如金石，行此之令，信如四时，据此之公，无私如天地耳，岂顾不用哉？然而曰礼云礼云者，贵绝恶于未萌，而起教于微眇，使民日迁善远罪而不自知也。"（《汉书·贾谊传》）贾谊认为礼与法作用的时间不同，功用也不同，礼重于教化，促人向善，防患于未然。法重在惩治，令人畏缩，罪人于已然。礼与法相辅相成，各有各的功用，二者缺一不可，在治国过程中只有二者结合，其政便能"坚如金石"。显然，在他的眼里，以礼为主，礼法并用，国家就可以长治久安。

三、韩婴仁而好礼，仁本法用

（一）反思历史，批评现实

韩婴，汉文帝时任博士，景帝时为常山王刘舜的太傅，武帝时曾与董仲舒有过交谈与辩论，主要治《诗》，兼治《易》，是西汉韩《诗》学的开创者，代表作是《韩诗外传》，该著作的一个显著特点是大部分篇幅都先叙述一个故事，或讲述一番道理，然后引用《诗》句作结，或引《诗》后略加阐发。尽管该书思想比较驳杂，但主体还是要建立一个儒家以忠孝仁义为基本精神的礼治社会。《韩诗外传》继承孔子"述而不作"的经学诠释传统，以经学为学术基础，以儒为主，归本于孔，统合孟荀，整合诸子，试图适应时代需要构造新的儒家思想体系。

　　韩婴与陆贾、贾谊一样，也是从反思秦王朝速亡的教训来提出其以仁义理天下的主张。《韩诗外传》像陆贾、贾谊一样首先批评当时统治者让民众五家变为一伍（古代民户编制单位），互相窥探有无犯罪，互相举报有无触犯刑律的事情，结果造成人与人之间互相告发，互相结怨，互相残害，伤害了人们的和睦之心，贼害了人们仁爱感恩之心，善良温和的人越来越少，残暴凶狠的人越来越多，仁爱之道没有了啊！这是战国以来受法家影响以严刑峻法治国理民的后遗症，根源是在上者不行仁政。春秋以降，王道衰微，霸道兴起，以法家为代表，以秦国为典型，非礼义，弃诗书，灭圣道，天下大乱，生民涂炭，至汉初在上者未找到善治之方，在下者民心涣散，嚚顽无礼，奸佞横暴，一时难以治理。韩婴认为这都是秦以来苛政的结果。苛政害人害己，害国害民，是不可能治理好国家的。这实际上是希望当时为政者能够以史为鉴，不要令苛伤民，造成国家大乱，自身也落得身败名裂。

（二）仁义价值，仁政理念

　　韩婴在汉初黄老之学居于主导地位的形势下，对儒道两家思想进行整合，继承了道家的无为而治而归本于儒家的仁义之道。《韩诗外传》卷五对孔子有这样的描述，说："孔子抱圣人之心，彷徨乎道德之域，逍遥乎无形之乡，倚天理，观人情，明终始，知得失，故兴仁义，厌势利，以持养之。于时，周室微，王道绝，诸侯力政，强劫弱，众暴寡，百姓靡安，莫之纪纲，礼仪废坏，人伦不理。于是孔子自东自西，自南自北，匍匐救之。"这是说孔子有圣人之心，但像"彷徨乎道德之域"的老子和"逍遥乎无形之乡"的庄子一样，站在大道的高度提出了复兴仁义、治理天下的主张，就是对儒道治道思想的整合。《韩诗外传》认为仁是人之为人的本质，具备仁之本质的人就能够很好地与人交往，能够做到忠实、诚信、正直、诚谨而不会伤害别人。

韩婴认为仁义不仅是做人的根本，也是为政的根本。《韩诗外传》卷二这样比喻说："高墙丰上激下，未必崩也。降雨兴，流潦至，则崩必先矣。草木根荄浅，未必橛也。飘风兴，暴雨坠，则橛必先矣。君子居是邦也，不崇仁义，尊其贤臣，以理万物，未必亡也。一旦有非常之变，诸侯交争，人趋车驰，迫然祸至，乃始愁忧，干喉焦唇，仰天而叹，庶几乎望其安也，不亦晚乎？孔子曰：'不慎其前而悔其后，嗟乎！虽悔亦无及矣。'"这就是说，仁义是为政的根本，不崇仁义，一开始似乎没有什么，可是一旦有非常之变，天下大乱，不可收拾，那时悔之已晚。

韩婴也不是空洞地谈仁政，像孟子一样，在经济上他也以井田制作为落实仁政的基本途径。《韩诗外传》卷四第十三章描述古代的井田制说：古代井田制八家是一个井田单位。一里见方为一井，宽三百步，长三百步为一里，田地有九百亩。宽一步，长一百步为一亩。宽一百步，长一百步为百亩。八家住在一起，互为邻居，每家有田百亩。一家一人受田，其余老小有劳力能干的人，各得二十五亩。每家要种的公田有十亩，剩下的二十亩让大家盖房子，每家各得二亩半。这八家互相担保，出入相守，疾病相忧，患难相救，货物互通有无，饮食相互招待，嫁娶相互照应，渔猎相互分配，在上者推行仁义，施行恩惠，这样人们和和睦睦，相亲相爱，过着祥和幸福的生活。实行井田制不仅解决了老百姓的基本生活问题，更形成了一种相互扶持、相互照应的社会秩序，而能否实行仁爱感恩则是人们相亲相爱、和谐相处的根本。

(三) 仁而好礼

关于仁与礼的关系《韩诗外传》强调仁人与守礼的统一。《韩诗外传》卷九记载了这样一个故事：有一次齐景公纵酒，喝得酩酊大醉，卸下官帽，脱下官服，鼓瑟弹琴，自娱自乐，还环顾左右对他的大臣说："有仁德的人也会这样尽情享受吗？"左右的大臣说："有仁德的人也是人，也有喜欢听乐音的耳朵，看美色的眼睛，为何不能尽情享受呢？"齐景公说："那好吧，把车叫来，咱们找晏大夫一块儿乐和乐和。"晏婴听到了，穿上朝服来了。齐景公说："今天我这番娱乐，是要与您一块儿享受的。您不要讲究什么礼仪形式了。"晏婴郑重回答道："君言过矣。自齐国五尺已上，力皆能胜婴与君，所以不敢乱者，畏礼也。故自天子无礼则无以守社稷，诸侯无礼则无以守其国。为人上无礼则无以使其下，为人下无礼则无以事其上。大夫无礼则无以治其家，兄弟无礼则不同居。人而无礼，不若遄死。"齐景公听了晏婴这番话，脸上露出了羞愧之色，站起来对晏婴表示感谢说："寡人不仁，无良左右，淫湎寡人以至于此。请杀左右以补其过。"晏婴说："左右无过。君好礼，则有礼者至，无礼者去。君恶礼，则无礼者至，有礼者去。左右何罪乎？"齐景公说："善哉！"于是换了衣服，正襟危坐，以礼行酒三巡。晏婴随后拜辞离开了，齐景公拜送出门。《诗经》上说："人而无礼，胡不遄死！"齐景公认为仁人可以放纵享乐，臣下也有此看法，而晏子则说了一大段话，强调礼的社会功用，认为一个社会之所以需要礼仪，是因为通过礼仪确立了社会的秩序，对人们形成了严格的约束，社会就不会陷于纷乱。为政者如果认识不到这一点就不是仁人，左右大臣认识不到这一点就不是仁臣。

（四）仁本法用

韩婴以王道仁政为本，以重法爱民的霸术为用，认为只有这样才能更有效地治理国家：他指出当时社会存在的最大问题是秦以来法家残贼仁义，一味地运用刑罚，老百姓没有内在的道德自觉。《诗经》上说："不要让老百姓糊里糊涂地过日子了。"古代的君子能够引导老百姓使他们不会迷失人生大道，所以虽然有权威猛厉而不使用，刑法放置起来而不运用。他们推行仁义之道，对老百姓进行道德教化，让老百姓眼光明亮什么都看得见，耳聪目明什么都听得着，心里亮堂什么都知晓，这样的话他们的人生就不会迷惑。但是，汉初道家又流于空虚放任，仁义之本被连根拔除，造成百姓没有教化，迷失正道，作奸犯科，无所不为。所以，现在应该重新培植仁义之根，以教化引导百姓，尽量不要用刑罚。即使不得已要用刑法，也必须以诚爱为基础，为政者"若夫明道而均分之，诚爱而时使之，则下之应上如影响矣。有不由命，然后俟之以刑。刑一人而天下服，下不非其上，知罪在己也。是以刑罚竞消而威行如流者，无他，由是道故也"。（《韩诗外传》卷四）刑法以诚爱为根本，诚爱以刑法为规范，这才是治理之道。

他以"仁"为本，提出了四个层次的德行，"推行仁道有四个层次，磏仁为最下等。这四个层次是：圣仁、智仁、德仁、磏仁。上知天道能用其时，下知地道能用其材，中知人道能使人们安定快乐，这是圣仁的境界。上也知天道能用其时，下知地道能用其材，中知人道能使人们自由行事，这是智仁的境界。宽宏容众，百姓信任，引导大家，按时做事，这是德仁的境界。廉洁方正，痛恨乱而不治，厌恶邪而不正，虽然住在乡里，就像坐在炭火上；得命到了朝廷，就像站到开水里。忠于自己的国家人们，不是国君的臣民不役使，不是国君的食物不食用，憎恨世乱而不怕死，不顾弟兄，依法治人，结果往往不能善终，这是磏仁的境界。古书上说：山峰尖锐就不能高，水流狭窄就不能深，仁磏则德行不厚，心高志大，欲与天地比拟，这样的人都结局不好。伯夷、叔齐、卞随、介子推、原宪、鲍焦、袁旌目、申徒狄等人就是这种人，他们有仁心，但所承受的天命有限，到了某一时刻上天不佑，命运不济，无可奈何，生命凋零。《诗经》上说：'算了吧！天命如此，能奈它如何！'磏仁虽然为最下等，但是圣人不废除的原因，是要以法制来矫正邪曲的人，所以碄仁在这方面可以发挥作用。"这里韩婴对最低层次的"碄仁"有更多的讨论，并在最后说，碄仁圣人层次最低，但圣人还要用，原因便在于要借以匡正百姓。古文"廉"作"碄"，"廉"的本义为厅堂的侧边，平直、方正、狭窄、有棱角，"碄仁"就是刻苦求仁的意思。"隐括"本意是用以矫正邪曲的器具，可以引申为法制，"匡民隐括"就是以法制匡正百姓，这就具有了法家精神。而以"仁"为本讨论这个问题，分明是仁本法用的思路。

第六章

董仲舒三才构架下的仁学思想

一、三才之道与董仲舒的三才观

"三才之道"的最早文字记载是《易传》，然追溯"三才"观念至少要到原始社会晚期，从考古文物所蕴含的文化意识中，也可以证明"三才"观念至少在原始社会晚期就萌芽了。另外，一些神话传说当中也有三才观念的形象化表述，如盘古开天辟地的神话，还有三皇（天皇、地皇、人皇）的传说。殷周时期，天神、地祇、人鬼都是人们崇拜的对象，这是从宗教角度看待"三才"的观念。春秋战国时期三才观念有了进一步的深入发展，其特点是从自然及于社会，从哲学及于伦理，逐渐发展为三才之道，不同的思想学派著述中都有不同程度的反映。

《易传》对三才之道议论精当完备。《系辞下》说："《易》之为书也，广大悉备：有天道焉，有人道焉，有地道焉，兼三才而两之，故六。六者非它也，三才之道也。"这就是说，《易》这部书的内容之所以广大而完备，博大而精深，就因为它专门系统地研究了天、地、人三才之道。六画卦之所以成其为六画卦，就是由于它兼备了天、地、人三才之道而两两相重而成的。所以说，六画卦，并非是别的什么东西，而就是天、地、人三才之道。

《系辞传》虽提出了"三才之道"，却没有说明"三才之道"到底是什么，《说卦传》回答了这个问题。《说卦传》说："昔者圣人之作《易》也，将以顺性命之理，是以立天之道曰阴与阳，立地之道曰柔与刚，立人之道曰仁与义。兼三才而两之，故《易》六画而成卦。"这是对天、地、人三才之道的内涵的界定。所谓天道为"阴与阳"，是就天之气而言的，是指阴阳之气的。所谓地道为"柔与刚"，是就地之质而言的。所谓人道为"仁与义"，是就人之德而言的，是指仁义之德的。而人道之所以为"仁与义"，乃是由于人禀受了天地阴阳刚柔之性而形成的。

可见，三才之道以为天地人一体，天、地、人三者是各有特性，又相互作用，有同样的变化法则，但从本质上说来，人与天、地毕竟不同，人在天地之中有着特殊的地位、作用和价值，并集中地体现为天地之间人为万物之灵。《尚书·泰誓上》强调"惟天地万物之母，惟人为万物之灵"，《孝经·圣治章》中则借孔子的名义说："天地之性，人为贵。"这句话中的"性"字，是"生"的意思。荀子说："水火有气而无生，草木有生而无知，禽兽有知而无义，人有气有生有知亦且有义，故最为天下贵也。"（《荀子·王制》）水和火是气构成的，但是没有生命，草木有生命但是没有智能，动物有智能但是不讲道义，人则是由气构成，有生命，有智能，也讲道义，所以是天地间最尊贵的。荀子用比较的方法，从现象上说明了为什么天地万物中人最为贵的道理。《礼记·礼运》认为："人者，其天地之德，阴阳之交，鬼神之会，五行之秀气也。"就是说，人汇聚了天地间的德性，阴阳的交融，形神的会合，以及五行的灵气。在天地万物之中，人有突出的价值，人是一个具有感性、能够创造、能够进行自我发展的万物之灵。《礼记·中庸》云："唯天下至诚，为能尽其性。能尽其性，则能尽人之性。能尽人之性，则能尽物之性。能尽物之性，则可以赞天地之化育。可以赞天地之化育，则可以与天地参矣。"只有天下最真诚的人才能充分发挥他的本性；能充分发挥他的本性，就能充分发挥众人的本性；能充分发挥众人的本性，就能充分发挥万物的本性；能充分发挥万物的本性，就可以帮助天地化生养育生命；能帮助天地化生养育生命，就可以与天地并立为三了。人能够与天地参，与天地并立为三，说明人与天地的地位和价值是平等的，也不是凌驾于天地之上的主宰者，而是参赞、调谐天地万物之化育。人受天地之中气而生，居天地之中而立，为天地之中介，把天地两个对立项要有机地联系成个整体，并且参赞、调谐天地万物之化育。因此，在天地万物中，人是最宝贵的。人在天、地之间具有特殊意义，这一特殊意义又集中地通过人中出类拔萃的圣人体现出来。

八卦以卦象显示了天地之中的圣人正担负着沟通天地，调和阴阳的职责，所以《易传·文言传》更说："夫大人者，与天地合其德，与日月合其明，与四时合其序，与鬼神合其吉凶。先天而天弗违，后天而奉天时，天且弗违，而况于人乎！况于鬼神乎！……知进退存亡而不失其正者，其唯圣人乎！"这里的"大人"就是"圣人"。就是说，圣人与天地相融合并沟通了天地，并参与天地之中，仿效天地，建立了一套类通天地的人间秩序；同时圣人又融进阴阳的相摩相荡之中，融入天地的变化之中，成了宇宙整体的一部分。这样，圣人就与天地变化的精神（德）感而通之。圣人在天地之间的中介作用不是兴云播雨，而是以心情以仁义感通天地，体味天地。只有圣人的存在，才能体会天地的存在；只有圣人，才能将世界联成一个生命整体；只有圣人，才能与天地协调一致。

总之，《易传》"易道"统摄天地人三才之道，而只有"人"才是三才之道的主体，圣人又是"人"的文化内涵的凝结，上达天文明天道，下至地理晓地道，中通人事行人道，是三才中和之道的价值承担者。

董仲舒继承了传统的三才模式，特别是《易传》来构架其理论体系。在董仲舒的有机宇宙论系统中，人与天地共同构成了万物之本，天地人是万事万物的根本，三者就像人的手脚一样，与人的整个生命合成一体，其中任何一部分都不可或缺。人是联系天地与万物的纽带，在天地之间处于尊贵的地位，人能得天的灵气，比万物尊贵。人与天地并列为三，能够超然于万物之上，人可以超越万物而参与天地万物的发展变化。显然，他特别强调人在天地之间的独特地位。他说："天生之，地养之，人成之。天生之以孝悌，地养之以衣食，人成之以礼乐。"（《春秋繁露·立元神》）一方面，天地生养万物，有赖于人成之；另一方面，天之所以生养万物，其目的也全在于人。

二、《春秋》公羊学的仁学精神

董仲舒的仁学思想以《春秋》公羊学为学术基础。《春秋》的主旨在于明王道，而王道的精神则是仁。《春秋繁露·王道》说孔子作《春秋》所书不论得失、贵贱、大小、善恶之事，是在褒贬书法之中寓含着王道之本，这个本就是仁。《春秋繁露·俞序》说："孔子明得失，见成败，疾时世之不仁，失王道之体。"董仲舒认为孔子作《春秋》是批判当时社会缺乏仁，而仁是王道政治的体。所以，仁就是王道政治的本体。

董仲舒认为，以仁为本体的《春秋》倡扬德治仁政，反对以武力服人，认为孔子修《春秋》表达了对当时政治上存在的不任德而任力现象的憎恶，赞扬那些以仁义服人的国君。以一种仁者爱人的精神谴责好战杀人，批评战争是违背德治、仁政的。当然，董仲舒也不是简单地一概反对战伐，因为在他看来，战伐里边也还有义和非义、道与非道之分。

他认为，《春秋》这部书就是要建立仁义的法度，以此来治理社会。"《春秋》之所治，人与我也。所以治人与我者，仁与义也。

以仁安人，以义正我，故仁之为言人也，义之为言我也，言名以别矣。"（《春秋繁露·仁义法》）他以《春秋》司马子反为例来说明《春秋》是如何体现仁的。《公羊传》解释《春秋》"宋人及楚人平"一句，讲了一个故事：楚庄王围攻宋国，军队只剩下七天的口粮。吃完军粮还不能取胜，就只好回去了。于是派主将司马子反登上土堙，窥探宋国都城的情况。宋国的主将华元也登上土堙，出来会见子反。子反说："你们那边情况如何？"华元说："疲乏不堪啊！"子反问："疲乏到什么程度？"华元说："都交换孩子杀了吃，拆下尸骨烧火做饭。"子反说："呀，真是太疲乏了！我听说，被围困的军队，总是让马儿衔着木棍，不让马儿吃饱，只牵出肥马给客人看，你怎么这样对我吐露真情？"华元说："我听说：君子看见别人困难就怜悯他们，小人看见别人危难就幸灾乐祸。我看你是位君子，所以据实相告。"司马子反说："嗯，努力防守吧！我们也只有七天的军粮，吃完军粮还不能取胜，就会撤军了。"说罢，向华元拱手告别。司马子反回去见楚庄王。庄王说："敌情如何？"司马子反说："宋军疲乏不堪啊！已到了交换孩子杀了吃，拆下尸骨烧火做饭的境地。"庄王说："呀，真是太疲乏了！那么，我就攻下宋城再回去。"司马子反说："不行，我已告诉对方，我军也只有七天的口粮了。"庄王大怒："我叫你去侦察敌情，你怎么倒向对方泄露军机？"司马子反说："小小一个宋国，尚且有不肯骗人的大臣，难道楚国就没有吗？因此我向对方说了实话。"庄王说："嗯，那就算了吧！虽然军粮不足，我还是要攻下宋城再回去。"司马子反说:"既然如此,就请君王住下好啦,我可要请求回去。"庄王说:"你丢下我回去,我和谁住在这儿呢?我也回去算了。"于是带领全军退出宋国。《公羊传》对这件事有褒有贬:褒扬华元和子反两位大夫以诚相待主动讲和,减轻了宋楚两国的战祸;贬的是两人超越君权自作主张,背着国君讲和。此例一开,君权就危险了。董仲舒对此以"仁"来诠释:"司马子反为君使,废君命,与敌情,从其所请,与宋平,是内专政而外擅名也。专政则轻君,擅名则不臣,而《春秋》大之,奚由哉?"曰:"为其有惨怛之恩,不忍饿一国之民,使之相食。推恩者远之而大,为仁者自然而美。"(《竹林》)董仲舒说司马子反此举有内专政而外擅名之罪,但是《春秋》还褒扬他,为什么?因为他有对老百姓易子而食的悲痛忧伤之情,是由其仁心而发为爱敌国人民之行。说明《春秋》的核心精神是仁学。

三、以三才为主体构架的仁学思想

《春秋繁露·五行相生》说:"天地之气,合而为一,分为阴阳,判为四时,列为五行。"他的仁学理论构建就是以天地——阴阳——四时——五行为逻辑顺序展开的。

先秦儒家之"仁"是以血缘亲情为根基的,认为仁的本源是孝悌的亲情,仁是人之为人的根本,但以爱自己的亲人为重。这种基于血缘亲情的仁到了董仲舒这里有所转型,董仲舒针对当时人们经过春秋战国和秦汉之际的战乱，缺乏对天的敬畏感，缺乏基本的道德感的情况，把"天"提到"百神之君"的地位，认为"天"是创造天地万物和人类的至上神，赋予天以至高无上的大神性质，认为天是万物的祖先，对天地之间的万物都没有任何差别地覆盖包含，日月相推，风雨时来，阴阳交汇，寒暑迭代。《郊义》："天者，百神之君也。"天还是所有鬼神的主宰。试图为人们（包括君主）树立一个至尊的敬畏对象。同时，他又把先秦儒家的仁义道德投射到了"天"上，使儒家道德神圣化。《天地阴阳》："天志仁，其道也义。"天是有意志的，所行符合仁义之道。《俞序》："仁，天心。"天之所以永不停歇地化生、养成天地万物，是因为天有"仁"，"仁"也就是"天心"。显然，在董仲舒这里，"天"的意义和本质就是"仁"，换句话说，"仁"乃天最高的道德准则。这种道德准则又是天的意志的体现："察于天之意，无穷极之仁也。""天常以爱利为意，以养长为事；春、秋、冬、夏，皆其用也。"（《王道通三》）这样就使天之仁心、天之爱意与天地自然的运动变化（四季的生长收藏）联为一体。既然天的意志指引着自然的运行，那么天的道德准则也就通过四时变迁及星辰幻化获得了展现。"[1]

天志、天心、天意为仁，这是本体之仁。而在董仲舒的思想里，天又分殊为阴阳二气，故而还有分殊之仁，即阳气之仁。他说："阳，天之德；阴，天之刑也。阳气暖而阴气寒，阳气予

1 / 桂思卓：《从编年史道经典——董仲舒的春秋诠释学》，朱腾译，中国政法大学出版社2010年版，第262页。

而阴气夺，阳气仁而阴气戾，阳气宽而阴气急，阳气爱而阴气恶，阳气生而阴气杀。是故阳常居实位而行于盛，阴常居空位而行于末。天之好仁而近，恶戾之变而远，大德而小刑之意也。先经而后权，贵阳而贱阴也。故阴，夏入居下，不得任岁事；冬出居上，置之空处也。养长之时伏于下，远去之，弗使得为阳也；无事之时起之空处，使之备次陈、守闭塞也。此见天之近阳而远阴，大德而小刑也。"(《阳尊阴卑》)这里阳气之仁与阴气之暴对应而言，天好仁恶暴，故而阳气为近、为经、为贵，阴气为远、为权、为贱，表达了推崇道德教化、贬抑刑罚的思想。

董仲舒由阴阳二气进一步推到春夏秋冬四季之气，春夏为仁，秋冬为阴。他说："春气爱，秋气严，夏气乐，冬气哀。爱气以生物，严气以成功，乐气以养生，哀气以丧终，天之志也。是故春气暖者，天之所以爱而生之；秋气清者，天之所以严以成之；夏气温者，天之所以乐而养之；冬气寒者，天之所以哀而藏之。春主生，夏主养，秋主收，冬主藏。生溉其乐以养，死溉其哀以藏，为人子者也。故四时之行，父子之道也；天地之志，君臣之义也；阴阳之理，圣人之法也。阴，刑气也；阳，德气也。阴始于秋，阳始于春。春之为言，犹偆偆也；秋之为言，犹湫湫也。偆偆者，喜乐之貌也；湫湫者，忧悲之状也。是故春喜、夏乐、秋忧、冬悲，悲死而乐生，以夏养春，以冬藏秋，大人之志也。"(《王道通三》)这里以天之喜怒哀乐对应春夏秋冬四季，赋予了春气爱，秋气严，夏气乐，冬气哀。因为春夏以阳气主导，秋冬以阴气主导，

"阴，刑气也；阳，德气也"，所以很明显，春夏为阳，当然是仁德；秋冬为阴，自然是阴刑。

天志、天心、天意为仁，人为天地所生，必然禀受天的仁。人的一切都源于天，人的血气是禀受天志而形成仁，人的德行禀受天理而形成义，这就说明仁的本源不在人自身，而在天。他还说：人受命于天，从天那里取得仁，因而有善恶之性。人为天地所生，具有天地之性，也必然禀受天的阴阳之气和阴阳之性。天有阴阳之气，人也有阴阳之气。天之阴阳与人之阴阳相互感应，道理是一样的。天之阴阳之性施予人，便使人有贪仁之性，所以人要对自己的情欲加以控制，戒贪归仁。因为贪仁之性也就是善恶之性，所以人就要去恶扬善。

因为人的道德与本性都来自天，所以人就要效法天道。天道就是施予，就是付出。怎么付出和给予呢？《离合根》说："天高其位而下其施，藏其形而见其光。高其位，所以为尊也；下其施，所以为仁也；藏其形，所以为神；见其光，所以为明。故位尊而施仁，藏神而见光者，天之行也。"天在这里显示的是尊、仁、神、明的道德品性，人间的君主只有效法天的行事，才能以德配天，得到上天的庇护。怎么效法天的行事？"仁之美者在于天。天，仁也。天覆育万物，既化而生之，有养而成之，事功无已，终而复始……人之受命于天也，取仁于天而仁也。是故人之受命天之尊，父兄子弟之亲，有忠信慈惠之心，有礼义廉让之行，有是非逆顺之治。文理灿然而厚，知广大有而博，惟人道为可以参天。"(《王道通三》)因为"天"有"仁之美",有仁爱之心,覆育生养万物,人受命于天,所以人也有仁爱之心,要讲伦理道德,这就是人与天地参。

"人与天地参"是先秦儒家一个重要命题,董仲舒在此基础上强调人之所以能与天地参,是因为人与天地相应而具有仁义的德行。《人副天数》说:天地生人,人就与天地并列为三,居中而立,天气为阳,地气属阴,人在之间具备阴阳二气。天的德行是施与,地的德行是化育,人的德行就是仁义。人受命于天,在天地万物之中最为尊贵,与其他生物不同,"独能为仁义","独能偶天地"。这就以人的道德性彰显了人在天地之间最为尊贵的特殊地位。

董仲舒在肯定人在天地间的独特地位和君王在天人感应中的主体地位时,又指出"天"通过与人的"感应",以祥瑞或灾异的形式所体现的赏善罚恶性能,形成了受命之符、符瑞和灾异的理论。他说:"一个国家的君主如果有失道的行为,天就会出现灾害来谴告他;如果他不知自我反省,天又出现怪异形象来警戒吓唬他;如果他还不知道改变自己的行为,那么伤害失败就降临了。以此可见天心是仁爱人君的,本来是通过灾异警告想阻止他把国家搞乱的。"(《汉书·董仲舒传》)在董仲舒看来,灾异的出现并不可怕,是天为了警告君王,并不表示天的恶意,相反正是表现了天对君王的仁爱之心。正如《必仁且智》所说:"天地之物,有不常之变者谓之异,小者谓之灾。灾常先至,而异乃随之。灾者,天之谴也;异者,天之威也。谴之而不知,乃畏之以威。《诗》云:

'畏天之威。'殆此谓也。凡灾异之本，尽生于国家之失，国家之失乃始萌芽，而天出灾害以谴告之；谴告之，而不知变，乃见怪异以惊骇之；惊骇之，尚不知畏恐，其殃咎乃至。以此见天意之仁，而不欲陷人也。"《王道通三》也说："天常以爱利为意，以养长为事，春秋冬夏皆其用也。王者亦常以爱利天下为意，以安乐一世为事，好恶喜怒而备用也。"这就是说，天人之间是有感应的，天意仁。如果国家政治有所失误，不能体现天意之仁，一开始天就要通过灾异来谴告；对于天的谴告君王不能有所改变，接着就会以怪异现象惊吓；如果君王还仍然置若罔闻，不知敬畏，就必遭"殃咎"。所以，王者要以天的爱利为意，养长为事，多做爱人利民之事。

董仲舒继承孔孟"仁者爱人"的基本观念，但有所修正和发展。他在《春秋繁露·必仁且智》中给仁下的定义就是："何谓仁？仁者，憯怛爱人。"《仁义法》说："仁之法在爱人，不在爱我。""人不被其爱，虽厚自爱，不予为仁。""不爱，奚足谓仁？仁者，爱人之名也。"这就是说，爱人主要是爱他人，不是爱自己；不被他人爱，即使自爱有加也不能称为仁。他批评晋灵公"杀膳宰以淑饮食，弹大夫以娱其意，非不厚自爱也；然而不得为淑人者，不爱人也。"晋灵公是春秋时期晋国国君，生性残暴，幼年继位，年长后喜好声色，宠信屠岸贾，不行君道，荒淫无道。他从高台上用弹弓射行人，观看他们惊恐躲避的样子以取乐。厨师没有把熊掌煮烂，晋灵公生气，便把厨师杀死，将厨师的尸体放在筐里，让宫女们抬着尸体经过朝堂丢到外边。董仲舒认为对自己厚爱，但不能爱别人，那不算是仁。董仲舒还讲了营荡的故事：姜太公曾问司寇营荡如何治理齐国，营荡回答说应该以仁义治齐。姜太公又问何为仁义，营荡说"爱人者，有子不食其力；尊老者，妻长而夫拜之"就是仁义，营荡认为仁义就是父亲应该和儿子平等，丈夫应该尊重妻子，姜太公一听非常生气，认为营荡是以仁义乱齐，把他杀了。为什么姜太公要杀了营荡？因为营荡口头说以仁义治国，实际上理解的仁义是"仁者爱人，义者尊老"。爱人，就是爱自己的孩子，不要让他出力，让他吃好的；尊老，就是尊重自己的老人，妻子岁数大了，丈夫要跪拜。姜太公之所以生气是认为营荡这是用"仁义"乱国，因为营荡爱的只是自己的子女，尊重的只是自己的妻子。这种人口头上讲仁义，实际上自私自利，也会让人们变得自私自利，对国家社会是潜在的危害，所以就把他杀了。

董仲舒还把仁爱扩展到大众乃至天地万物。他说："仁者，所以爱人类也。"（《必仁且智》）要用仁爱厚待远方的人，把仁爱推得越远越好，"仁厚远。远而愈贤，近而愈不肖者，爱也。故王者爱及四夷，霸者爱及诸侯，安者爱及封内，危者爱及旁侧，亡者爱及独身"。（《仁义法》）这就把先秦儒家立足于血缘亲情的仁爱推衍到政治上由近及远的仁爱，强调仁爱要厚待远方的人，越远而越贤能，越近而越不肖，这就是仁爱。所以王者的仁爱远及于四方夷狄，霸者的仁爱只能及于诸侯，安定国家的君王的仁爱只在国内，使国家危机的君王的仁爱只及于左右亲近的人，亡国之君的仁爱只能及于他自己。"仁厚远"是董仲舒对儒家仁爱的一种创造性诠释。这主要是针对当时汉代统治者拘于血缘亲情，纵容同姓诸侯王，发展到后来，实在酿成了多次诸侯叛乱，给国家和民众带来深重的灾难。

不但如此，董仲舒也继承孔子"泛爱众而亲仁"（《学而》）和孟子"亲亲仁民，仁民爱物"（《尽心上》）的思想，还把仁爱扩大到天地万物，他说："质于爱民，以下至于鸟兽昆虫莫不爱。不爱，奚足为仁？"（《仁义法》）"泛爱群生，不以喜怒赏罚，所以为仁也。"（《离合根》）"先之以博爱，教以仁也。"（《为人者天》）就是说，只讲爱人还不足以称之为仁，只有将爱人扩大到爱鸟兽昆虫等生物，"泛爱群生"，才算做到了仁。可见，董仲舒的仁已经具有博爱的性质，包含了可贵的生态关怀意识。

四、对"五常之道"的初步构建

董仲舒的仁学，以仁为核心，开始系统构建仁、义、礼、智、信"五常之道"。这五个道德伦理范畴在先秦儒家著作中都已经出现，但还没有形成一种思想结构。董仲舒将它们整合在一起，与五行相匹配，纳入天地人三才一体的构架之中，使仁、义、礼、智、信有了天道的依据，并形成了以仁为核心的网络结构。《春秋繁露·五行相生》以五行配五官，五官为政分别以仁、义、礼、智、信为本，以五行相生相克为原理，顺之则治，逆之则乱。东方者木，农之本，司农尚仁。南方者火也，本朝司马尚智。中央者土，君官也，司营尚信。西方者金，大理，司徒也，司徒尚义。北方者水，执法，司寇也，司寇尚礼。对于君王，他强调说："夫仁、谊、礼、知、信五常之道，王者所当修饬也。五者修饬，故受天之晁，而享鬼神之灵，德施于方外，延及群生也。"(《汉书·董仲舒传》)"五常之道"是王者应该修饬的，因为与天地鬼神以及整个宇宙世界的生命存在都有着某种必然的关联，是君王治国理民的核心价值观，它不仅直接决定着生民百姓的命运，也决定着国家的兴衰。

在"五常"中，仁是统摄诸德的，是根本。在以仁为本的前提下，董仲舒分别探讨了仁与义、仁与礼、仁与智、仁与信的关系。

关于仁与义，汉初儒者陆贾、贾谊、韩婴等在反思批判秦王朝二世而亡的教训时，认为其根本原因是仁义不施，强调应以仁义为基本的核心价值。在对"五常"道德范畴的具体阐释中，董仲舒对仁义做了自己创造性的解释，在区分人与我的基础上来讨论"仁"与"义"的关系问题，说明了"仁"与"义"这两个道德规范所应用的对象与所起的作用是不同的。他继承了先秦孔子"君子求诸己，小人求诸人"，(《论语·卫灵公》)孟子"行有不得皆反求诸己"，(《孟子·离娄上》)《礼记·大学》"君子有诸己而后求诸人，无诸己而后非诸人"的思想精神，以"仁"与"义"为基本范畴，试图把自我修养与待人处事的关系确立起来。在他看来,《春秋》的主旨是处理人与我的关系,而"仁"与"义"就是处理人与我关系的基本标准,但是怎么把握这一对标准,以董仲舒的看法,"仁"是用来安人、爱人的,"义"用来正我的。进一步到修养层面,董仲舒提出了"以仁治人,以义治我"的思路,这实际上就是孔子"躬自厚而薄责于人"(《论语·卫灵公》)的思想。董仲舒为什么要对仁义进行这样的区分呢?他认为这个问题一般人不能区分清楚,就造成用仁来宽待自己,用义来要求别人。这既违背自己的处境又违背常理,必然会导致人际关系的混乱。主要是害怕为政者偏于以仁义之术治人而不知以仁义为本而自治,所以结合孔子"躬自厚而薄责于人"与《春秋》之旨对仁与义进行了区分。

关于仁与礼的关系,典型地体现于司马子反的故事。司马子反与敌方私自讲和撤兵,固然是出于仁爱之心,但在当时是违背礼制的。董仲舒用常变观来解释说:"《春秋》之道,固有常有变。变用于变,常用于常,各止其科,非相妨也。今诸子所称,皆天下之常,雷同之义也;子反之行,一曲之变,独修之意也。夫目惊而体失其容,心惊而事有所忘,人之情也;通于惊之情者,取其一美,不尽其失。《诗》云:'采葑采菲,无以下体。'此之谓也。今子反往视宋,闻人相食,大惊而哀之,不意之至于此也,是以心骇目动而违常礼。礼者,庶于仁,文质而成体者也。今使人相食,大失其仁,安著其礼?方救其质,奚恤其文?故曰:'当仁不让。'此之谓也。"(《竹林》)在董仲舒看来,按照当时的礼制,司马子反是违反了常礼。从常变观看，他有仁爱之心，其行为是变，是以变返常。从文质关系看，仁是质，而礼是文，因仁而违礼不是无礼之意，正体现了质为文之体。这里董仲舒是对孔子仁礼关系和孟子经权之辨的融合，是对先秦儒家传承基础上的发展。

关于仁与智，董仲舒将二者相提并论，提倡必仁且智。比起先秦儒家他更强调"智"的重要性。《春秋繁露·必仁且智》云："莫近于仁，莫急于智。不仁而有勇力材能，则狂而操利兵也；不智而辩慧獧给，则迷而乘良马也。故不仁不智而有材能，将以其材能，以辅其邪狂之心，而赞其僻违之行，适足以大其非，而甚其恶耳。其强足以覆过，其御足以犯诈，其慧足以惑愚，其辨足以饰非，其坚足以断辟，其严足其拒谏……仁而不智，则爱而不别也；智而不仁，则知而不为也。故仁者所爱人类也，智者所以除其害也。"董仲舒认为不仁而有勇、力、才、能，就好像是狂悖的人还拿着锋利的武器，会干出坏事来；不智慧而口齿伶俐就好像迷路却骑着好马一般，达不到目的。如果是不仁不智而有才能，问题就更严重了，因为推荐既有邪狂之心，又有僻违之行，会做出许多坏事来。仁与智都同等重要，相辅相成，不可分割。仁是正面爱人，智是反面除害。正反两面合二为一，仁智统一，才能养成完美的人格。

关于仁与信，董仲舒没有直接讨论二者关系。儒家伦理范畴的"信"讲求的是要为人诚实，讲信用，不虚伪。董仲舒从《春秋》诸侯会盟讲信："《春秋》之义，贵信而贱诈。诈人而胜之，虽有功，君子弗为也。是以仲尼之门，五尺童子言羞称五伯。为其诈以成功，苟为而已矣。故不足称于大君子之门。五伯者比于他诸侯为贤者；比于仁贤，何贤之有？"（《对胶西王越大夫不得为仁》）《春秋》大义讲信用，不诈伪。以诈伪取胜是君子不肖做的，孔门后学不愿意讲五霸的事迹，就是因为五霸是以诈伪取得成功的，是苟且行为。"《春秋》尊礼而重信，信重于地，礼尊于身。"（《楚庄王》）"为人臣者，比地贵信而悉见其情于主，主亦得而财之，故王道威而不失。"（《离合根》）正因为这样，他把"信"列入"五常"之中，认为表里如一，言行一致即为信。董仲舒虽然没有直接讨论仁与信的关系，但在"五常"结构中仁为核心，是统摄义、礼、智、信的。

总之，在三才构架下围绕"仁"这一核心价值观形成的仁学思想体系是董仲舒思想的主体，深入研究、全面把握其仁学思想体系可以为我们今天核心价值体系的构建提供重要的思想资源和历史借鉴。

第七章

汉代仁学的多向流播

一、《淮南子》的道德仁学

《淮南子》博大精深，有人慕其精深，归之于道家；有人识其博大，归之于杂家。高诱《淮南叙目》中说："其旨近《老子》，淡泊无为，蹈虚守静、出入经道。……其义也著，其文也富，物事之类，无所不载，然其大较归之于道，号曰《鸿烈》。"近代梁启超、胡适等数人皆持这种观点。梁启超说："《淮南鸿烈》为西汉道家言之渊府，其书博大而有条贯，汉人著述中第一流也。"[1]

胡适也说："道家集古代思想的大成，而淮南书又集道家的大成"[2]。作为汉代新道家的作品，《淮南子》在继承先秦道家思想的基础上，综合了诸子百家学说中的思想精华部分。

正如汉代儒家与先秦儒家有诸多差异一样，《淮南子》也与老庄有相同之处，如强调无为、不争，《诠言训》："君子修行而使善无名，布

1 / 梁启超：《中国近三百年学术史》，岳麓书社 2000 年版，第 250 页。

2 / 参见欧阳哲生编：《胡适文集》第 6 卷，北京大学出版社 1998 年版，第 463 页。

施而使仁无章。故士行善而不知善之所由来，民澹利而不知利之所由出，故无为而自治。善有章则士争名，利有本则民争功，二争者生，虽有贤者，弗能治。故圣人揜迹于为善，而息名于为仁也。"《淮南子》提倡为善、为仁，但强调"掩迹于为善，而息名于为仁"，与不争功名，道家无为思想的体现。与道家一样，《淮南子》也贬斥仁义，但有不同之处，是并未完全"绝仁弃义"，认为仁义礼乐只要使用适宜，对于治国理民还是有价值的。

当然，作为秦汉新道家的代表作，正如高诱在该书《叙目》中所说："讲论道德，总统仁义，而著此书。"但在道德与仁义的关系上最推崇"道德"，认为道德的长处有三：一是它能使人"心反其初"，"心反其初而民性善"；二是它能使"民纯朴"，"民纯朴则目不营于色，耳不淫于声"；三是它乃人类文化和文明发生的原点，"是故德衰然后仁生，行沮然后义立……知道德然后知仁义之不足行也"。（《本经训》）道德与仁义比较起来说："升之不能大于石也，升在石之中。夜之不能修其岁也，夜在岁之中。仁义之不能大于道德也，仁义在道德之包。"（《说山训》）仁义被道德涵摄，是道德的应有之义。

《淮南子》的历史观与道家相似，认为上古有那么一个历史时期，人们处于混冥之中，"仁义不布"，"礼乐不用"，"赏罚不施"，是神明和道德定于天下的时期。《俶真训》说：古代有人处在混沌玄冥之中，精神气志不飘散在外，万物恬漠安静，彗星及妖气也时常有，但从不造成人间的灾害。这个时期，民众肆意而行、自由自在，也不分东和西；一边咀嚼着食物，一边拍打着肚皮游荡嬉戏玩耍；大家一起承受着苍天所赋的中和之气，享受着大地所赐的恩德；不以曲巧、是非互相怨恨，天下浩荡兴盛，这就叫"大治"。这时处高位的人虽然支配民众，役使他们，但不干扰其恬静的本性；镇定四方占有他们，但不改变其天德。所以不必施仁义而万物自然繁衍，不必行赏罚而天下自然归附。《本经训》说：依靠神明来安宁天下，这样人心就会返回到人类初始的那种清静无欲的质朴境界；人心一旦返回到这种境界，社会民性就会变善；民性善良就会和天地自然阴阳融会一致，这样四时阴阳和谐有序、万物繁茂、财物充裕，百姓需求一旦满足，贪婪鄙陋、怨恨争斗也就不易滋生。由此看来，以神明治理天下，这"仁义"就无须实施。用道德来安定天下，百姓就会纯真朴实，这样百姓的眼睛就不易受美色迷惑、耳朵就不会沉溺于淫声；人们就有可能安闲地坐着歌唱，或悠闲地走着吟唱，或飘散着长发而游荡，眼前即使有毛嫱、西施这样的美女，也引不起他们的兴趣，演奏《掉羽》《武象》这样动人的乐曲，也引不起他们的快乐，这样，荒淫放荡、男女混杂的事情就根本不可能发生。由此看来，用"道"、用"德"安定天下，净化人心，这"礼乐"就无须实施。古代的人其气与天地混同，与整个宇宙世界一起悠闲遨游。那个时候，既没有庆功奖赏的诱惑，也没有刑法惩处的威慑，更不必设置礼义廉耻，也无诽恶誉善的事情，百姓们互不侵犯欺凌残害，就像生活在混沌社会之中。

对于这一个时期的真实性古代思想家都承认，但各家各派阐明这种历史现象的意图却各不相同："儒家是为了强调'仁政德治'的重要性；法家是为了说明'德治'无用，'法治'万能；道家则以'绝仁弃义'、'返朴归真'为目的。《淮南子》所采取的基本上是老庄的立场，认定'衰世生仁义'。"[1]《本经训》说：到了社会道德衰败的时代，人多物少，人们付出的多、获得的少，于是心生怨恨，为生活而你争我夺，这时便要借助"仁"来制止纷争。同时，社会中有人仁厚，有人则不仁，不仁之人还结党营私、心怀机巧奸诈，失去原纯朴天性，这时便要借助"义"来制止这种情况。还有社会中男女都有情欲，且异性相吸引起情感冲动，这样男女混杂不加分隔就会引起淫乱，这时便要借助"礼"来限制男女交往。此外，人的性情如果过分放纵宣泄就会威胁生命，心性不得平和之时，就必须借助"乐"来加以调节疏通，所以这时就产生了"乐"。可以这样说，"德"衰以后才有"仁"产生，品行败坏后才有"义"出现，性情失去平和才会用音乐来调节，淫荡风气盛行才会有法度的整治。因此，知道用"神明"来治理天下，这"道德"就不值得提倡，明白"道德"能净化人心，这"仁义"就不值得实施，懂得"仁义"有救赎的作用，这"礼乐"就不值得修订。这就是说，衰世之时"人众财寡，事力劳而养不足"，就会产生各种社会问题，就重视起仁义礼乐来；而仁义礼乐是在道德衰退情况下不得已所采取的措施，这实际

1 / 沈善洪，王凤贤：《中国伦理思想史》上，人民出版社2005年版，第382页。

上是老子"失道而后德，失德而后仁，失仁而后义，失义而后礼"（《老子》三十八章）的翻版而已。《淮南子》因此批评"孔墨之弟子皆以仁义之术教导于世，然而不免于儡身，身犹不能行也，又况能教乎？"（《俶真训》）高诱以"儡身"二字连读，说："儡身，身不见用，儡儡然也。"当然，与《老子》不同的是《淮南子》没有因仁义礼乐产生于衰世，就完全否定其治世的作用和功能，它还是指出："仁义礼乐者，可以救败，而非通治之至也。夫仁者，所以救争也；义者，所以救失也；礼者，所以救淫也；乐者，所以救忧也。"（《本经训》）这就是说仁义礼乐虽然不是普遍通用的，但在衰世之时仍然可以发挥其救败，即维系道德不坠的作用。

《淮南子》也受到法家思想的影响，认为治国必须用法，"无法不可以为治"（《泰族训》）。人有好善的本性，但却很少有能自发遵守法度的，国家必须有严格的法律加以强制，顺服者赏，不服者罚，天下的人才能服从统治。它继承、发挥了商鞅、韩非的历史进化观念，提出：社会生活是变迁的，法令制度也应当随时代变迁而更改，如提出"法籍与时变"，"法与时变，礼与俗化。衣服器械，各便其用。法度制令，各因其宜。故变古未可非，而循俗未足多也。""苟利于民，不必法古；苟周于事，不必循旧。"（《氾论训》）这种治世之法与时变化，不必法古，不必循旧的思想显然是法家主张的翻版。《主术训》说："法生于义，义生于众适，众适合于人心，此治之要也。"这显然是比先秦法家更进步的观点，其所以如此，应该是顺应汉代儒法思想整合的结果。

　　《淮南子》虽然很重视法，"主事者必究于法"，但它不同意先秦法家鄙视仁义的主张，当谈到"仁义"与"法治"的关系时，还提出了"仁义为本""法辅仁义"的思想，这与汉初儒者陆贾、贾谊他们倒是一脉相承。《泰族训》云：治国的根本是仁义，统治的枝末则是法度。凡是人们用来求得生存的是根本，而那些促使人们走向衰败的则是枝末。本和末是建成一体的，对两者都珍惜是人之天性。将"本"放在首要地位，把枝末放在次要位置的人可算是君子；而用枝末的东西损害根本的东西的人称之为小人。君子和小人在其天性上没什么差别，不同的只是一个"先本后末"，一个则是"以末害本"。……所以仁义是治国安民的根本，现在如果人们不懂得致力于根本，却致力于枝末的话，那就等于是放弃对树根的浇灌而去浇灌枝叶，做的是一件蠢事。再说法度的产生是用来辅助仁义的，现在如果我们看重法度而轻视仁义，那就好像看重鞋子和帽子而忘记头与足，做的也是一件蠢事。所以，仁义是治国安民的厚实基础，不加厚基础就想扩建房屋，这房屋是要毁坏的；不加宽基础就想增高房屋，这房屋是要倾倒的。《淮南子》主张"治之所以为本者，仁义也，所以为末者，法度也。"（《泰族训》）作为统治方法来说，仁义是本，法度是末，所以说，不应当本末倒置，轻本重末。仁义为先，法度在后，仁义和法度相互依赖，以法度辅助仁义，使之在治国中共同发挥作用。《淮南子》把仁义礼乐置于法度之上，明确指出，仁义的作用远非法度所及："民无廉耻，不可治也。非修礼义，廉耻不立。民不知

礼义，法弗能正也。"（《泰族训》）法能杀不孝的人，但不能使人
"为孔、曾之行"；法能惩处盗窃罪犯，但不能使人"为伯夷之廉"。
《淮南子》认为以黄老刑名实现为主导的法治，只是解决了社会的
表面问题，只有儒家的仁义之治才能够从根本上解决当时社会的
深层问题，所以，提出仁义乃为治之本；而法的出现是为了辅助
仁义，仁义才是治国之道深厚的基础，"国之所以存者，仁义是
也"。（《主术训》）《淮南子》作为汉代新道家对仁义的推崇，显然
与先秦道家对于仁义道德的批判不同，这一思想的转变，应该与
汉初以来儒家越来越强大有关。

　　为了论证"仁义为本"的思想，《淮南子》也认同儒家的性善
论，《泰族训》认为"人之性有仁义之资"，这是对孟子思想的继
承。不过不完全同于孟子，《淮南子》强调"仁义之资"必须与后
天教育相结合，才能臻于完美："人之性有仁义之资，非圣人为之
法度而教导之，则不可使向方。"即，善性是内在根据，教育是后
天条件，只有两者结合才能成人之善。这显然与孟子偏重于反本内
求有所不同。又注意到了荀子强调外在教化的思想，应该是对孟荀
的整合。所以，人们应该"正身性善，发愤而成仁"。（《修务训》）

　　《淮南子》还发挥儒家即仁且智的思想，提出"仁智之所合
而行也"的观点：就人的本性来说，没有比仁更珍贵的、没有
比智更重要的。将"仁"作为主体，用"智"去实施它；这样
"智""仁"就是根本。全面了解万物而不知道社会人情世故，就
不能叫作"智"；普遍地爱护各种生物而不爱护人类本身，就不

能叫作"仁"。所谓"仁"，就是要爱护人的同类；所谓"智"，就是不可糊涂。仁慈的人，虽然有时不得不割爱，但他那不忍心的神色还是会流露出来。聪慧的人，虽然有时会碰到繁难之事，但他那聪慧的心志还是会呈现出来。心地宽厚的人能经常反躬自省，自己所不愿意的，就不会强加给别人；由近而知远，由己而知人。这就是仁智结合运用的结果。(《主术训》)这里把"仁"和"智"都看成是人之性善的表现，而比较起来，"仁以为质，智以行之"，在诸多道德观念中两者是根本，应该合而行之。这一观念来自先秦儒家而又高于先秦儒家。在此基础上，《淮南子》提出以仁智治国的主张："故仁、知，人材之美者也。所谓仁者，爱人也；所谓知者，知人也。爱人则无虐刑矣，知人则无乱政矣。"(《泰族训》)这可以视为孔孟"德政""仁政"学说的进一步弘扬。

二、扬雄"即体建用"仁学

扬雄是西汉著名辞赋家、思想家，他敢于批评汉代经学的牵强附会以及神仙方术的迷信，在他身上体现了先秦儒家的优良传统，如为学与为人合一，这就与董仲舒以后的那些经学家有着质的区别。在扬雄看来，先秦儒家的真精神、真面目，决不在被时儒改造过的经学化的儒学，或谶纬化的经学，而存在于那种具有东方特色的人文主义的哲学，即基于血缘宗法关系的理想道德及价值取向。这样，在扬雄这里，就真正回复到了孔子的经典儒学，即把儒学作为一种关于人的学问，是对人的个体生命与社会生命的双重关怀；对内，作为个人生命修炼的指导；对外，则负有协调社会关系、稳定社会秩序的功能与价值。这种对儒家精神的人文主义诠释，无疑是对儒学经学化、经学谶纬化的最直接有力的批判。[1]

他模拟《周易》《论语》，撰《太玄》《法言》，建构太玄哲学体系，以维护孔孟正统，试图化解西汉末年政治和价值观危机。他的《太玄》一书以儒家思想为基本出发点，整合儒、道、阴阳三家的哲学思想，以天、地、人三才的三分法开出世界图式，建构了玄、方、州、部、家、赞的逻辑结构，形成了太玄哲学体系，其中的核心观念"玄"意为玄奥，源于《老子》一书"玄之又玄，众妙之门"一句，实际上就是《周易》中的"易"，《老子》中的"道"。在他心目中，"玄"是宇宙的最高法则，至高无上，无所不在。他说："夫玄也者，天道也，地道也，人道也，兼三道而天名之，君臣、父子、夫妇之道"（《太玄·玄图》），"玄者，神之魁也。天以不见为玄，地以不形为玄，人以心腹为玄。"（《太玄·玄告》）"仰而视之在乎上，俯而窥之在乎下，企而望之在乎前，弃而忘之在乎后，欲违则不能，默而得其所云者。"（《太玄·玄摛》）认为万物的本原是"玄"，他用"玄"来概括天道、地道、人道的最高的道，天的高远幽隐为天玄，地的广阔无垠为地玄，人的内脏深藏为人玄。"玄"是超越感觉，无所不在的最高原理，只要懂得"玄"，就懂了万物的奥秘。不过，因为《太玄》过

1／庞朴主编：《中国儒学》第一卷，东方出版中心1997年版，第122—123页。

分地在形式上模仿《周易》，缺乏实质性的内容，没有很好地流传发展。

　　而他的《法言》虽然也模仿《论语》，但有实质性内容，有自己独立的思想见解，对原始儒家，结合当时社会有所发挥。关于儒家的仁爱思想，扬雄明确指出"自爱"的重要性，《法言·君子》中说："人必其自爱也，而后人爱诸；人必其自敬也，而后人敬诸。自爱，仁之至也；自敬，礼之至也。未有不自爱敬而人爱敬之者也。"人必须先自爱，而后别人才会爱他；人必须先自敬，而后别人才会敬他。自爱是仁的极致，自敬是礼的极致。世界上没有不自爱、自敬，而能够被别人爱和敬的人。这句话强调了人要自尊自爱。自尊自爱是关爱他人的必要前提。一个自暴自弃的人，不会对他人产生友好行为。丧失了自信心和责任感的人，也常常对别人采取损害的行为。

　　扬雄的思想最为独特的地方是以"玄"为体，讨论儒家的道德观念："故玄者，用之至也。见而知之者智也，视而爱之者仁也，断而决之者勇也，兼制而博用者公也，能以偶物者通也，无所系軶者圣也。时与不时者命也。虚形万物所道之谓道也，因循无革天下之理得之谓德也，理生昆群兼爱之谓仁也，列敌度宜之谓义也，秉道德仁义而施之之谓业也。"（《太玄·玄摛》）在扬雄的思想中，"玄"与"道"是同一范畴，都是宇宙的本源，万物的主宰，贯通于天地万物，当然是体，而道、德、仁、义等则是"玄"的发用，二者是体用关系："玄"是体，道、德、仁、义是

"用之至也"。这就是所谓的"即体建用"。

他又讨论道、德、仁、义、礼说："道、德、仁、义、礼，譬诸身乎？夫道以导之，德以得之，仁以人之，义以宜之，礼以体之，天也。合则浑，离则散，一人而兼统四体者，其身全乎！"（《法言·问道》）用"道"作为人生指南，用"德"来获取人们的归附，用"仁"来爱人，用"义"来做准则，用"礼"来立身处事。道、德、仁、义四者协调相配（合）就成为浑然一体的全人（浑），离开了（离）就不成人格（散）。一个人皆具道德仁义礼这些品质，就可以全身保性。

扬雄继续完善董仲舒的"五常"学说，认为仁义礼智信五者皆重，不可偏废："或问仁、义、礼、智、信之用。曰：'仁，宅也；义，路也；礼，服也；智，烛也；信，符也。处宅、由路、正服、明烛、执符，君子不动，动斯得矣。'"（《法言·修身》）仁是人应当经常保持的爱人品德；义是人的行为准则；礼是人应有的礼仪外观；智是照亮自己道路的人生智慧；信是人取信于人的保证。一个君子要想有所成功，就必须以仁为居，以义为路，以礼为饰，以智辨物，以信取信。仁义礼智信五者，都同等重要，都不是可有可无的多余的东西。显然，这就在董仲舒的基础上更严密论证了仁义礼智信是一个人修身养性的基本道德原则。

《论语·雍也》中孔子提出了"仁者寿"，《十三经注疏》引正义曰："仁者寿者，言仁者少思寡欲，性常安静，故多寿考也。"在今天看来，一个具有高尚道德修养的仁者，怀有仁爱之心，胸怀宽广，心平气和，身体健康，这样就能够长寿。《法言·君子》或问："龙、龟、鸿、鹄不亦寿乎？"曰："寿。"曰："人可寿乎？"曰："物以其性，人以其仁。"这是在孔子"仁者寿"的基础上把人与动物之所以会长寿的原因做了比较，说明动物的长寿是因为其物性，而人的长寿则是因为其有仁性。

三、《白虎通》的神性仁学

《白虎通》是中国汉代讲论五经同异，统一今文经义的一部重要著作。班固等人根据东汉章帝建初四年（79）经学辩论的结果撰集而成。因辩论地点在白虎观而得名。《白虎通》继承了董仲舒以后今文经学神秘的思想倾向。全书大量引述纬书为论断根据，把神学、经学熔为一炉，进一步附加谶纬迷信成分，以神秘化了的阴阳、五行为基础，解释自然、社会、伦理、人生和日常生活的种种现象，在董仲舒改造孔子学说的基础上，把儒学进一步改造为神学体系，把孔子改造为学者与教主的双重身份，把儒家著作改造为《圣经》。

与董仲舒认为天是百神之君、是万物之祖相类似，《白虎通》的宇宙观是在董仲舒的基础上把天的神性更加发展了，以"天"为具有意志和德性的神，创造并支配着万事万物，是万事万物的最高主宰。《白虎通·天地》云："天之为言镇也，居高理下，为人镇也。……地者易也，万物怀任，交易变化。"陈立《白虎通疏证》：“《尔雅释文》引《礼统》云：‘天之为言镇也，神也。’”“镇”
就是“神”，天至高无上，居高临下，产生了万事万物。这位至尊
的天神是听之无声、视之无形的。因此，为了更加具体、形象地
说明人类及其文明的产生，《白虎通义·天地》还说：“始起先有太
初，然后有太始，形兆既成，名曰太素。”又引《易纬·乾凿度》：
“太初者，气之始也；太始者，形之始也；太素者，质之始也；阳
唱阴和，男行女随也。”这就进一步说明了天地是如何生成万事万
物的，即由太初到太始到太素到人类。人类产生之后，天地之间
气之精者便为三光、为五行。五行生性情，性情生汁（斗）中，
斗中生神明，神明生道德，道德生文章。人类与人类文明也随之
而产生了。这就吸收阴阳五行学说创造了神学化宇宙起源说。

　　《白虎通》的天人关系说，也是在继承董仲舒天人关系思想
的基础上进行了更加细致的论证，天子以天地为父母，故爵号为
“天子”。王者既然是“天子”，就与天意相通，受命于天，这就是
所谓“王者承天”。既然“王者承天”，就要负一定的责任，“天下
太平，符瑞所以来至者，以为王者承天统理，调和阴阳，阴阳和，
万物序，休气充塞，故符瑞并臻，皆应德而至”。（《封禅》）于是
天地之间有各种祥瑞出现，这是对天子的奖赏；当然天子行为不
当，他就会降下灾变：“天所以有灾变者何？所以谴告人君，觉悟
其行，欲令悔过修德，深思虑也。”（《灾变》）正当的做法是天子
应当设“灵台”，立“明堂”：天子为什么要有灵台？是为了“考
天人之心，察阴阳之会”；天子为什么要立明堂？是为了“通神灵，

感天地",(《辟雍》)这样天人之间就完全沟通了。

在天人感应的思想构架下,《白虎通》认为人为天地所生,与天相像,在天地之间最为尊贵,但是,人又禀天地阴阳二气而生,这就决定了人的性情中具有"贪"与"仁"两性。《情性》篇说人禀阴阳之气形成了性情,并引纬书《钩命决》说明性情的来源与特性:性生于阳,阳气仁,故性有仁,能行善;情生于阴,阴气贪,故情有利欲,易为恶。这显然是董仲舒相关思想的直接传承。进一步,《情性》篇还解释了性、情的具体内容:"五性者何?谓仁义礼智信也。仁者,不忍也,施生爱人也;义者,宜也,断决得中也;礼者,履也,履道成文也;智者,知也,独见前闻,不惑于事,见微知著也;信者,诚也,专一不移也。故人生而应八卦之体,得五气以为常,仁义礼智信也。六情者,何谓也?喜怒哀乐爱恶谓六情,所以扶成五性。"这里把五性归结为五常,把人性论与道德观联系起来,其对五常之道的论证要比起董仲舒圆满一些,对后来宋明理学家影响很大。当然,在解释五性、六情形成的原因时直接与人体的五脏六腑相对应,是有简单化、庸俗化的嫌疑。《情性》篇说:"性所以五,情所以六何?人本含六律五行之气而生,故内有五藏六府,此情性之所由出入也。……五藏者何也?谓肝、心、肺、肾、脾也。……五藏,肝仁,肺义,心礼,肾智,脾信也。……六府者,何谓也?谓大肠、小肠、胃、膀胱、三焦、胆也。府者,谓五藏宫府也。"

《白虎通》为了教化世人,还论证了五常之道与五经的关系,

"经所以有五何？经，常也。有五常之道，故曰《五经》:《乐》仁、《书》义、《礼》礼、《易》智、《诗》信也。人情有五性，怀五常，不能自成，是以圣人象天五常之道而明之，以教人成其德也。"(《五经》)我们知道，汉代的五经本来是在《乐》亡以后的《易》《书》《诗》《礼》《春秋》，这里则去掉了《春秋》，代之以《乐》，以仁义礼智信与五常来配合，显然是一种牵强附会的论证，缺乏学术的严谨，主要意图是神化"五经"，同时说明"人情有五性，怀五常，不能自成"，需要圣人效法天道，以五常之道教化民众，提高五经和圣人教化的神圣性、权威性。

《白虎通·三纲六纪》篇在董仲舒的基础上界定了三纲六纪及其相互关系：

> 三纲者，何谓也？谓君臣、父子、夫妇也。六纪者，谓诸父、兄弟、族人、诸舅、师长、朋友也。故《含文嘉》曰:"君为臣纲，父为子纲，夫为妻纲。"又曰:"敬诸父兄，六纪道行，诸舅有义，族人有序，昆弟有亲，师长有尊，朋友有旧。"何谓纲纪？纲者，张也；纪者，理也。大者为纲，小者为纪。所以张理上下，整齐人道也。人皆怀五常之性，有亲爱之心，是以纲纪为化，若罗纲之有纪纲而万目张也。

> 六纪者，为三纲之纪者也。师长，君臣之纪也，以其皆成己也；诸父、兄弟，父子之纪也，以其有亲恩连也；诸舅、朋友，夫妇之纪也，以其皆有同志为己助也。

三纲指君臣、父子、夫妇三对人类最重要的伦理关系，六纪指诸父、兄弟、族人、诸舅、师长、朋友六对次要的伦理关系，这就把人类社会基本的伦理关系做了高度概括。三纲为大，六纪为小，纲举目张，调理上下，整齐人道。因为人怀有五常之性，所以，通过三纲六纪就可以教化人们遵循仁义礼智信的道德规范。三纲是根本，六纪是从属于三纲的。《三纲六纪》篇还在天人关系的构架中进一步解释了三纲六纪的天道依据：

> 君臣、父子、夫妇，六人也，所以称三纲何？一阴一阳谓之道，阳得阴而成，阴得阳而序，刚柔相配，故六人为三纲。
>
> 三纲法天地人，六纪法六合。君臣法天，取象日月屈信，归功天也。父子法地，取象五行转相生也。夫妇法人，取象人合阴阳，有施化端也。

这就说明三纲是由阴阳之道规定的，效法天地人三才；六纪效法东南西北上下六合。其中特别指出君臣关系效法天道日月运行的屈伸，父子关系效法地道金木水火土五行的相生，夫妇关系效法人道和合阴阳的施化。

在三纲关系中，《白虎通》特别重视君臣，对为臣之道的"谏诤"有深入论证，并与五常结合起来："人怀五常，故知谏有五：谓讽谏、顺谏、阖谏、指谏、陷谏。讽谏者，智也，知患祸之萌，深睹其事，未彰而讽告焉，此智之性也。顺谏者，仁也，出词逊顺，不逆君心，此仁之性也。阖谏者，礼也，视君颜色不悦，且却，悦则复前，以礼进退，此礼之性也。指谏者，信也，指者，质也，质相其事而谏，此信之性也。陷谏者，义也，恻隐发于中，直言国之害，励志忘生，为君不避丧身，此义之性也。"（《谏诤》）意思是说，为臣的五谏源于五常，于是提出了与智、仁、礼、信、义对应的讽谏、顺谏、阒谏、指谏、陷谏。这是强调"谏诤"的政治行为与五常的道德规范的相辅相成。

四、桓谭以仁义正道为本

桓谭是扬雄的好朋友，其思想见解与扬雄也多有共同之处，他们一致反对将儒学经学化、经学谶纬化，反对把孔子和儒家经典神秘化，而主张直接继承孔子的思想，恢复孔子和先秦儒家的人文主义传统。他指出谶书、河图、洛书这些东西虽然有征兆但弄不清楚，而后人肆意增加、依托，以孔子来验证，这是对圣人最大的诬蔑。这就从根本上抽掉了谶纬之学所赖以存在的学术基础，摘去了谶纬之学的神圣灵光。他指出，谶纬预言虽然也有偶然巧合的时候，但完全不足为信。他以王莽为例，王莽在走向权力顶峰的过程中，很会利用谶纬。随着他权势地位的上升，有人迎合他，符命、图书，层出不穷，如"求贤让位""汉历中衰，当更受命""天告帝符，献者封侯"，王莽则大加利用，献符命的人，皆得丰厚赏赐。当时有个叫哀章的人，是个投机分子，他看到王莽做了摄皇帝，把符瑞视若神明，反正迟早要做真的皇帝，于是他决心来一次政治冒险。他偷偷做了两检铜匮，一检上写着"天帝行玺金匮图"，另一检上写着"赤帝行玺某传予皇帝金策书"，金策书中明确写着刘邦将皇位传予王莽，元后应该尊承天命将帝位授予王莽。第二天，王莽到高祖庙拜受，御王冠即天子位，国号"新"，改长安为常安，称"始建国元年"。王莽在朝野的广泛支持下，登上了最高的权位，开了中国历史上通过符命禅让做皇帝的先河。王莽迷信谶纬，临死时还抱着他的符命不放，但这并不能挽救他灭亡的命运。王莽的失败，是由于为政不善，天下大叛，并非什么天意。所以，在桓谭看来，唯一有益于政道者，是合人心而得事理。

面对光武帝迷恋于谶纬之学，甚至以谶决疑，桓谭上书谏曰："凡人情忽于见事而贵于异闻，观先王之所记述，咸以仁义正道为本，非有奇怪虚诞之事。盖天道性命，圣人所难言也。自子贡以下，不得而闻，况后世浅儒，能通之乎！今诸巧慧小才伎数之人，增益图书，矫称谶记，以欺惑贪邪，诖误人主，焉可不抑远之哉！臣谭伏闻陛下穷折方士黄白之术，甚为明矣；而乃欲听纳谶记，又何误也！其事虽有时合，譬犹卜数只偶之类。陛下宜垂明听，发圣意，屏群小之曲说，述《五经》之正义，略雷同之俗语，详通人之雅谋。"（《后汉书·桓谭传》）桓谭有感于当时儒学流入谶纬之学，明确指出，谶记纬书是奇怪虚诞之事，并非仁义正道，应该而且必须抛弃，所以上书希望光武帝不要再沉溺于神仙方术、谶纬迷信，真正回到儒家经典及其所体现的人文理性的核心精神上来。但他的忠心并没有得到应有的回应，相反光武帝看了奏书，很不高兴。后来，下诏召集群臣讨论灵台的地址，光武帝对桓谭说："我想用谶来决定，怎么样？"桓谭深默了很久，说："臣不读谶。"光武帝问原因，桓谭再次极力申辩谶怪诞不合常理。光武帝大怒说："桓谭非圣无法，带下去斩首。"桓谭叩头流血，好久才得以缓解。后来，桓谭被贬为六安郡丞，闷闷不乐，郁郁而病，死于赴任途中。

桓谭在《新论·言体》中列举了历史上明君"爱民"和暴君"残民"的事例及其不同的结局，来说明为政者是否行仁政其结果是天壤之别。他说："王翁（指王莽）刑杀人，复加毒害焉。至生烧人，以五毒灌死者肌肉。及埋之，复荐覆以荆棘。人既死，与木土等，虽重加创毒，亦何损益？成汤不省纳，无补于士民，士民向之者，嘉其有德惠也。齐宣之活牛，无益于贤人，贤人善之者，贵其有仁心也。文王葬枯骨，无益于众庶，众庶悦之者，其恩义动人也。王翁之残死人，观人五藏，无损于生人。生人恶之者，以残酷示之也。维此四事，忽微而显著，纤细而犹大，故二圣以兴，一君用称，王翁以亡。知大体与不知者远矣。圣王治国，崇礼让，显仁义，以尊贤爱民为务。"这里桓谭用成汤、齐宣王、周文王、王莽四人是否有仁心，行仁政，旨在说明圣帝明王治理天下"皆同取道德仁义"（《新论·正经》），不能依恃严刑峻法，期待出现"圣王治国，崇礼让，显仁义，以尊贤爱民为务"的美好景象。

五、王符富民正学兴仁义

王符（约85—163），字节信，东汉政治家、文学家、进步思想家，代表作有《潜夫论》。王符在思想上回归先秦儒家，以孔、孟儒家思想为主，同时也受西汉儒家思想的影响，整合道家和法家思想，自成体系。其思想的基本构架是汉代学人流行的以天地人三才相统一的思维模式，集中在《潜夫论·本训》篇里，他认为"上古之世，太素之时，元气窈冥，未有形兆，万精合并，混而为一，莫制莫御。若斯久之，翻然自化，清浊分别，变成阴阳。阴阳有体，实生两仪，天地壹郁，万物化淳，和气生人，以统理之。……是故天本诸阳，地本诸阴，人本中和。三才异务，相待而成，各循其道，和气乃臻，机衡乃平"。这是他的宇宙生成论。从"元气窈冥"，历久而"变成阴阳"，"阴阳"赋予天地，天地以阴阳为本，阴阳相互作用，形成和气，和气生人，于是人本中和，万物化淳。他很强调这个"和"字，所以又说"人道中和"。在这个基础上，他又说："天道曰施，地道曰化，人道曰为。为者，盖所谓感通阴阳而致珍异也。人行之动天地，譬犹车上御驰马、蓬车攉舟船矣。虽为所覆载，然亦在我何所之可。"他从天、地、人三才的高度规定人道的特征，"天道曰施"指日月照耀、云降雨露及各种自然天象对大地的作用；"地道曰化"指五谷生长、六畜繁衍及万物在大地上的各种变化；"人道曰为"是人能够感通调和阴阳而出现符瑞现象。人的行为对于天地就像人在马车上驾驭马匹，像在船上划桨一样，是有着自己明确的前进方向的。是天道曰施，地道曰化，人道曰为，这显然是从董仲舒的《春秋繁露·天道施》"天道施，地道化，人道义"而来，但王符把董仲舒的"义"换成了"为"。"为"是人为的意思，强调的是人在天地之间的能动作用。

王符继承先秦孟子的"顺民"即"顺天""违民"即"违天"的思想，在汉代既定的天人关系的构架中把"天心"与"民心"统一了起来，他说："是故天子不能违天富无功，诸侯不能违帝厚私劝（欢）。非违帝也，非违天也。帝以天为制，天以民为心，民之所欲，天必从之。是故无功庸于民而求盈者，未尝不力颠也；有勋德于民而谦损者，未尝不光荣也。"（《潜夫论·遏利》）天子不能违天，而"天以民为心"，所以天子不能违民心；"民之所欲，天必从之"，所以，天子也要顺从民愿。如果统治者"无功庸于民"还要"求盈"，就会颠覆；反之，如果统治者"有勋德于民"还能够"谦损"，就会光荣。

王符把富民与正学作为治道的两大问题进行深入论证。《潜夫论·务本》说："凡为治之大体，莫善于抑末而务本，莫不善于离本而饰末。夫为国者，以富民为本，以正学为基。民富乃可教，学正乃得义，民贫则背善，学淫则诈伪，入学则不乱，得义则忠孝。故明君之法，务此二者，以为成太平之基，致休征之祥。"治理之道最好的是抑制工商之末致力农业之本，最不好的是背离农业之本以工商之末装点门面。治理国家以富民为根本，以正学为基础。老百姓富裕起来了才可以教化，士人讲明正学了就能坚守道义，老百姓贫困就会背离良善之道，士人不学正道就会奸诈虚伪，老百姓可以教化就不会犯上作乱，士人坚守道义就能够尽忠尽孝。所以，古代那些圣明的君主治国理民的基本方法就是致力于富民和正学，这是实现天下太平的基础，促成吉兆出现的祥瑞。显然，王符在这里不仅是对孔子"富而教之"的发挥，而且也是针对汉儒"正其义不谋其利"的空泛道德说教做的校正和批判。《潜夫论·赞学》篇说："天地之所贵者人也，圣人之所尚者义也，德义之所成者智也，明智之所求者学问也。虽有至圣，不生而知；虽有至材，不生而能。故志曰：黄帝师风后，颛顼师老彭，帝喾师祝融，尧师务成，舜师纪后，禹师墨如，汤师伊尹，文、武师姜尚，周公师庶秀，孔子师老聃。若此言之而信，则人不可以不就师矣。夫此十一君者，皆上圣也，犹待学问，其智乃博，其德乃硕，而况于凡人乎？"就是说，天地之间最宝贵的是人，人最看重的是义，义得依靠智慧，而智慧来自学问。归根结底，学问乃是做人的开端，是天地之间最重要的事情。虽有最杰出的圣人，也不能生下来就有智慧；即使最有才能的人，也不是生下来就有才能。文献有记载：黄帝有老师风后，颛顼有老师老彭，帝喾有老师祝融，尧有老师务成，舜有老师纪后，禹有老师墨如，汤有老师伊尹，文、武有老师姜尚，周公有老师庶秀，孔子有老师老聃。这十一个人，都是最高的圣人，他们都拜师求学，他们的学识是多么渊博，他们的品德是多么齐全，一般的凡夫俗子自然更需要拜师求学。在"正学"中王符强调以"五本"兴"仁义"："教训者，以道义为本，以巧辩为末；辞语者，以信顺为本，以诡丽为末；列士者，以孝悌为本，以交游为末；孝悌者，以致养为本，以华观为末；人臣者，以忠正为本，以媚爱为末。五者守本离末则仁义兴，离本守末则道德崩。"（《潜夫论·务本》）他认为，教育训诫以传扬道义为本，以巧言论辩为末；文字语言以准确通顺为本，以诡异绮丽为末；有名望的人以践行孝悌为本，以交友漫游为末；践行孝悌之道的人以赡养父母为本，以浮夸的表面功夫为末；为人臣子以忠诚正直为本，以谄媚佞爱为末。这五项如果各守其根本而远离末端，那么仁义之风就兴起，如果远离根本而停留在末端，那么社会道德就会崩坏。显然，王符的"五本"都是儒家的核心价值观，而"五末"则是对当时统治者道德败坏状况的批判。

针对现实道德危机的状况，为了挽救世道人心，王符提出了政教积德、四本并立的思路："积正不倦，必生节义之志；积邪不止，必生暴弑之心。非独人臣也，国君亦然。政教积德，必致安泰之福；举措数失，必致危亡之祸。"（《潜夫论·慎微》）不断地维护公正，一定会形成节操正义的志向；不停地为非作歹，就一定会形成残暴杀戮之心。不只是为人臣子，当国王的也一样。以良好道德来统治国家，一定会招来国泰民安的福气；推行的政策经常有失误，就一定会导致国家灭亡的灾祸。"世有大难者四，而人莫之能行也，一曰恕，二曰平，三曰恭，四曰守。夫恕者，仁之本也；平者，义之本也；恭者，礼之本也；守者，信之本也。四者并立，四行乃具，四行具存，是谓真贤；四本不立，四行不成；四行无一，是谓小人。"(《潜夫论·交际》)这世界上有四大难事，而人们不能施行，一个是恕，第二个是平，第三个是恭，第四个是守。所谓恕，是仁之本；所谓平者，是义之本；所谓恭，是礼之本；所谓守，是信之本。恕、平、恭、守四本同时立起来，仁、义、礼、信四行才能走出去，这四方面都落实在一个人身上，这个人可谓真正的贤人；反之，如果恕、平、恭、守四本不能立起来，仁、义、礼、信四行不能完成，一个人这四个方面连一个都没有，这个人就可以称为小人。王符试图通过政教积德挽救东汉王朝腐朽没落的命运，在儒家仁、义、礼、信德目的基础上提出恕、平、恭、守作为四本，强调道德实践，渴望出现恕、平、恭、守"四本并立，四行乃具"的"真贤"来挽救当时社会的败坏。

"富民"也涉及本末问题。不管是儒家还是法家，一般认为农耕为本而工商为末，而王符对传统的本末观赋予新义，认为每一行业都有本末。在《潜夫论·务本》篇他说："夫富民者，以农桑为本，以游业为末；百工者，以致用为本，以巧饰为末；商贾者，以通货为本，以鬻奇为末。三者守本离末则民富，离本守末则民贫，贫则阨而忘善，富则乐而可教。"人民的富裕，要靠发展农桑实体，而不是靠私门聚财；工匠要制作实用器械，而不是崇尚雕凿巧伪；商贾要能够流通有无，而不是奢侈取利。在这三个方面只有"守本离末"，老百姓才能富裕起来，富裕起来以后才能实行教化。这显然是继承了孔子"富而教之"的思想。

王符重民，继承了先秦儒家的民本思想，专门写了《爱日》

篇论爱惜民时的问题。他说："国之所以为国者，以有民也；民之所以为民者，以有谷也；谷之所以丰殖者，以有人功也；功之所以能建者，以日力也。"就是说，"日力"（即从事生产的时间）是百姓从事生产的基本要素；没有"日力"，就不可能从事生产，也就不可能富民富国。他接着说："治国之日舒以长，故其民闲暇而力有余；乱国之日促以短，故其民困务而力不足。"意思是，政治清明而恤民，百姓安闲而有充足的时间从事生产；政治混乱而扰民，百姓困扰就不可能安心致力于生产。他认为，日力"乃民之本也而国之基"，故为政者当务省役"为民爱日"，就是要"敬授民时"，不可"烦民"。

六、荀悦法教五常行仁政

荀悦也曾深受儒家思想的影响，并极力维护儒家的正统地位。但是，荀悦对于仁义、道德、教化、法制的解释与董仲舒以来主张的"重德轻刑""大德小刑"的德主刑辅说有所不同，荀悦指出儒家的道就是《易传》所讲的"三才之道"："立天之道，曰阴与阳；立地之道，曰柔与刚；立人之道，曰仁与义。阴阳以统其精气，刚柔以品其群形，仁义以经其事业：是为道也。"（《申鉴·政体》）而"三才之道"以人道为本，而人道又是以仁义为本。"夫道之本，仁义而已矣。五典以经之，群籍以纬之，咏之歌之，弦之舞之，前鉴既明，后复申之。故古之圣王，其于仁义也，申重而已。"作为治国思想总指导的"道",其根本也是"仁义"。儒家的经典体现了仁义之道,古代圣王申明了仁义之道。

荀悦将儒家的德教与法家的刑罚结合起来,形成了"法教论"。"法",即法律、刑罚,"教",即以德礼教化。在此基础上,他论证"法教"与"五常"的关系说:"凡政之大经,法教而已。教者,阳之化也;法者,阴之符也。仁也者,慈此者也;义也者,宜此者也;礼也者,履此者也;信也者,守此者也;智也者,知此者也。"为政的常道不过是法教罢了。所谓教,是阳气的运化;所谓法,是阴气的标记。所谓仁的含义,是指仁慈;所谓义的含义,是适宜;所谓礼的含义,是指践履;所谓信的含义,是指守信;所谓智的含义,是指知晓。正是由于"法""教"是"阴""阳"的不同表现,而"立天之道,阴与阳",因此,"天"就成为"法""教"的根本,这也是荀悦社会政治观念的依据和指导。"法教"又与"仁、义、礼、智、信"五常相辅相成。这样,以"法教"为出发点来构建治理模式:"若乃二端不愆,五德不离,六节不悖,则三才允序,五事交备,百工惟厘,庶绩咸熙。"(《申鉴·政体》)就是说,如果二端即教与法没有过失,五德即仁、义、礼、智、信不分离,六节即好、恶、喜、怒、哀、乐不冲突,那么天地人三才就各安其位,君王五事即貌、言、视、听、思圆满充分,百工管理有序,国家百业兴旺,这样就可以达到天下大治。

他把儒家的民本和仁政思想结合起来讨论:"或曰:'爱民如

子，仁之至乎？'曰：'未也。'曰：'爱民如身，仁之至乎？'曰：
'未也。汤祷桑林，邾迁于绎，景祠于旱，可谓爱民矣。'曰：'何
重民而轻身也？'曰：'人主承天命以养民者也，民存则社稷存，
民亡则社稷亡。故重民者，所以重社稷而承天命也。'"他认为一
般人所说的"爱民如子""爱民如身"还不是仁的最高境界，他举
例说汤祷桑林、邾迁于绎、景祠于旱都称得上是真正的爱民。

汤祷桑林的传说是这样，商汤在位时大旱七年，赤地千里，
民不聊生。当时，太史官占卜了一卦说，要解除天下旱灾，必须
杀个人来祭祀桑林之神，否则上天是不会降雨的。商汤听了太史
的话之后说，为了天下的百姓，那我就到桑林祈祷吧。如果一定
要用杀人来祭神，那就用我来做祭品吧！说罢，他便开始斋戒，
剪去头发指甲，身体披上白茅草，素车白马，出祷于桑林之野。
他祈祷说，请上天不要因为我一个人有错误而殃及天下百姓吧！
商汤深感自责，他还以六件事情反省自问，他感到天灾不会无故
而生，此中必有原因。现在是上天降灾对我警告。难道是我的政
令不对吗？是我用人无道，使百姓失掉职业了吗？还是我住的宫
室过于奢侈，后宫女人太多了？商汤的行为感动了上天和百姓，
大雨从天而降。

邾迁于绎，是指春秋时期小国邾国迁都之事。邾国是子爵国，
史称邾子国，周代东方著名方国之一，是鲁国的一个附属国。《左
传》载：邾国在邾文公在位期间，政治清明。邾文公是一位贤明
的君主。周顷王五年（前614），鉴于鲁国不断地征伐侵扰，邾文

公准备把国都从平原地区迁到地处山区的绎（今山东邹城东南）。
当时的制度规定，国家在做出重大的决策前要占卜以问吉凶。而
郳国史官对迁都的占卜结果是"利于民而不利于君"。对此郳文公
说："苟利于民，孤之利也。天生民而树之君，以利之也。民既利
矣，孤必与焉。"意思说，如果迁都有利于民众，那么也就有利于
我。上天生育了民众然后为他们树立了统治者国君，国君的树立
归根结底是为民众的利益着想。民众得利，实际上就是我得利。
遂毅然决定迁都。群臣们劝谏说：还是不迁都的好，这样国君您
可以获得长寿。但郳文公却回答说："国君之所以活着，就是要服
务于民众。生命的长短，与时命有关。如果迁都对民众有利，这
是一件非常吉利的事情！"最终，郳国的国都还是迁到了绎地。
这里地理形势优越，易于防守；土地比较肥沃，适于发展农业生
产。文公定都后，战乱威胁大为减轻，洪水亦不再为患，郳国经
济得到发展。

景祠于旱，是指刘向《新序·杂事》记载的一个故事，是说
齐景公之时，天干旱了三年，占卜的人说一定要用人祭祀才能下
雨。齐景公走下庭堂磕头说："我之所以求雨的原因，是为了人
民。现在一定让我用人祭祀，才将要下雨，我将亲自充当祭祀的
牺牲品。"话没说完，天下大雨，方圆千里的土地得到雨水滋润。

这三个故事讲的都是古代国君为了人们的利益义无反顾地牺
牲自己，感动了上天和人们。按照儒家的观点："天视自我民视，
天听自我民听。""民之所欲，天必从之。"天意即民意。所以，苟

悦说，真正的重民就是要重社稷而承天命。

荀悦还发挥孔子的"仁者寿"观点，《申鉴·俗嫌》中说："或问：仁者寿，何谓也？曰：仁者内不伤性，外不伤物，上不违天，下不违人，处正居中，形神以和，故咎徵不至而休嘉集之，寿之术也。"也就是说，仁者既不伤害自己的身心，也不伤害他人他物；既不违背自然规律，也不违背伦理道德，这就是长寿之术。

通过以上梳理，我们可以看出，儒家仁学思想逐渐在汉代渗透到了不同学派思想家那里，他们接纳、吸收和改造了仁学，在形成自己的思想体系的同时也丰富了儒家仁学思想本身，增强了儒家仁学对汉代学术思想乃至整个社会的影响。

第八章

魏晋南北朝仁义价值观的解构与玄学化

　　魏晋南北朝时期是中国历史上一个分裂战乱，民不聊生的时期，作为中国文化主流的儒学这一时期也被边缘化，被批判，其核心价值观也被解构。汉代经学发展到汉魏之际，已经衰落，它既烦琐又迷信。在魏晋名士的心目当中，处于天地将闭，世路崎岖，时世大变的时代，就得寻求一个顺时应变的处世之道。他们不满于汉代经学，欲跳出皓首穷经的圈子，便从儒、道两家学说的综合中走向抽象的思辨，以自由的心态作玄远的哲学追求，而所使用的思想武器就是道家的追求个体自由的精神，对于此一时期的经学思潮可以称为"玄学化的经学"。

一、何晏、王弼以无为本，崇本息末

　　何晏、王弼作为"正始之音"的代表人物，以兼注《老子》《论语》和《周易》为学术特色，以清谈辩论为形式，以论证"无中生有"为主要内容，可以称为"贵无"派。"正始之音"完成了

从汉代经学到魏晋玄学的转变。之后，玄学各派大都围绕该派的
观点展开争论，掀起了中国思想史上又一次学术辩论高潮。尽管
何晏、王弼崇尚老庄，以道家解经，玄学意味浓厚，但从儒家经
学发展史上看，则是从汉儒注重章句训诂转向义理诠释的一个主
要节点，其结果是使儒学玄学化。

何晏、王弼的基本观点是以无为本，无中生有。史书称他
们"祖述老庄，立论以为：'天地万物皆以无为本。无也者，开
物务成，无往不存者也。阴阳恃以化生，万物恃以成形，贤者
恃以成德，不肖恃以免身。'"（《晋书·王衍传》）何晏、王弼他
们认为"无"是世界的本原，天地万物以无为本。而无可以使
人们通晓万物的道理并按这道理行事而得到成功，因此时时处
处都有"无"的存在。阴阳是以依赖无化育生长，万物依靠无
得以形成，贤能的人依赖无完成德性，不肖的人依靠无可以脱
身免祸。这里的"无"是指《周易》的"太极"或《老子》的
"道"，它是无形、无名、无为的总称，因为有形迹的阴阳、万
物以及人类当中的贤与不肖，只有依靠它才能存在，才能发生作
用。由此，他们把世界上的事物和现象概括为"有"和"无"两
类，从"有""无"两者的相互关系、对比中说明"无"比"有"
更为根本。何晏说："有为之有，恃无以生。事而为事，由无以
成。"[1] 何晏《无名论》又曰："夫道者，惟无所
有者也。"王弼说得更为明确："天下之物，皆
以有为生，有之所始，以无为本。将欲全有，

必反于无也。"[1]并举例说明:"母,本也;子,末也。得本以知末,不舍本以逐末也。"[2]这就是说,"有""无"的主从关系,犹如"本""末"、母子关系一样,不应也不能颠倒。他们纯熟地运用"本""末"范畴及其辩证关系阐述其观点。"本"是对"末"而言的,"末"指万有,即天地万物。"以无为本",就是说"无"是天地万物生成的本原或根据。"有"绝不能离开"无"这个"本",因此必须"崇本以息末,守母以存子"[3],以母子的关系来比喻本与末。所以,不能抓住问题的根本,治标不治本,舍本逐末,"皆舍本以治末"[4]。作为"本"的"无",离开了"末","有"也是无法把握的,所以说"无不可以无明,必因于有,故常于有物之极,而必明其所由之宗也"。(韩康伯《周易·系辞注》引)"无"不是什么都没有的幽暗不明,一定依着显性的"有"而存在,所以人们常常要从事物的极点来弄清楚它的来龙去脉。

王弼认为现行的名教制度背离了自然的原则,是社会动乱的根本原因。为了解决名教与自然的矛盾,他认为必须坚持"崇本息末"的原则,《老子指略》中称:"竭圣智以治巧伪,未若见质素以静民欲;兴仁义以敦薄俗,未若抱朴以全笃实;多巧利以兴事用,未若

1 / [三国] 王弼:《老子》四十章注,楼宇烈校释《王弼集校释》上,中华书局 1980 年版,第 110 页。

2 / [三国] 王弼:《老子》五十二章注,楼宇烈校释《王弼集校释》上,第 139 页。

3 / [三国] 王弼:《老子指略》,楼宇烈校释《王弼集校释》上,第 196 页。

4 / [三国] 王弼:《老子》五十七章注,楼宇烈校释《王弼集校释》上,第 150 页。

寡私欲以息华竞。故绝司察，潜聪明，去劝进，翦华誉，弃巧用，贱宝货。唯在使民爱欲不生，不在攻其为邪也。故见素朴以绝圣智，寡私欲以弃巧利，皆崇本以息末之谓也。"[1] 竭尽圣智来整治奸巧伪诈，不如彰显质朴来安静欲望；复兴仁义来敦厚浇薄风俗，不如怀抱朴素来保全忠厚老实；多机巧功利来兴盛事业应用，不如减损私欲来止息浮华争胜。所以杜绝督察，沉潜聪明，去掉鼓励，消减虚誉，抛弃巧用，贱视宝货，目的是使老百姓不萌生贪爱欲望，不使他们走上邪路。因此，彰显素朴来弃绝圣智，减损私欲来抛弃巧利，都是通过崇本来息末的意思。王弼反对汉代以来建立在名教基础之上的政治哲学，认为推崇圣智仁义的结果乃是南辕北辙，欲圣则不圣，欲仁而不仁，把"圣智""仁义""司察""聪明""劝进"等包括"名教"在内的种种为社会政治与文化所认允的主张与做法，统统归于"末用"之列而务求"息去"之。

何晏《论语集解》卷一《学而》："本，基也。基立而后可大成。"并引包咸说："先能事父兄，然后仁道可大成。"[2] 解"本"为"基"，基础的意思。是说如果一个人能够先侍奉父母，友爱兄弟，行孝悌之道，因为孝悌是仁的基础，所以行孝悌自然能成就"仁道"，可见其倾向于孝悌是仁的根本。

王弼还在《老子》三十八章的注文中特别提到了"崇本举末"，看似与"崇本息末"矛盾，其实并不矛盾。王弼写道："载之以道，统之以

1 / [三国] 王弼：《老子指略》，楼宇烈校释《王弼集校释》上，第198页。

2 / 程树德：《论语集释》一，中华书局1990年版，第15页。

母，故显之而无所尚，彰之而无所竞。用夫无名，故名以笃焉；用夫无形，故形以成焉。守母以存其子，崇本以举其末，则形名俱有而邪不生，大美配天而华不作。故母不可远，本不可失。仁义，母之所生，非可以为母。形器，匠之所成，非可以为匠也。舍其母而用其子，弃其本而适其末，名则有所分，形则有所止。虽极其大，必有不周；虽盛其美，必有患忧。"[1]以道来承载，以母为统帅，所以凸显它而不显得矜夸，彰明它而不引发竞争。因为用的是无名，所以名反而厚实；因为用的是无形，所以形反而完成。守护好母亲是为了保存好儿子，尊崇根本是为了托起末端，这样做事物的内容和名称都具备而不会走偏，事物完美足以配天而不会表现出浮华。所以母亲不可远离，根本不可遗失。仁义，是道所生成，当然不可以成为母亲。器物，是工匠所造成，当然不可以成为工匠。如果舍弃母亲而用她的儿子，抛弃事物的根本而归向它的末端，那么名就会有分歧，形就会有界限。形名在有分界的情况下虽然极其大必定不会周全，虽然很盛美一定有忧患。

这里，王弼同样把"有"（有形有名）与"无"（无形无名）的区分，看作是"末"与"本"的区分。这种区分就像"仁义"与"道""形器"与"工匠"的区分一样。仁义与道比较起来是本末、母子关系，作为社会名教的"仁义"是从"道"之母中产生的，只有"崇本息末""守母存子"，才能真正把握仁义。

王弼把这一观点用到社会伦理领域来，就

1／［三国］王弼:《老子》三十八章注，楼宇烈校释《王弼集校释》上，第95页。

是解决名教与自然的关系。名教与自然的关系是有与无关系在社会政治领域的表现。"名教"是社会政治制度和伦理道德等的总称。"自然"与"道"或"无"处于同一层次，表示一种至高无上、决定一切、超言绝象的本体和最高原则，含有让事物依照本来的性质存在，不应施加任何影响的意思，即"无为而无不为"。王弼说："道不违自然，乃得其性，法自然也。法自然者，在方而法方，在圆而法圆，于自然无所违也。自然者，无称之言，穷极之辞也。"[1] 道不会违背自然，才能获得其本性，这就是道法自然。道法自然的意思是在方而法方，在圆而法圆，道随着自然的变化而变化，没有任何违背的地方。所谓自然，没有办法称呼它，是表述极尽的一个概念。

王弼认为"自然"是世界的本体，宇宙本来的样子，处理社会政治问题，调整人际关系必须依照"自然"这一最高原则，从而为政治统治寻找理论依据，实行无为而治。他主张"夫以道治国，崇本以息末；以正治国，立辟以攻末。本不立而末浅，民无所及，故必至于以奇用兵也。"[2] 以道治国，就能做到尊崇自然而不用名教；以政治国，就会用刑法推行名教。大道自然的根本不确立，名教的根底必然肤浅，不能很好地治国理民，最后不得已就要采取军事战争手段了。

皇侃《论语义疏》卷一引王弼曰："自然亲爱为孝，推爱

1 / [三国] 王弼:《老子》二十五章注，楼宇烈校释《王弼集校释》上，第65页。

2 / [三国] 王弼:《老子》五十七章注，楼宇烈校释《王弼集校释》上，第149页。

及物为仁也。"[1]，文中"亲爱"即"爱亲"之倒装，意谓对双亲之"爱"。文中所谓"物"指众人。从表面上看，王弼这两句文义简单，没有什么新意，其实，王弼此二句的新颖之处，不在"亲爱为孝"及"推爱及物"，而在于"自然"二字。也就是说，他给予孝、仁以"自然"的基础，强调孝、仁不是表现在外在的人为装饰，而是发自于内心的自然真情，不然，就会流于虚伪，甚至成为欺世盗名的工具。这种出于自然的真情实感，是儒家孝、仁等道德价值的基础。这样的解释，虽然不符合原始儒家的本意，但可以看出，是王弼为了调和名教与自然的矛盾，在为儒家名教寻找一个立足的自然之本，重建"名教"秩序。他说，"上守其尊，下守其卑"[2]，"自然之质，各定其分，短者不为不足，长者不为有余"[3]。他认为，上下之序是宇宙的自然秩序，尊卑之序也是本于自然的原则，社会的伦理秩序要符合自然，不要人为地损益。因此，有必要以自然原则指导社会政治，达到建立名教秩序的目的。

在《老子》三十八章注中，王弼区分"上德"和"下德"云："上德之人，唯道是用，不德其德，无执无用，故能有德而无不为。不求而得，不为而成，故虽有德而无德名也。下德求而得之，为而成之，则立善以治物，故德名有焉。求而得之必有失焉，为而成之必有败焉，

1／［三国］王弼：《论语释疑》（辑佚），楼宇烈校释《王弼集校释》下，中华书局1980年版，第621页。

2／［三国］王弼：《周易注》泰卦·象传，楼宇烈校释《王弼集校释》上，中华书局1980年版，第277页。

3／［三国］王弼：《周易注》损卦·象传，楼宇烈校释《王弼集校释》下，第421页。

善名生则有不善应焉，故下德为之而有以为也。无以为者，无所偏为也。凡不能无为而为之者，皆下德也，仁义礼节是也。""上德"是出于大道自然，"不求而得，不为而成"，是从以无为本的"道"中引发出来的，是"道"的发用；而"下德"是指仁义礼节，是人为的，是属于"求而得之，为而成之"的有为的规范。他认为，仁义礼乐是大道的产物，不是大道本身，所以要在大道的统摄下才能发挥其应有的作用，"夫载之以大道，镇之以为名，则物无所尚，志无所营，各任其贞，事用其诚，则仁德厚焉，行义正焉，礼敬清焉；弃其所载，舍其所生，用其成形，役其聪明，仁则诚焉，义其竞焉，礼其争焉。故仁德之厚，非用仁之所能也；行义之正，非用义之所成也；礼敬之清，非用礼之所济也"。也就是说，仁、义、礼的落实不上升到道的高度是不能实现的。

王弼站在道的高度把名教分成"上德"和"下德"，为魏晋批判仁义礼节开了先河，但并不是用"上德"完全否定"下德"，他所反对的是当时社会上争权夺利的虚伪的名教，指出："舍己任物，则无为而泰。守夫素朴，则不顺典制。听彼所获，弃此所守，识道之华而愚之首，故苟得其为功之母，则万物作焉而不辞也，万事存焉而不劳也。"舍弃自我顺应事物自身发展，就无为而安泰。坚守朴实无华的本性，就不遵循现有的典章制度。如果听到有人说仁义礼乐能够治国就拿来用，抛弃了大道自然，不能坚守根本，就像老子说的只认识了大道的枝叶，不但不能算得道，而且还是愚蠢的开始。所以说，如果能够抓住万事万物成功的根本——大道，那么万物就会兴起而不用人为地创造，万事就会存在而不用人为地劳作。这样，就能做到"用不以形，御不以名，故仁义可显，礼敬可彰"。即不用强调道德行为，追究道德概念，那么仁义可以彰显，礼敬可以显扬。这表面上似乎是否定进行仁义礼乐，其实是相反相成的。"弃仁而后仁德厚……绝仁非欲不仁也。"[1]可以看出，何晏、王弼他们否定了汉代"以仁义为本"的观念，援道入儒，儒道兼综，以道统儒，既不否定名教，又强调道家学说的宗旨，主张"名教出于自然"，即"名教"从属于"自然"，仁义礼乐从属于大道。

二、阮籍、嵇康越名教而任自然、以仁义为臭腐

阮籍、嵇康是"竹林七贤"的代表人物，是中国思想史上继"正始之音"之后出现的清谈名士群体，其中还包括山涛、刘伶、阮咸、向秀、王戎。竹林地属河内郡（今河南武陟西南），河内为魏宗室所居，而他们同情曹魏，又无可奈何，便消极反抗，常常集于竹林之中喝得大醉，借以表达他们对政治的不满，使得这里俨然为洛阳以外的另一个政治中心，世人称他们为"竹林七贤"。正始以后，他们处于司马势力正盛、正取代曹魏集团的最后也是斗争最残酷的时期，是司马氏的反对派。当时社会政治严重破坏了已有名教的存在基础，无法再对这种虚伪的、束缚人

1 /［三国］王弼：《老子指略》，楼宇烈校释《王弼集校释》上，第199页。

们思想的、只能给人的精神造成痛苦的名教做修补和维护，因此，以嵇康、阮籍为代表的"竹林七贤"对于"名教"与"自然"的关系提出了"越名教而任自然"的主张。在思想上，"竹林七贤"与"正始之音"不同："正始之音"主张调和儒道，而"竹林七贤"则独尊老庄，提倡越名教而任自然，对儒家进行大力批判。

阮籍（210—263），三国时期魏人，字嗣宗，陈留（今属河南）尉氏人，三岁丧父，家境清苦，由母亲把他抚养长大。阮籍勤学而成才，天赋异禀，八岁就能写文章，终日弹琴长啸。他少年时期好学不倦，酷爱研习儒家诗书，其自述诗《咏怀诗》中有"昔年十四五，志尚好诗书"的诗句，表现出不慕荣利富贵，以道德高尚、乐天安贫的古代贤者为效法榜样的志趣。阮籍在习文的同时还兼习武，其《咏怀诗》写道："少年学击剑，妙技过曲城。"在思想上，他早年崇尚儒家思想，志在用世，后来发生了魏晋禅代的政治变动，阮籍对现实颇觉失望，深感生命无常，遂采取了蔑弃礼法名教的愤激态度，转到以隐世为旨趣的道家思想轨道上来。受当时盛行的玄学的影响，阮籍成为魏晋玄学中的重要人物，《达庄论》与《大人先生传》就是他苦心孤诣的玄论之作。他的人生实践中，这种玄学理论过多地表现为饮酒放纵、横决礼俗的人生态度。《晋书·阮籍传》说他容貌奇美俊伟，志气开阔奔放，傲然独立，任性不受羁绊，喜怒不显露在表情上。有时闭户读书，几个月都不出门；有时登临山水，好几天都忘了回家。他博览群书，尤其喜好《老子》《庄子》。爱喝酒还能长啸，又很会弹琴。当他得意时，竟忘记了自己的形骸和举止。当时人多说他痴呆，只有他同族兄长阮文业每每赞扬佩服他，认为他超过自己，因此大家都一齐称赞他奇异的才能。阮籍的性格特点主要也是"任性"。具体表现如，礼教规定男女有别，男女授受不亲，而阮籍却不遵守，我行我素。如他好酒，他家旁边就是酒店，女主人是个年轻漂亮的小媳妇。阮籍常和王戎去吃酒，醉了就若无其事地躺在人家旁边睡着了，根本不避嫌。那家的丈夫也不认为他有什么不轨的行为。阮籍邻居中还有一个才色俱全的少女，未嫁而死。阮籍与人家无亲无故，素不相识，却去痛哭一场，尽哀而归。阮籍的嫂子回娘家时，阮籍不仅为嫂子饯行，还特地送她上路。面对旁人的闲话、非议，阮籍说："礼法难道是为我辈设的吗？"他母亲快要咽气时，他正在与别人下围棋，对手请求中止，阮籍则要留对方一定下完这一局。事后饮酒二斗，大哭一声，吐血好几升。母亲下葬时，他吃了一只蒸猪，喝了两斗酒，然后与灵柩诀别，话说罢了，又一声恸哭，于是又是吐血几升。观行听言，阮籍是不拘传统的丧葬礼俗的，但这是表面，实际上，他内心深处的痛苦是刻骨铭心的，以至于伤害了身体，骨瘦如柴，几乎丧了生命，他对母亲的感情深厚由此可见。在为母亲服丧期间，阮籍在晋文帝司马昭的宴席上喝酒吃肉。司隶校尉何曾也在座，他对文帝说："您正在以孝治国，而阮籍却在母丧期间出席您的宴会，喝酒吃肉。您应该把他流放到偏远的地方，以正风俗教化。"文帝说："嗣宗（阮籍的字）如此悲伤消沉，你不能分担他的忧愁，为什么还这样说呢？况且服丧时有病，可以喝酒吃肉，这也是符合丧礼的呀！"文帝在说这番话时，阮籍依旧在喝酒吃肉，神色自若。

嵇康（223—262），字叔夜，谯郡铚县（今安徽省宿州市西）人，是魏晋之际著名的思想家和文学家。其祖先为会稽上虞人，本姓奚，因避怨而徙谯，居于嵇山之侧而改姓嵇。嵇康幼时丧父，靠寡母及兄长教养，自幼以儒学传家，年少时便显示出优秀的才能，性格旷达豪迈，卓尔不群，随性而为，不注重名誉，待人宽容有大量。他学习不用老师教授却见多识广！他知道自我夸耀的人会因此而失去自己的生命，那些不断追求完美的人一定会失去他们的本性，只有超然处之才可世事通达，于是放旷于世事，任意而为。在魏晋之际经学衰落时期，他自幼不涉经学，好读老庄，倾向玄学，好属文论，亦好弹琴咏唱。他自称"轻贱唐虞而笑大禹"，"非汤武而薄周礼"。他与曹宗室有姻亲关系，曾做过曹魏政权的中散大夫，但司马氏当政后，他便隐居不仕，与当时的名士阮籍、刘伶、向秀、山涛、阮咸、王戎结为"竹林之游"，清议时政，切磋玄学，抨击名教。阮籍母亲仙逝后，嵇康的哥哥嵇喜去灵堂吊唁。嵇喜在当时有权有势，声望很高，但阮籍见了嵇喜却没有什么特别的反应，依然是泪流满面，悲痛不已。嵇喜很生气，回家后把事情说与嵇康听。嵇康听后，拿起一壶酒，挟着自己的古琴走向灵堂。琴和酒，出现在灵堂上会被认为是对死者的大不敬，但是当阮籍看见嵇康提酒挟琴出现在母亲灵堂前的时候却突然眼前一亮:"你来了么? 同我一样不顾礼法的朋友,你是想用美酒和音乐来送别我操劳一生的母亲?" 可见嵇康与阮籍可以说是心有戚戚,同病相怜,同反礼法。这些行为使得当时拘于礼法的人都十分恨他们。

嵇康在《难自然好学论》一文说:"洪荒之世,大朴未亏,君无文于上,民无竞于下,物全理顺,莫不自得。饱则安寝,饥则求食,怡然鼓腹,不知为至德之世也。若此,则安知仁义之端,礼律之义?"[1]往昔的洪荒时代,原始质朴的大道没有亏损,在上的君王不用礼乐治理天下,在下的老百姓不用争强好胜,万物浑全,天理顺遂,一切处于自由自在的境界。人们吃饱了就安然入睡,饿了就起来寻找食物,吃饱了安然地鼓着肚子,不知道自己处在至德之世。像这样的情况下,人们怎么能知道什么仁义、什么礼法呢? 他描述原始社会那种"至德之世",没有纲常名教,世风淳朴,无为而治,人们顺其自然之性而过着无忧无虑的生活,哪里需要知道什么仁义、礼法呢? 然而,在这种自然社会进入文化社会之后,"及至人不存,大道陵迟。乃始作文墨,以传其意,区别群物,使有类族;造立仁义,以婴其心;制为名分,以检其外,劝学讲文,以神其教。故六经纷错,百家繁炽,开荣利之途,故奔骛而不觉。是以贪生之禽,食园池之梁菽;求安之士,乃诡志以从俗。操笔执觚,足容苏息;积学明经,以代稼穑。……推其原也,六经以抑引为主,人性以从

<hr>

[1] [三国] 嵇康:《难自然好学论》,《嵇康集校注》下册,中华书局2014年版,第446—447页。

容为欢。抑引则违其愿，从欲则得自然。然则自然之得，不由抑引之六经；全性之本，不须犯情之礼律"。发明文字，区分亲疏远近，尊卑贵贱，用仁义来扰乱人心，制定等级名分，借以束缚人们的言行；办学、讲经，借以神化统治者的德治教化。特别是六经之教兴起之后，六经抑引，名利之徒以积学明经代替稼穑，由此社会出现了"诡志以从俗"的用"智"之人。这些人"损己为世"，"表行显功"，旨在"使天下慕之"，或者"修身以明污，显智以警愚，藉名高于一世，取准的于天下"。这些人不仅损害了自己的自然人性，而且还通过教育去破坏他人的自然人性之善，宣扬"六经为太阳，不学为长夜"。"今子立六经以为准，仰仁义以为主，以规矩为轩驾，以讲诲为哺乳。由其途则通，乖其路则滞，游心极视，不睹其外；终年驰骋，思不出位。聚族献议，唯学为贵。执书摘句，俯仰咨嗟；使服膺其言，以为荣华。"

嵇康尖锐地指出，统治者提倡经学教育，确立六经为准绳，提升仁义为主体，以礼仪规矩为车驾，以讲论教诲来喂养，其目的在于用"名教"维护其封建统治。经学教育使人性扭曲，道德沦丧。他大胆提出："以明堂为丙舍，以诵讽为鬼语，以六经为芜秽，以仁义为臭腐，睹文籍则目瞧，修揖让则变伛，袭章服则转筋，谭礼典则齿龋。于是兼而弃之，与万物为更始，则吾子虽好学不倦，犹将阙焉。则向之不学，未必为长夜，六经未必为太阳也。"把明堂当成偏房，把诵经看成鬼话，把六经看成脏污，把仁义看成腐臭，阅读文籍则久视伤目，修习揖让之礼则会身形伛偻，穿多礼服会抽筋痉挛，谈论那些礼典会损坏牙齿，于是把这些东西全抛弃，让人与万物一起重新开始，这样尽管我们好学不倦，还是会有缺失的。那么，向来不学，也未必就像儒生们说的"六经为太阳，不学为长夜"，不学未必为长夜，六经未必为太阳。"故知仁义务于理伪，非养真之要术。"[1] 所以，要知道仁义会让人陷入虚伪，不是修养的重要途径。因此，应该废弃六经及经学教育，"以仁义为臭腐""与万物为更始"，恢复"大朴之心"未变的状态。这种无情的批判与否定，表达了嵇康对经学及经学教育消极作用的愤恨和对推行经学教育统治者的不满。

总之，阮籍、嵇康对名教的批评是极为尖锐和辛辣的，他们将"名教"与"自然"推向两个对立面，充分暴露了二者之间的对峙、紧张和分裂。但是，诚如鲁迅在《魏晋风度及文章与药及酒之关系》中所说："嵇阮的罪名，一向说他们毁坏礼教。但据我个人的意见，这判断是错的。魏晋时代，崇尚礼教的看来似乎很不错，而实在是毁坏礼教，不信礼教的。表面上毁坏礼教者，实则倒是承认礼教，太相信礼教。因为魏晋时代所谓崇尚礼教，是用以自利，那崇奉也不过偶然崇奉，如曹操杀孔融，司马懿杀嵇康，都是因为他们和不孝有关，但是曹操司马懿何尝是著名的孝子，不过将这个名义，加罪于反对自己的人罢了。于是老实人以为如此利用，亵渎了礼教，不平之极，无计可施，激而变成不谈礼教，不信礼教，甚至于反对礼教。——但其实不过是态

1 / [三国] 嵇康:《难自然好学论》,《嵇康集校注》下册，第 447-448 页。

度，至于他们的本心，恐怕倒是相信礼教，当作宝贝，比曹操司马懿们要迂执得多。""于此可见魏晋的破坏礼教者，实在是相信礼教到固执之极的。"[1] 阮籍嵇康等人反对"名教"很大程度上是不满司马氏集团利用"名教"篡弑掠夺、排除异己，批判的是伪名士的道貌岸然、言行不一，至于内心深处仍然是相信"名教"，希望可以通过"自然"来改造"名教"，与当权集团抗衡。

三、向秀、郭象：名教即自然，仁义挠天下

西晋中叶，即晋惠帝元康（291—299）前后出现的一批名士，史称"中朝名士"或"元康名士"。所谓中朝，是东晋人对西晋时期的称呼。他们以向秀、郭象、王衍、乐广、王澄、谢鲲等为代表。其中一部分人放浪形骸，轻视名教，不论世事，只事清谈。而向秀、郭象则致力于理论探讨，实现了何晏、王弼所倡导阮籍、嵇康所发挥的儒道合流。

向秀（约227—272），字子期，河内怀（今河南武陟西南）人。魏晋竹林七贤之一。官至黄门侍郎、散骑常侍。向秀也好读书，与嵇康、吕安等人相善，隐居不仕。景元四年（263），嵇康、吕安被司马氏害死后，向秀曾表示不再隐居，得到司马昭的赞许，任他为黄门侍郎、散骑常侍，但在朝里只做官不做事，消极无为。他好读书，崇尚老庄之学，曾

1 / 鲁迅：《魏晋风度及文章与药及酒之关系》，《鲁迅全集》第 3 卷，人民文学出版社 1981 年版，第 513 页。

作《庄子注》，高妙玄远，见解超凡，人们读了以后都觉得好像超然已出尘世之外而看到了深远幽深的世界。但余下《秋水》《至乐》二篇，注释未成而死。刘义庆在《世说新语》中有详细记载：向秀为"竹林七贤"之一，少好老庄之学，撰有《庄子隐解》一书，发明庄子奇趣，深得《庄子》精神，当时人们以为是庄子再生！但向秀死时其子尚幼，无力保护向秀的作品，他的注释逐渐轶散。郭象看到向秀的注释不传于世，便就自己抄袭成为自己的注，这样，后来郭注《庄子》风行于世，而向秀的原注反倒湮没无闻了。张湛注曾引用标明哪些是向秀的《庄子注》，而郭象注则没有注明哪些是向秀的注，哪是自己的注，把向秀的注稍稍改几字，便作为自己的，只字未提向秀。所以，现存《庄子注》可视为向秀和郭象之共同著作。向秀与郭象的《庄子注》力图以儒家的观点修正道家学说，以便把儒、道二家结合起来。

在思想上，谢灵运《辩宗论》说："向子期以儒道为一。"《世说新语·言语》注引《向秀别传》说，向秀"弱冠著《儒道论》"。《儒道论》今已不存，内容不可得知，但从题目看，大概也是讨论儒道关系的。从现存的史料看，向秀确是主张自然与名教统一，合儒道为一。他认为道家的"自然"与儒家的"名教"是一致的，万物自生自化，所以各任其性，即是"逍遥"，但"君臣上下"亦皆出于"天理自然"，故不能因要求"逍遥"而违反名教。这与阮籍高唱"礼岂为我辈所设"，把自然与名教对立起来的思想倾向有截然的不同。向秀作《难养生论》与嵇康辩论养生问题，文中就涉及自然与名教的关系问题，大体上也是主张调和自然与名教关系的。他说：有生命就有感情，称情则是自然。如果抗拒而使它们隔绝在外，就和没有生命一样，拥有生命又有什么可宝贵的呢？况且人的嗜好欲望都喜欢荣华厌恶屈辱，喜欢安逸厌恶劳累，这些皆生于自然。"天地之大德曰生，圣人之大宝曰位。""崇高莫大于富贵"，然则富贵，是天地之情了。地位尊贵则别人顺从自己，就可以推行仁义于天下，富有则能满足愿望，就能有钱财来聚集人众，这些都是先王所看重的，与自然有关，不可以隔绝在外。又说："富与贵，是人之所欲也"，只是应当用道义去追求。人禀受五行而生，嘴巴渴望不同的味道，眼睛渴望丰富的色彩，有了感情则想要成家，饿了想吃东西，这是自然而然的事情，但应该用礼来节制。况且生命之所以是快乐的，是因为有恩爱相接，天理人伦，燕婉娱乐心臆，荣华欢畅情志，食用美味来宣泄五情，享用声色来通达性气，这是天理自然，适宜于人的，三王也不更改的。

向秀把人的欲望归结为人天生的自然本能，是人之情性中当有之物，是"天理之自然"，人要求满足这种欲望完全符合"自然之理"，因此，不应该抑制人的欲望，而应当满足人的欲望。但向秀又反对人的情性的纵放。他认为，如果放任情性的发展，有可能导致名教礼法的解体，因此，他主张"求之以道义"，"节之以礼"，用道义、礼法去调节、约束人的欲望和行为。向秀的这种说法，仍然旨在调和自然和名教的关系。值得注意的是，向秀在这里所说的自然与前面玄学家所说的作为"生化之本"的自然涵义不同。向秀在这里所说的自然乃指人的天然情性，礼义作为名教的内容乃是人为之物，自然与名教分属于感性与理性两个不同的世界。尽管说名教基于人的情性的自然，因而也可以说是统一的，但名教作为一种人为的东西，本质上又与自然存在着矛盾。因此，向秀有以礼节欲，以理制情之说。

郭象（252—312），字子玄，洛阳（今河南洛阳）人。西晋时期玄学家，好老庄，善清谈，黄门侍郎、太傅主簿（帝王师）。郭象提出了"独化于玄冥之境"的基本命题。"独化"与"玄冥"是一对表述现象与本体的范畴，郭象用来描述有、无的存在状况。"独化"指现象界一切事物是独自地、孤立地、无所凭依地生成变化的。"玄冥"在《庄子》里原本是指一种晦暗不明、浑然无别的神秘境界，郭象则借以指本体界是"有而无之"的存在。他承认现实世界是实有（非无），但又认为万物没有任何质的稳定性，其产生、变化过程是玄妙莫测的，事物之间没有任何必然的联系，所以又称为"无"。有与无就统一于这种"有而无之"的"玄冥之境"中。"独化于玄冥之境"的命题概括了多层含义，将现象与本体、个体与整体、多元与一元、对立与统一等种种复杂的各种，用相对主义的思维方式解决了。那么，他论证这一命题的目的是什么呢？这就是调和"自然"与"名教"的对立，认为名教合于人的本性，人的本性也应符合名教，不赞成把名教与自然对立起来，认为仁义等道德规范就在人的本性之中，把体现社会伦理关系的仁义之性看成是人存在的重要方式。宇宙间的一切事物都有自己受之于天的本分，即"性分"，"天性所受，各有本分，不可逃，亦不可加。"（《庄子·养生主注》）"夫仁义者，人之性也。"（《天运注》）"夫仁义自是人之情性，但当任之耳。恐仁义非人情而忧之者，真可谓多忧也。"（《骈拇注》）仁义就是人的本性，是人的情性，是符合自然的，主张名教即自然。既然仁义符合人性，名教即自然，你们是否必须遵循现实中既定的仁义礼法呢？他的回答是否定的，他认为，人性和仁义道德是随着社会历史的变化而不断变化的，"人性有变，古今不同也。故游寄而过去则冥，若滞而系于一方则见。见则伪生，伪生而责多矣"。（《天运注》）可见，他承认仁义是人之性，但反对把仁义当成是千古不变的教条，而是随着古今不同、不断变化的人性而改变的，如果执守不变则弊端生之。

郭象分析仁义产生的过程，把圣人从"无为之迹"到"仁义之迹"的历史演变，区分了"三代以上"和"三代以下"："自三代以上，实有无为之迹。无为之迹，亦有为者之所尚也，尚之则失其自然之素。故虽圣人有不得已，或以槃夷之事，易垂拱之性，而况悠悠者哉！"（《马蹄注》）三代以上，实行的是无为之迹。这无为之迹，也有为人所崇尚的，但这崇尚呢，就丧失了其自然的本来面目。所以即使圣人也有不得已之处，或因为什么事情受到伤害，改变了垂衣拱手，无为而治的做法，从容自然的生活便一去不复返了。到了三代以下，后人遂追寻这些圣人的事迹，所以吵吵嚷嚷地与他们留下来的事迹竞相比赛，最终模仿他们做了很多事情，而对自己的性命之情自然没有时间来安顿！三代以降，"无为之迹"在世人的眼中，逐渐被理解为仁爱之心的外在表现，从而成为"仁义之迹"。

他举黄帝为例，"夫黄帝非为仁义也，直与物冥则仁义之迹自见，迹自见则后世之心必自殉之，是亦黄帝之迹使物撄也"。(《在宥注》)黄帝本无心于天下，他与天地万物融合为一体，以无为之治的方式来"治理"天下，而世人从他的外在表现来看就成了好像他在行仁义之道，留下了"仁义之迹"。"夫与物无伤者，非为仁也，而仁迹行焉；令万理皆当者，非为义也，而义功见焉。故当而无伤者，非仁义之招也。然而天下奔驰，弃我殉彼，以失其常然。故乱心不由于丑而恒在美色，挠世不由于恶而恒在仁义，则仁义者，挠天下之具也。"(《骈拇注》)黄帝与天地万物一体，不伤害任何东西，并不是有意地行仁道，而仁德的事迹流传下来了；黄帝理顺各种事物的道理，事事合宜，并不是有意地行道义，而道义的功绩显露出来了。黄帝把什么事情都做得那么好，并不是推行仁义的结果，然而天下的人竞相追逐，抛弃了黄帝无为而治的本质，为追求外在的仁义而献身，丧失了自己的自然常态。所以，扰乱人心的不是丑而一直是美色，扰乱世界的不是恶而一直是仁义。仁义，才是扰乱天下的东西啊。就是说，仁义只是圣人作为的外部形式，是圣人之"迹"，它的真正精神是使事物合情合理，这才是圣人的"所以迹"，而正是这种虚有其表的仁义扰乱了人心，扰乱了世道。仁义之挠世，正如美色之乱心。"夫圣迹既彰，则仁义不真，而礼乐离性，徒得形表而已矣。有圣人即有斯弊，吾若是何哉！"（《马蹄注》）当有了仁义之迹的时候，人们所追求的仁义就不再是真正意义上的仁义，而礼乐也偏离了它的本性，人们得到的只是仁义礼乐的形表而已，这些都是后世君主对圣人的误解带给我们的弊害。

郭象对《庄子·天运》篇里的"至仁无亲"的思想特加发挥，以此区分圣人之至仁与世俗所说的仁："无亲者，非薄德之谓也。夫人之一体，非有亲也，而首自在上，足自处下，府藏居内，皮毛在外。外内上下、尊卑贵贱，于其体中，各任其极，而未有亲爱于其间也，然至仁足矣。故五亲六族，贤愚远近，不失 [其]分于天下者，理自然也，又奚取于有亲哉！"这里，郭象以人对身体的态度来比喻圣人的至仁：人对自己身体的各部分并没有刻意的亲疏之别，但身体的各部分却自有上下内外之别。而正因为人的无亲，腑脏皮毛才能各得其所。在治理天下时，圣人对于五亲六族、贤愚远近，也并没有刻意的分别，只是因任其自然的分位而已。尽管圣人的至仁与世人所谓的仁有着本质的分别，但并不阻止人们对二者产生南辕北辙的错误认识："冥山在乎北极，而南行以观之；至仁在乎无亲，而仁爱以言之。故郢虽见，而愈远冥山；仁孝虽彰，而愈非至理也。"（《庄子·天运注》）冥山在北极方向，而有人往南行走想看到它；最大的仁德在于没有亲疏的区分，而人们以有差等的仁爱来表达。所以，那个向南方走想看冥山的人走到了南方楚国的首都郢，而实际上离冥山是越来越远了；那些讲差等之爱的人把仁爱孝悌发扬光大了，而实际上与真理越来越远了。在郭象看来，无论是圣人的"无迹"还是"至仁"，都没有办法杜绝世人对其治理之道产生南辕北辙的理解。所以，只有当"名教"与"自然"相统一时，社会才能获得真正的稳定，政治才能做到真正的清明，百姓才能得到真正的幸福。

四、魏晋南北朝时期其他儒者的仁学观

（一）袁准

袁准，字孝尼，陈郡扶乐（今河南淮阳）人。魏国郎中令袁涣第四子，有隽才，以儒学知名，仕魏未详，入晋拜给事中。有《仪礼丧服经》注一卷，《袁子正论》十九卷，《正书》二十五卷，《集》二卷。袁氏累世儒学，其父袁涣有儒学素养，主张以儒治世，曾经进言曹操为政要"鼓之以道德，征之以仁义，兼抚其民而除其害"（《三国志·魏书·袁涣传》）。受其父影响，袁准专注儒学，"常恬退而不敢求进。著书十余万言，论治世之务，为《易》《周官》《诗》传，及论五经滞义，圣人之微言，以传于世"。（《三国志·魏书·袁涣传》注引《袁氏世纪》）针对魏末晋初的社会问题和统治者片面强调法术之治的现象，袁准试图整合儒法，指出："治国之大体有四：一曰仁义，二曰礼制，三曰法令，四曰刑罚。四本者具，则帝王之功立矣。"（《群书治要·袁子正书·礼政》）这四个方面其实可以合为两个方面：即一方面仁义礼

制，一般多为儒家所倡导；另一方面法令刑罚，一般多为法家所倡导。袁准认为仁义礼制与法令刑罚要结合起来，不可偏废，不能只看到一方面而忽视或排斥另外一方面。当然，二者的结合又不是简单地相加，而是本末的关系，即以仁义礼制为本，法令刑罚为末。他说："夫仁义礼制者，治之本也；法令刑罚者，治之末也。无本者不立，无末者不成。……先仁而后法，先教而后刑，是治之先后者也。……夫仁者使人有德，不能使人知禁。礼者使人知禁，不能使人必仁。故本之者仁，明之者礼也，必行之者刑罚也。……故曰：本之以仁，成之以法，使两通而无偏重，则治之至也。夫仁义虽弱而持久，刑杀虽强而速亡，自然之治也。"（《群书治要·袁子正书·礼政》）仁义礼制，是治国的根本；法令刑罚，是治理国家的枝节。没有根本就不能立国，没有枝节也不能成功。……先讲仁政而后讲法制，先行教化而后行惩罚，这是治国要讲求的先后次序。……讲仁爱使人有道德，却不能使人知禁令；讲礼制使人知道避忌，却不能使人一定会讲求仁爱。所以能奠定立身之本的是仁义，使仁义得以显明的是礼制，使人必须遵行礼制的是刑罚。……所以说：根本是仁义，再经法令促成，使两者结合而不偏废，那么治国才可达到最高境界。仁义虽显得柔弱，但能使国家持久；刑杀虽显得强硬，却会加速国家灭亡。二者结合才是合乎自然的治国之道。就是说，仁义礼制是治之本，法令刑罚是治之末。无本不立，无末不成。只有本之以仁，成之以法，才是为治的最高境界。但是，当时有些儒者和法术之士则往往把仁义礼制与法令刑罚对立起来，各走极端，"夫礼教之治，先之以仁义，示之以敬让，使民迁善，日用而不知也。儒者见其如此，因谓治国不须刑法，不知刑法承其下，而后仁义兴于上也。法令者赏善禁淫，居治之要会，商韩见其如此，因曰治国不待仁义，不知仁义为之体，故法令行于下也"。（《群书治要·袁子正书·礼政》）以礼义教化治国，就要首先践行仁义，并且带头做到恭敬、谦让，带动风气，使人民于日常生活中不知不觉迁善改过。儒者看到这种情况，于是说：治理国家不需要刑法。他们不明白对下面实施法治，仁义才会在上面形成。实施法治，是为了扬善抑恶，提倡文明，禁止荒淫。这是治国的关键。法家如商鞅和韩非子等人看到这种情况，于是说：治理国家无须以仁义为本，只需推行法治即可，所以只有法令在下面推行。袁准进一步具体分析仁义礼制与法令刑罚在运用过程中要注意贵贱、先后、缓急之分："是故导之以德，齐之以礼，则民有耻；导之以政，齐之以刑，则民苟免。是治之贵贱者也。先仁而后法，先教而后刑，是治之先后者也。夫远物难明而近理易知，故礼让缓而刑罚急，是治之缓急也。"（《群书治要·袁子正书·礼政》）所谓贵贱是指以德礼正君子，以政刑治小人；所谓先后是指治国理民应该先仁德教化，后法令刑罚，所谓缓急就是要根据礼和刑的不同效应酌情使用，礼教效果慢，却可以长久发挥作用，而刑罚效果快，可以救急。善于为政者只有把握贵贱、先后、缓急的道理，才能更好地运用仁义礼制与法令刑罚，实现理想的治道。

(二) 傅玄

傅玄（217—278），字休奕，北地郡泥阳县（今陕西铜川耀州区东南）人，魏晋间名儒，兼通经史，著述广泛，但大多遗失。魏晋之际儒学衰微，玄风盛炽，傅玄始终保持着正统儒者的风范，对处于低潮期的儒学传承发挥了重要作用。其代表作《傅子》是一部阐启儒风的著作，是研究魏晋儒学的发展轨迹的宝贵资料。

傅玄非常推崇儒家的"仁"这个核心价值观，他撰《仁论》篇曰："昔者，圣人之崇仁也，将以兴天下之利也。利或不兴，须仁以济。天下有不得其所，若己推而委之于沟壑然。夫仁者，盖推己以及人也。故己所不欲，无施于人。推己所欲，以及天下：推己心孝于父母，以及天下，则天下之为人子者，不失其事亲之道矣；推己心有乐于妻子，以及天下，则天下之为人父者，不失其室家之欢矣；推己之不忍于饥寒，以及天下之心，含生无冻馁之忧矣。此三者，非难见之理，非难行之事，唯不内推其心以恕乎人。未之思耳，夫何远之有哉！"（《群书治要·傅子》）傅玄对原始儒家的"仁"进行了新的发挥：从前，圣人崇尚仁，是用来为天下人兴利，利民之事如果尚未兴办，就必须以仁普济天下。若有不得其所的人，应看作是自己把他们丢弃到沟壑一般。仁爱的人，都将心比心以待人，所以己所不欲，不施于人；推想自己之所求，延及天下之人。推究己心之好恶来尽孝于父母，并延及天下的父母，那么，天下的子女就不会丧失侍奉双亲的准则；把自己对妻子、儿女的爱护推广到天下，天下做丈夫、做父亲的人就不会失去家庭的欢乐；用自己忍受不了饥寒的心情去想天下人之心，天下生灵就不会有冻馁之忧。这三点不是难懂的道理，也不是难办到的事情，只是不能推己之心以宽诚待人。连这些切近的事都不去思考，哪里还会有什么远虑呢？就是说，要推行"仁"，从积极方面来说，就是"推己所欲，以及天下"；从消极方面来说，就是"故己不欲，勿施于人"。这是符合孔子所讲的忠恕之道的。忠恕之道是行仁之方，傅玄以忠恕之道来践行仁，落实仁。

把"仁"的核心价值用在治国上，傅玄提出"以礼教兴天下"的治国原则，认为以礼教兴天下，人君"所惠者小，所感者大，仁心先之也"。（《太平御览》卷七十七）按照原始儒家的理论，仁与礼的关系是仁礼并建，落实为修养之道，就是所谓"克己复礼"，即通过自我的不断修养，践行礼制，相辅相成，互为支撑，实现仁与礼的圆满统一。那么，怎么推行"仁"？就是要从自身做起，"正己者，所以率人也"，因为"身不正，虽有明法，即民或不从，故必正己以先之也"。而正身的首要是正心，只有"忠正仁理存乎心，则万品不失其伦矣"。（《全晋文》卷四十八）因为"心者，神明之主，万理之统，动而不失正，天地可感"，"立德之本莫尚乎正心，心正而后身正，身正而后左右正，左右正而后朝廷正，朝廷正而后国家正"。（《群书治要·傅子·正心》）逐步扩展，实现"天下归仁"的大同理想。他还举古代圣人为例，"古之仁人，推所好以训天下，而民莫不尚德；推所恶以诫天下，而民莫不知耻"。(《群书治要·傅子·仁论》)"不使不仁加乎天下，用武胜残，而百姓以济，此仁形于拨乱，黄帝是也。时有万物，必世而后仁，此著于治平，尧舜是也"。(《太平御览》卷七十七) 黄帝、尧舜这些古代先贤就是这样推己及人，治理天下的。他还以文王为例："文王葬城隅之枯骨，天下怀其仁，所惠者小，所感者大，仁心先之也。"(《太平御览》卷七十七) 文王葬城隅之枯骨的故事见刘向《新序·杂事第五》记载：周文王作灵台及为池沼，掘地得死人之骨，吏以闻于文王。文王曰："更葬之。"吏曰："此无主矣。"文王曰："有天下，天下之主也，有一国者，一国之主也。寡人固其主，又安求主？"遂令吏以衣棺更葬之。天下闻之，皆曰："文王贤矣，泽及枯骨，又况于人乎？或得宝以危国，文王得朽骨，以喻其意，而天下归心焉。"周文王建造灵台，修建池沼的时候，挖地挖出了一具死人骨头，负责修建工作的官员把这事报告文王。文王说："给他改葬。"官员说："那是无主的尸骨。"文王说："拥有天下的人，就是天下人的主人；拥有一国的人，就是一国的主人。寡人本来就是他的主人，你还到哪儿去找他的主人？"于是叫那位官员备办寿衣棺木给他改葬。天下的人听到这件事，都说："文王真是贤君啊，连朽骨都受到他的恩泽，又何况是活着的人呢！"有人得到珍宝但给国家带来灾难，文王得到枯骨，以此表明他仁爱的诚心，因此天下人心归向啊！

　　在治国的具体措施方面，傅玄主张儒法结合，先礼后刑，德威兼济。关于仁政与刑罚的关系问题，傅玄认为量刑定罪必须兼顾人情与刑法。他说:"司寇行刑,君为之不举乐,哀矜之心至也。八辟议其故而宥之,仁爱之情笃也。"行刑时君主不举乐,体现了君主的哀矜之心;"八辟"对贵族和官吏的减刑和赦免也表现了君主的仁爱之情。但是,在现实中也存在两种极端倾向:一种是"柔愿之主,闻先王之有哀矜仁爱,议狱缓死也,则妄轻其刑而赦元恶。刑妄轻,则威政堕而法易犯;元恶赦,则奸人兴而善人困"。过分柔弱的君主固然有哀矜之心、仁爱之情,但议狱缓死则妄轻其刑而赦元恶,造成了不良后果;一种是"刚猛之主,闻先王之以五刑纠万民,舜诛四凶而天下服也。于是峻法酷刑以侮天下,罪连三族,戮及善民,无辜而死者过半矣。下民怨而思叛,诸侯乘其弊而起,万乘之主死于人手者,失其道也"。过分刚猛的君主以严刑峻法,刑残法酷,导致败亡,也是不可取的。于是现实中就出现了"末儒见峻法之生叛,则去法而纯仁",一部分腐儒看到严刑峻法容易招致人民反叛,便主张废除刑法,单纯用仁政;同时,"偏法见弱法之失政,则去仁而法刑",偏爱刑法的人看到,如果不是用严刑峻法,就容易导致政柄失落、君主失势,便主张抛弃仁政,纯用刑罚。这是两个极端,背离了儒家的中道,"此法所以世轻世重,而恒失其中也"。(《群书治要·傅子·法刑》)就是说,法不可去,亦不能"偏法";仁不可去,亦不能"纯仁"。既要"持法有恒"(《三国志·傅嘏传》裴注引《傅子》),又要"两尽其用","以定厥中",最后得出了"礼、法殊途而同归,赏、刑递用而相济"的结论。(《群书治要·傅子·法刑》)

(三) 苏绰

苏绰（498—546），字令绰，京兆武功（今陕西武功西）人。年少即好学，博览群书，尤善算术，深得宇文泰信任，拜为大行台左丞，参与机密，助其推行汉化的改革，是一位对北朝后期的思想、政治、文化有重要影响的人物。魏晋时期，玄学兴盛，但不能为具体的社会治理提供积极的建设性的意见，苏绰则提出了自己的看法。他重申儒家的王道仁政说，并为仁政寻找理论根据，这就是"天地之性，唯人为贵。明其有中和之心，仁恕之行，异于木石，不同禽兽，故贵之耳"。(《周书·苏绰传》) 天地的本性，唯有人最可宝贵。人具有中正平和之心，仁义宽恕之行，异于木石，别于禽兽，所以最可贵。

苏绰进一步指出："凡治民之体，先当治心。心者，一身之主，百行之本。心不清静，则思虑妄生；思虑妄生，则见理不明；见理不明，则是非谬乱；是非谬乱，则一身不能自治，安能治民也。是以理民之要，在于清心而已。夫所谓清心者，非不贪货财之谓，乃欲使心气清和，志意端静。心和志静，则邪僻之虑无因而作。邪僻不作，则凡所思念无不皆得至公之理。率至公之理以临其民，则彼下民孰不从化？是以称治民之本，先在治心。"(《周书·苏绰传》) 治理百姓的所有措施，应当以端正本心为先。心是一身的主宰，也是所有行动的根本。心不清净，就会产生妄想。有了妄想，就会不明事理。不明事理，就会颠倒是非。是非一旦颠倒，就无法约束自己，又怎么能去治理百姓！所以治理百姓的要务，在于清心罢了。所谓"清心"，不是指不贪财货，而是指心气清和，志向心意端庄宁静。心和志静，则邪妄之念没有条件产生。无妄邪之念，则所有的思虑，无不是极公正的道理。用最公正的道理来治理百姓，则百姓没有不服从教化的。所以说治理百姓的根本，首先在于端正本心。理人之要在于清心，这似乎受到了道佛的思想影响，但本质上仍然是儒家修己安人的意思。

如何真正实现王道仁政？苏绰认为关键在于君主，君主应该"先治心"，做到"心如清水，形如白玉，躬行仁义，躬行孝悌，躬行忠信，躬行礼让，躬行廉平，躬行俭约"。(《周书·苏绰传》) 君主如果能够做到这八个方面，再以此来训导民众，民众就会对君王又敬畏又爱戴，把君王当作学习的典范，可以不用等待家庭的教育而蔚然自成风气了。不然，君王不能端正自身，反而希望去治理好百姓，好比标杆弯曲而去求得笔直的日影；君王的言行不能自我修养，反而要求百姓修养，好比没有靶子而责备射箭的人。至于各级官吏，也都要从国家的利益出发，摒弃自己的私意，"各宜洗心革意"，"凡所思念，无不皆得至公之理"。只有这样，才能"率至公之理以临其民，则彼下民孰不从化？"这就是把加强统治者的道德修养作为教育、统治下层人民的前提。对于实现王道仁政的具体措施，他把尽地力、衣食足、聚财货作为王道政治的基础。他说："何以守位？曰仁。何以聚人？曰财。明先王以财聚人，以仁守位。""仁"当然是为政的根本，须以仁守位。而

"仁"需要物质基础，所以必须以财聚人，就是要发展经济，满足民众的基本物质生活需求。他把"以财聚人，以仁守位"放在一起是大有深意的，统治者为了聚财往往容易横征暴敛，苏绰坚守儒家取之有道的理念，强调为政者应该以仁爱之心取财："租税之时，虽有大式，至于斟酌贫富，差次先后，皆事起于正长，而系之于守令。若斟酌得所，则政和而民悦；若检理无方，则吏奸而民怨。又差发徭役，多不存意，致令贫弱者或重徭而远戍，富强者或轻使而近防。守令用怀如此，不存恤人之心，皆王政之罪人也。"（《周书·苏绰传》）交纳田赋税款时，虽然定有规格，但考虑贫富差别、等级次序，都由里正、户长规定，并与郡守、县令有关。如果考虑得当，那就政治清和而百姓喜悦；如果检验管理没有法度，那就会导致吏员作奸而百姓怨恨。在征发劳役时，大多又不注意，以至于使那些贫弱之人被派往远方防守，而且干很重的活儿，而把那些年轻力壮之人被派往近处防守，干较轻的活儿。郡守、县令如此用心，不存体贴百姓之意，这都是王道仁政的罪人。

要实现仁政，从民众来说，也要以治心为主。他说："治民之本，先在治心。"当时，"世道雕丧，已数百年。大乱滋甚，且二十岁。民不见德，惟兵革是闻；上无教化，惟刑罚是用。而中兴始尔，大难未平，加之以师旅，因之以饥馑，凡百草创，率多权宜。致使礼让弗兴，风俗未改"。（《周书·苏绰传》）世道衰颓，已有数百年之久。天下大乱也已将近二十年。百姓不见德行，只见战乱；掌权者不施教化，只用刑罚。如今国家刚刚开始复兴，天下未定，既有战争，又有饥荒，所有体制都是匆匆创立，大多是权宜之计。以致使礼让之风不兴，风俗未能改变。要稳定统治秩序，当务之急便是"先治心，敦教化"。怎样对民众进行教化呢？所谓"化"，"贵能扇之以淳风，浸之以太和，被之以道德，示之以朴素。使百姓亹亹，中迁于善，邪伪之心，嗜欲之性，潜以消化，而不知其所以然，此之谓化也"。(《周书·苏绰传》)所谓"化"，贵在能培养淳朴之风，浸润以太和之元气，广布道德，显示朴素。使百姓勤勉不倦，心中向善，不知不觉中消去邪伪之心，嗜欲之性，不知不觉消去而不知道为什么会变成这样，这才是"化"。所谓"教"，就是在"化"的基础上，"教之以孝悌，使民慈爱；教之以仁顺，使民和睦；教之以礼义，使民敬让"。(《周书·苏绰传》)教育百姓孝悌，使他们有慈爱之心；教育百姓仁义和顺，使他们和睦相处；教育百姓礼义，使他们互敬互让。如果统治者能够做到上述几点，就能够移风易俗，倡导淳厚朴素，君主便可轻易地治理好天下，达于太平盛世。显然，苏绰是要以儒家的伦理道德来教化民众，使国家长治久安，实现太平盛世的社会理想。

第九章

中唐儒者对仁的新发展

中唐时期，社会危机日益加深，藩镇割据，权臣倾轧。安史之乱以后生产力破坏严重，物资缺乏，物价飞涨，朝廷昏庸，宦官专权，政治腐败，改革变新难以进行。由初唐时期的儒、佛、道三教鼎立的格局导致儒学式微，佛教道教势力日益蔓延，尤其信佛佞僧风气尤为奇重。以韩愈等人为代表的中唐儒学，上承两汉经学，下启宋明理学，成为我国古代儒学由魏晋南北朝的衰落时期向复兴时期转化的重要历史时期。这个时期的儒者韩愈、李翱发展了儒学，柳宗元、刘禹锡推进了儒学，他们成为中唐儒学复兴的先驱，为中唐儒学复兴做出了杰出的贡献，在中国儒学史上具有重要地位。

一、韩愈重建仁义价值观

韩愈（768—825），字退之，孟州河阳（今河南孟州市）人，唐代杰出的文学家、思想家，与柳宗元倡导古文运动，主张"文以载道"，复古崇儒，抵排异端，攘斥佛老，是唐宋八大家之一。韩愈出身于官宦家庭，从小受儒学正统思想的熏陶，并且勤学苦读，有深厚儒学素养。但三次应考进士皆落第，至第四次才考上，时二十四岁。又因考博学宏词科失败，辗转奔走。唐德宗贞元十二年（796）起，先后在宣武节度使董晋、徐州节度使张建封幕下任观察推官，其后在国子监任四门博士。贞元十九年（803），升任监察御史。这一年关中大旱，韩愈向德宗上《论天旱人饥状》，被贬为阳山县令。之后又几次升迁。唐宪宗元和十四年（819），韩愈上《论佛骨表》，反对佞佛，被贬为潮州刺史。唐穆宗长庆元年（821）被召回长安，任国子祭酒，后转兵部侍郎、吏部侍郎。后世称之为"韩吏部"。死后谥号"文"，故又称为"韩文公"。著有《韩昌黎集》。

韩愈一生经历了安史之乱后中唐五朝皇帝，在道佛大炽、儒学衰微的情况下，他以求圣人之志为己任，关心世道人心，民生疾苦，要用"先王之道"来拯救当时混乱的政治和颓废的民风。韩愈认为必须重新振兴儒学，强化儒学的正统地位，彰显儒家的道统。在儒学发展史上，韩愈是个承先启后的人物，他洞悉佛教思想的演变情况，借鉴佛教"祖统"说，提出了儒学的"道统"说。他著《原道》一文，标志了道统论的正式提出。他认为，"先王之道"从尧开其"端"，一直传到孔孟，从不间断："尧以是传之舜，舜以是传之禹，禹以是传之汤，汤以是传之文、武、周公，文、武、周公传之孔子，孔子传之孟轲，轲之死，不得其传焉。"

　　自孟子之后，儒学"道统"断了，他自己的历史使命就是恢复这个道统，维护这个道统，使之相续不断，绵延万世。这里，韩愈把儒学渊源同中国古代的圣王贤君相联系，借以强调儒学在时间上早于佛学，为华夏正统思想，并以自己为"道统"的继承人。那么，韩愈道统的"道"是指什么呢？"斯道也，何道也？"曰："斯吾所谓道也，非向所谓老与佛之道也。"这个"道"与道佛不是一回事。当时儒释道三家都用"道"这个概念，但三家各自对"道"的内涵有不同的理解。韩愈要正本清源，挖掘儒家之道的历史文化蕴含，他继承了传统儒家的三才之道来论证这个问题，在《原人》中指出："形于上者谓之天，形于下者谓之地，命于其两间者谓之人。形于上，日月星辰皆天也；形于下，草木山川皆地也；命于其两间，夷狄禽兽皆人也。……天道乱，而日月星辰不得其行；地道乱，而草木山川不得其平；人道乱，而夷狄禽兽不得其情。天者，日月星辰之主也；地者，草木山川之主也；人者，夷狄禽兽之主也。主而暴之，不得其为主之道矣。是故圣人一视而同仁，笃近而举远。"儒家之道从结构上讲可以分成形而上的天道、形而下的地道和形而中的人道，天、地、人各有其道，在各自的范围起作用。这是就分而言之，如果合而言之，其实又只是一个道，即贯通天地人的整体大全之道。只有圣人能够认识到这一点，所以能够对人一样看待，同施仁爱，对亲近者待以宽厚，对疏远者该举荐也同样举荐。

　　那么，由圣人所代表的人道本质内涵是什么呢？就是仁义道德："博爱之谓仁，行而宜之之谓义，由是而之焉之谓道，足乎己，无待于外之谓德。"(《原道》)这里韩愈给分别仁、义、道、德下了定义，仁义二者有其特定的内容，是儒家所特有的；道德二者的意义比较宽泛，哪一个学派都可以用。韩愈对"仁"用"博爱"释之，是对孔子"仁者爱人""泛爱众"的发展；这种"博爱"通过行为落实到具体的实践人生中得体适宜，即"义"；按照仁义的标准去做即"道"；切实具备仁义修养，不必借用外在的力量，即"德"。就儒家而言，仁义其实就是道德的内涵，因为"仁与义，为定名；道与德，为虚位"。(《原道》)就是说，儒家的道德就是仁义而已。但是，"老子之小仁义，非毁之也，其见者小也。坐井而观天，曰天小者，非天小也；彼以煦煦为仁，孑孑为义，其小之也则宜。其所谓道，道其所道，非吾所谓道也；其所谓德，德其所德，非吾所谓德也。凡吾所谓道德云者，合仁与义言之也，天下之公言也；老子之所谓道德云者，去仁与义言之也，一人之私言也"。(《原道》)老子是狭隘的小仁义，并不是诋毁仁义，而是由于他的见识狭小。好比坐在井里看天的人，说天很小，其实天并不小。老子把小恩小惠认为仁，把谨小慎微认为义，他是狭隘的小仁义就是很自然的了。老子所说的道，是把他观念里的道当作道，不是我所说的道。他所说的德，是把他观念里的德当作德，不是我所说的德。凡是我所说的道德，都是结合仁和义说的，是天下的公论。老子所说的道德，是抛开了仁和义说的，只是他一个人的私论。老子狭隘的小仁义，实际上是取消了仁义，是私论而不是公论。韩愈能够抓住儒家思想的核心价值——仁义，多次在诗中表达其对仁义的推崇，如"平生企仁义，所学皆孔周"[1]，"孔丘殁已远，仁义路久荒，纷纷百家起，诡怪相披猖"[2]。在文中对仁义深入阐释，《与孟尚书书》："宗孔氏，崇仁义。"《原毁》："闻古之人有舜者，其为人也，仁义人也。"《原人》意在强调儒家人禽之辨和人之所以为人的根本，即仁。韩愈不同意"夷狄禽兽皆人"，指出人为夷狄禽兽之主，但因为圣人有仁，所以能够对天地万物一视同仁，笃近举远。这就具有了可贵的博爱意识，与《原道》的"博爱之谓仁"相呼应。这也是对儒家"仁爱"思想的发展。"博爱之谓仁"从博爱的角度重新阐述了秦汉以来儒家的"仁爱"思想，所以他一反孟子辟杨墨的说法，认为儒墨有相通之处。《读墨子》一文认为："孔子泛爱亲仁，以博施济众为圣，不'兼爱'哉？""儒墨同是尧舜，同非桀纣，同修身正心以治天下国家，奚不相悦如是哉？""孔子必用墨子，墨子必用孔子。不相用，不足为孔墨。"使"道德仁义"向"仁义道德"转变，认为儒家"道德"的内核就是"仁义"，而老子道家所谓的"道德"是要舍弃"仁义"。这就凸显了儒家的核心价值就是仁义，进而与佛老区分开来。在当时佛老大炽，儒学衰微的情况下，韩愈通过强调儒家的核心价值，重构儒学的思想体系，给儒学的发展指明了方向，对宋明儒学的复兴奠定了基础。

1 /《赴江陵途中寄赠王二十补阙李十一拾遗李二十六员外翰林三学士》，《韩愈全集》，上海古籍出版社1997年版，第27页。

2 /《此日足可惜一首赠张籍》，《韩愈全集》，第8页。

在韩愈这里，仁义之道当然不仅仅是纯粹的观念，而是要以先王之教来落实的。《原道》进一步展开说："夫所谓先王之教者，何也？……其文《诗》《书》《易》《春秋》，其法礼乐刑政，其民士农工贾，其位君臣、父子、师友、宾主、昆弟、夫妇，其服麻丝，其居宫室，其食粟米果蔬鱼肉：其为道易明，而其为教易行也。是故以之为己，则顺而祥；以之为人，则爱而公；以之为心，则和而平；以之为天下国家，无所处而不当。是故生则得其情，死则尽其常，效焉而天神假，庙焉而人鬼飨。"所谓先王的政教，是什么呢？讲先王政教的经典有《诗经》《尚书》《易经》和《春秋》，体现先王政教的法式就是礼仪、音乐、刑法、政令，先王政教所治理的民众是士、农、工、商，先王政教所安排的伦理次序是君臣、父子、师友、宾主、兄弟、夫妇，先王政教提供的衣服是麻布、丝绸，先王政教提供的居处是宫殿、房屋，先王政教提供的食物是粮食、瓜果、蔬菜、鱼肉。先王政教所讲的道理很容易明白，所做的教育很容易推行。所以，用它们来教育自己，就能和顺吉祥；用它们来对待别人，就能做到博爱公正；用它们来修养内心，就能平和而宁静；用它们来治理天下国家，就没有不适当的地方。因此，人活着就能感受到人与人之间的情谊，死了就是结束了自然的常态。祭天则天神降临，祭祖则祖先的灵魂来享用。仁义之道的落实要靠先王政教。先王政教具有维系社会生活方方面面，实现人与天地万物鬼神沟通的功能。他指出，古代圣人就是这样做的："古之时，人之害多矣。有圣人者立，然后教之以相生相养之道。为之君，为之师，驱其虫蛇禽兽而处之中土。寒，然后为之衣，饥，然后为之食；木处而颠，土处而病也，然后为之宫室。为之工，以赡其器用；为之贾，以通其有无；为之医药，以济其夭死；为之葬埋祭祀，以长其恩爱；为之礼，以次其先后；为之乐，以宣其湮郁；为之政，以率其怠倦；为之刑，以锄其强梗。相欺也，为之符玺、斗斛、权衡以信之；相夺也，为之城郭、甲兵以守之。害至而为之备，患生而为之防。"(《原道》)古时候，人民的灾害很多。有圣人出来，才教给人民以相生相养的生活方法，做他们的君王或老师。驱走那些蛇虫禽兽，把人们安顿在中原。天冷就教他们做衣裳，饿了就教他们种庄稼。栖息在树木上容易掉下来，住在洞穴里容易生病，于是就教导他们建造房屋。又教导他们做工匠，供应人民的生活用具；教导他们经营商业，调剂货物有无；发明医药，以拯救那些短命而死的人；制定葬埋祭祀的制度，以增进人与人之间的恩爱感情；制定礼节，以分别尊卑秩序；制作音乐，以宣泄人们心中的郁闷；制定政令，以督促那些怠惰懒散的人；制定刑罚，以铲除那些强暴之徒。因为有人弄虚作假，于是又制作符节、印玺、斗斛、秤尺，作为凭信。因为有争夺抢劫的事，于是设置了城池、盔甲、兵器来守卫家国。总之，灾害来了就设法防备；祸患将要发生，就及早预防。"民之初生，固若禽兽夷狄然；圣人者立，然后知宫居而粒食，亲亲而尊尊，生者养而死者藏。是故道莫大乎仁义，教莫正乎礼乐刑政。施之于天下，万物得其宜；措之于其躬，体安而气平。尧以是传之舜，舜以是传之禹，禹以是传之汤，汤以是传之文武，文武以是传之周公孔子；书之于册，中国之人世守之。" [1]
人类刚刚出现的时候，确实像禽兽和现在荒蛮之地未开化的民族一样。后来圣人出世，人们开始知道要住在房屋中，以谷物为食，亲近亲人，尊敬老人，养育失去生活能力的人，埋葬死者。所以圣人之道没有比仁义更高的，教化没有比礼、乐、刑、政更正统的。施行于天下，万物都各得其所；付之于自身，则身体健康、心气平和。尧把圣人之道传给舜，舜把它传给禹，禹把它传给汤，汤把它传给周文王、周武王，周文王、周武王把它传给周公、孔子，周公、孔子把这些道理写成书，中原大地的人世代奉行不违。人们常常批评韩愈的这种说法是一种唯心主义的英雄史观，其实韩愈是在讲古代圣王是通过礼乐刑政来实践仁义之道的，"道莫大乎仁义，教莫正乎礼乐刑政"，"道"就是仁义，"教"不外乎礼乐刑政，这就是自尧舜以来儒家代代相传的政教传统。

为了重建儒家的政教传统，韩愈还直接承袭了董仲舒的性三品，修正、补充、发展了孟子、荀子、扬雄的人性论，提出了性三品和情三品之说："性也者，与生俱生也；情也者，接于物而生也。性之品有三，而其所以为性者五；情之品有三，而其所以为情者七。曰：何也？曰：性之品有上、中、下三。上焉者，善焉而已矣；中焉者，可导而上下也；下焉者，恶焉而已矣。其所以为性者五：曰仁、曰礼、曰信、曰义、曰智。上焉者之于五

1／[唐]韩愈:《送浮屠文畅师序》，上海古籍出版社1997年版，第209页。

也，主于一而行于四；中焉者之于五也，一不少有焉，则少反焉，其于四也混；下焉者之于五也，反于一而悖于四。性之于情视其品。情之品有上、中、下三，其所以为情者七：曰喜、曰怒、曰哀、曰惧、曰爱、曰恶、曰欲。上焉者之于七也，动而处其中；中焉者之于七也，有所甚，有所亡，然而求合其中者也；下焉者之于七也，亡与甚，直情而行者也。情之于性视其品。"（《原性》）

人性，是与生俱来的；情感，是后天与外物接触而产生的。人性的品级有三种，人用以表现本性的有五个方面；情感的品级有三种，人用以表现情感的有七种形态。有人问：为什么这样说呢？回答说：人性的品级有上品、中品、下品三种。上品人性，就是纯粹的善罢了；中品人性，可引导它变为上品或下品；下品人性，纯粹的恶罢了。人用来表现本性的有五个方面：仁、礼、信、义、智。性为上品的人，以一德为主，兼通其他四德。性为中品的人，对某一德或是不足，或是有些违背，其他四德也混杂不纯。性为下品的人，对一德完全违背，其他四德也不合。人性对情感的影响要看品级。情感的品级有上品、中品、下品三种，人用以表现情感的有七种形态：喜、怒、哀、惧、爱、恶、欲。上品的情感，对七种情感都能控制得恰当合适。中品的情感，对于七情有超出一般的情况，也有缺失的，但主观意图还是要适当合中的。下品的情感，要么没有，要么过度，都是直接率性而行。情感对人性的影响也要看品级。可以看出，韩愈定义性是与生俱来的本性，情是受外物诱导所产生的各种情感。性有上中下三品，而其内涵即仁义礼智信，其中上品之性以仁为主，以礼、信、义、智四德为行，故为善；中品之性，虽具有仁而有所背，四德也混乱，故可善可恶；下品之性则违反仁，背离四德，故是恶。情也有三品，而其内容是喜、怒、哀、惧、爱、恶、欲七情。上品之情发出来合乎中道；中品之情有过与不及，但还知道要"求合其中"；下品之情或过或不及，直接抒发而行，即纵情而行。至于性与情的关系，韩愈认为性的上中下三品与情的上中下三品对应，而性决定了情。

他对儒家人性论的重新发挥是为了给为政者提供政教的理论依据，《原性》继续说："然则性之上下者，其终不可移乎？曰：上之性，就学而愈明；下之性，畏威而寡罪；是故上者可教，而下者可制也。"那么上品人性和下品人性，难道最终不能改变吗？回答说：上品人性，从事学习就会越发聪明；下品人性，畏惧权威就会减少罪过。因此上品可教导，下品可约束。我们联系孔子的相关论述就好理解了。孔子说："中人以上，可以语上也；中人以下，不可以语上也。"（《雍也》）"唯上知与下愚不移。"（《阳货》）"生而知之者上也，学而知之者次也，困而学之又次也。困而不学，民斯为下矣。"（《季氏》）也就是说，"中人"以上的"上智"是"生而知之"，"中人"以下的"下愚"是"困而不学，民斯为下矣"，都是无法改变的。而"中人"本身则是"学而知之""困而学之"，是可以通过学习教化上达上智，如果不能学习，没有教化就可能下堕下愚。所以，韩愈这里所说的上之性应该包含了前

面的上品之性和中品之性，上品人性"就学而愈明"，中品的人性
"可导而上下"，可学可教，而下之性就是下品之性，"畏威而寡
罪"，不可学不可教，只有以法制治之了。韩愈的性有三品、性情
统一论，主要是针对佛教性情对立的观点而发的。佛教主张出世，
弃绝七情，在性情关系上要求灭情以见性，以去性成佛。韩愈则
主张因情以见性，就是在克制情欲的道德修养中改善人性，以符
合现实伦理道德的要求。韩愈的性三品说直通宋明理学的心性论，
启发了张载提出"天地之性""气质之性"的命题。

二、李翱灭情复性论

李翱（772—844），字习之，唐陇西成纪（今甘肃秦安东）
人，唐朝文学家、思想家。李翱是唐德宗贞元年间进士，曾历任
国子博士、史馆修撰、考功员外郎、礼部郎中、中书舍人、桂州
刺史、山南东道节度使等职。他曾师从韩愈学古文，协助韩愈推
进古文运动，崇儒排佛，推动儒学复兴，两人关系亦师亦友。著
作有《李文公集》十八卷，并与韩愈合作《论语笔解》二卷。

李翱的儒学著述中以《复性书》最为重要，其宗旨是阐发思
孟学派的《中庸》大义，即《中庸》的心性之学，特别是阐明
"正思""至诚""慎独""守中"的境界。他认为圣人的"至诚"
境界，是能够调节性情并使之"中节"，达到"致中和"的境界，
就进入了理想的圣人境界。以儒家的"中道"作为衡量人格层级

的标准，他说："出言居乎中者，圣人之文也；倚乎中者，希圣人之文也；近乎中者，贤人之文也；背而走者，盖庸人之文也。"（《李文公集·杂说》）

李翱像韩愈一样，着力于辟佛，复兴儒家的圣人之道，他说："君臣、父子、夫妇、兄弟、朋友，存有所养，死有所归，生物有道，费之有节，自伏羲至于仲尼，虽百代圣人，不能革也。故可使天下举而行之无弊者，此圣人之道，所谓君臣、父子、夫妇、兄弟、朋友，而养之以道德仁义之谓也，患力不足而已。向使天下之人，力足尽修身毒国之术，六七十岁之后，虽享百年者亦尽矣，天行乎上，地载乎下，其所以生育于其间者，畜兽、禽鸟、鱼鳖、蛇龙之类而止尔，况必不可使举而行之者耶？夫不可使天下举而行之者，则非圣人之道也。"（《李文公集·佛斋论》）从伏羲到孔子，上古以来古圣先贤发明的君臣、父子、夫妇、兄弟、朋友认路之道是建立在道德仁义的核心价值基础上的，是适用于普天之下所有人的，这就是圣人之道。可是，当时佛教大炽，佛教徒"不蚕而衣裳具，弗耨而饮食充，安居不作，役物以养己者，至于几千百万人。推是而冻馁者几何人可知矣。于是筑楼殿宫阁以事之，饰土木铜铁以形之，髡良人男女以居之，虽璇室、象廊、倾宫、鹿台、章华、阿房弗加也，是岂不出乎百姓之财力欤？"成千上万的佛教徒衣食住行极尽奢华，花费甚巨，都出于普通百姓的辛勤劳作。李翱对此甚为忧患，认为这会造成以夷变夏，使讲道德仁义的礼仪之邦变为野蛮之地。所以，他也像韩愈一样推

崇儒家的仁义价值观，他论证仁义与文章的关系说："仲尼、孟子
殁千余年矣，吾不及见其人，吾能知其圣且贤者，以吾读其辞而
得之者也。后来者不可期，安知读吾辞也而不知吾心之所存乎？
亦未可诬也。夫性于仁义者，未见其无文也。有文而能到者，吾
未见其不力于仁义也。由仁义而后文者，性也；由文而后仁义者，
习也。犹诚明之必相依尔。贵且富，在乎外者也，吾不能知其有
无也，非吾求而能至者也。吾何爱而屑屑其间哉？仁义与文章，
生乎内者也，吾知其有也，吾能求出充之者也，吾何惧而不为
哉？"(《李文公集·寄从弟正辞书》）秉行仁义的人，从没有见过
他做不好文章的，文章能做得好的人，我没见过他不致力于行仁
义的。由秉行仁义到做好文章，是内在的性理使然；由做好文章
到行仁义，也是惯性的指向。这就像诚和明是相互依存、相伴相
生的。富贵，决定于身外的因素，我不知道此生能否拥有，不是
我追求就能得到的。仁义和文章，在内在产生的，我知道它是实
有的，是我可以通过追求而充实的东西。古圣先贤之所以为圣贤，
是因为他们留下来的文章中承载了仁义价值观，所以，好文章一
定体现仁义价值观。

　　在人性论方面，李翱修正了韩愈的人性学说，认为韩愈把人
性分为三品，把人性的先天差别说得太绝对，不利于争取信徒。
为此，他在《复性书中》中这样说：

　　　　问曰："凡人之性，犹圣人之性欤？"曰："桀纣之性
　　　犹尧舜之性也，其所以不睹其性者，嗜欲好恶之所昏也，

非性之罪也。"曰："为不善者，非性邪？"曰："非也，
乃情所为也。情有善不善，而性无善不善焉。"

这里，李翱提出并回答了两个问题，第一个问题是人性有没
有先天性的差别？他认为，圣人与凡人、好人与坏人的人性都是
一样的，人人性善。这就明显地改变了性三品的观点，恢复了孟
子的性善论。第二个问题是情有善不善，而性无善不善："人之所
以为圣人者，性也；人之所以惑其性者，情也。喜、怒、哀、惧、
爱、恶、欲七者，皆情之所为也。情既昏，性斯匿矣。非性之过
也，七者循环而交来，故性不能充也。"（《李文公集·复性书上》）
这就是说，每一个人的本性，都是先天地纯然至善的，是之所以
为圣人的基础。有人成不了圣人，这是由于受到情的干扰，人的
七情不断地从各方面迷惑人的本性，才使得性善得不到扩充。他
把性比喻为水和火，情比喻为泥沙和烟；认为水掺杂着泥沙而浑
浊，烟雾郁结则火光暗淡，泥沙沉淀则水清澈，烟雾消除则火光
显露。与性和情对应的是圣人与凡人的区别。为什么有圣人与凡
人的区别？他认为："性者天之命也，圣人得之而不惑者也；情者
性之动也，百姓溺之而不能知其本者也。圣人者岂其无情耶？圣
人者，寂然不动，不往而到，不言而神，不耀而光，制作参乎天
地，变化合乎阴阳，虽有情也，未尝有情也。然则百姓者，岂其
无性耶？百姓之性与圣人之性弗差也，虽然，情之所昏，交相攻
伐，未始有穷，故虽终身而不自睹其性焉。"（《李文公集·复性书
上》）本性来自天的授受，而圣人就是得到本性的超越作用而不

致为情所迷惑；感情是本性表现出的作用，百姓则容易沉溺于其中，而不能去探求恢复其本性的状态。那这么说来，圣人岂不是都没有情吗？所谓的圣人，他的内在本性寂静稳定不妄动，对事物不抱有过度期望而能得到自然会得到的结果，不用说话而能表现出神妙深奥，不用显示而能让人感到光彩，制礼作乐体现天之经、地之义而能天地相参，与时俱进、革故鼎新而合乎阴阳之道。圣人的所作所为，看似好像对一切充满感情，而其实他能够超越自我的私情理智地做事。那么，老百姓难道就没有本性吗？其实百姓的本性与圣人的本性没有差别，可是因为感情的迷惑昏昧，理智与情感交相冲突，解脱不开，持续不断，故即使到死也不曾自见其本性。李翱的意思是说，圣人与凡人都得之于天命，但在现实生活中圣人能把握天赋的本性，不为情所迷惑，故能成为圣人；而凡人则沉溺于情而迷其本性，故无法成为圣人。既然明白了圣人与凡人的区别，那么怎么修养为圣人？李翱借用《中庸》的"至诚"提出了复性论："是故诚者，圣人性之也，寂然不动，广大清明，照乎天地，感而遂通天下之故，行止语默，无不处于极也。复其性者贤人，循之而不已者也，不已则能归其源矣。"（《李文公集·复性书上》）因此所谓诚，是圣人具有的本性，寂静稳定不妄动，广博高大又清澈明达，智慧见识鉴察天地万物，有感必应，万事皆通，因此能知晓天下事物的前因后果。言行举止、动静作为，时时处处都显现出本性达到极尽圆满的境界。需要回复本性的是贤人，所遵循诚而不止息，不止息到最后就能与圣人回归大道的本源。圣人之性是诚，由此达到了圆满的境界，贤人就要以诚复归人的本性，不断努力，达到圣人的境界。复性的过程就是复归天道之至诚，"循其源而反其性者，道也。道也者，至诚也。至诚者，天之道也。诚者定也，不动也"。（《李文公集·复性书中》）"诚之者，人之道也。诚之者，择善而固执之者也。修是道而归其本者，明也。教也者，则可以教天下矣。"（《李文公集·复性书中》）凡人如果能够"择善而固执之"，像颜回那样，"拳拳不失，不远而复其心，三月不违仁"，不断修行人道，最终就会达到至诚的天道，这样就明了先天的本性，完成了复性的过程。

复性过程中最大的阻碍是"情"，"情者妄也，邪也。邪与妄则无所因矣。妄情灭息，本性清明，周流六虚，所以谓之能复其性也"。（《李文公集·复性书中》）所以人们必须去其生活的情欲，才能恢复本性，即所谓"灭情复性"。为此，李翱进一步提出了"灭情复性"的具体步骤。第一步是达到"弗思弗虑"："弗思弗虑，情则不生；情既不生，乃为正思。"这是一种"斋戒"状态，但在这个阶段还不能做到彻底的"静"，动静不息，其情必生；"如以情止情，是乃大情也"。因此，第二步经过自我的"修身养性"过程，就要达到"知本无思"："知本无有思，动静皆离，寂然不动者，是至诚也。"这是一种"心寂"的状态："心寂不动，邪思自息；惟性明照，邪何所生？"第三步是达到"致知意诚"，即"无不知也，无弗为也"；"物至之时，其心昭昭然，明辨焉而不应于物者"，就能复归于本性，成为圣人，不仅在心态上处于一种清明"至诚"的境界，可以"尽人之性""尽物之性"，乃至于"赞天地之化育""与天地参"。这显然是对《中庸》修养之道的发挥，也是受了佛教禅宗影响的结果，与禅宗所宗的《大乘起信论》与《圆觉经》的行文方式及内容如出一辙，就与禅宗"明心见性""离相无念""唯心净土""自性弥陀"一类思想很相似。李翱的"灭情复性"与韩愈的"道统说"一样，作为宋明理学的先声，一方面直接开创了宋明理学陆王心学一派，另一方面也为宋明理学中的程朱学派所吸收，并演化成"存天理，灭人欲"的要旨。

三、柳宗元立中道、行五常

柳宗元，字子厚，唐代河东（今山西省永济市）人，代宗大历八年（773）出生于京城长安，宪宗元和十四年（819）客死于柳州。一代著名文学家、思想家。因为他是河东人，终于柳州刺史任上，所以人称柳河东或柳柳州。他的著作被编为《柳河东集》，其中《天对》《天说》《非国语》《贞符》《时令论》《封建论》等是其代表作。

柳宗元批评当时儒者迷失了儒学的精神实质，使"道不明于天下"，儒学失去了人心。他以实践圣人之"道"自任，"勤勤勉励，唯以中正信义为志，以兴尧、舜、孔子之道，利安元元为务"（《寄许京兆孟容书》）。"其道自尧、舜、禹、汤、高宗、文王、武王、周公、孔子皆由之"（《与杨诲之第二书》）。这是柳宗元心目中的"道统"，与韩愈的道统说相呼应。但柳宗元在学术思想上与韩愈、李翱不同，韩、李特别重视《孟子》《大学》《中庸》，而柳宗元则是出入百家，不株守一家之言。他主张以儒为主，对诸子百家采取兼容并包的态度，融合佛老，吸取佛教中的若干理论命题而否定它的宗教形式，建立自己的思想体系。根据大量的文献资料，特别是柳宗元自己的诗文，我们知道柳宗元是信奉佛教的。他自幼好佛，求佛有三十余年，并且颇得其中三昧。例如，柳宗元到柳州任刺史后，发现当地百姓有了病不找医生而是迷信鬼神、巫术，滥杀禽畜，致使人口减少，田地荒芜，禽畜难以繁殖。针对这种愚昧落后的习俗，他主持修复了被焚毁约百年的大云佛寺，利用佛教戒杀的主张和讲究大中之道的教义，引导百姓去掉滥杀牲口的陋习。在《柳州复大云寺记》中他说明为什么重建大云寺，是发现"越人信祥而易杀，傲化而佣仁"，越人迷信祥怪，易犯杀戮，傲横不化，背离仁义。他希望通过佛来感化当地人。佛寺建成之后，"人始复去鬼息杀，而务趣于仁爱"。地方上的百姓开始抛弃迷信鬼神巫术的陋习，停止了滥杀禽畜，努力趋向于讲究仁爱。他之所以这样做，是因为他认识到"唯浮图事神而语大，可因而入焉，有以佐教化"，即佛教有助于教化，有以"佐世"。他比较儒佛，儒家讲仁爱，佛教也讲仁爱；儒家讲孝道，佛教也讲孝道。柳宗元被初贬永州之时，当时有一位法号元嵩的和尚，经刘禹锡的介绍专程到永州来拜访；离去的时候，柳宗元写序作诗送行，在《送元嵩师序》中他说："余观世之为释者，或不知其道，则去孝以为达，遗情以贵虚。今元暠衣粗而食菲，病心而墨貌，以其先人之葬未返其土，无族属以移其哀，行求仁者，以冀终其心。勤而为逸，远而为近，斯盖释之知道者欤！释之书有《大报恩》十篇，咸言由孝而极其业。世之荡诞慢诋者，虽为其道而好违其书；于元暠师，吾见其不违且与儒合也。"所以，柳宗元自始至终把佛当作是儒家的有益补充，包容佛教是为了"有以佐教化"。

他强调"文者以明道"，与韩愈的"文以载道"相互呼应。而"道"又在哪里呢？他认为"道"就在儒家及其他各家经典当中。"本之《书》以求其质，本之《诗》以求其恒，本之《礼》以求其宜，本之《春秋》以求其断，本之《易》以求其动：此吾所以取道之原也。参之穀梁氏以厉其气，参之《孟》《荀》以畅其支，参之《庄》《老》以肆其端，参之《国语》以博其趣，参之《离骚》以致其幽，参之太史公以著其洁，此吾所以旁推交通而以为之文也。"（《答韦中立论师道书》）五经是道之源泉，其他传注、诸子是对道的扩展。在对道的把握的基础上才作文。他又说："圣人之言，期以明道，学者务求诸道而遗其辞。……道假辞而明，辞假书而传。"（《报崔黯秀才论为文书》）圣人留下来的经典都是载道之文，学者们应该专注于其中的道而不是文，甚至可以求道而遗辞。

柳宗元对汉代大儒董仲舒鼓吹的"夏商周三代受命之符"的符命说持否定态度，认为"天人感应"不合圣人之道，并反对天符、天命、天道诸说，批判神学，以怪力乱神来治民是"大惑"，强调人事，用"人"来代替"神"，力图按儒学的原始精神重建"人学"。他说："圣人之为心也，必有道而已矣，非于神也，盖于人也。"（《褉说》）在此基础上，他明确地提出了以仁为本，以仁德治国的思想，集中体现在其《贞符并序》中。该文分正文和序文两部分。序文以吴武陵问话方式，开宗明义提出"董仲舒对三代受命之符，诚然，非也？"的疑问，作者十分恳切地回答说"非也"。然后，文章指出持这种"君权神授"的荒谬观点对后来的司马相如、刘向、扬雄、班彪、彪固都有影响，"其言类淫巫瞽史，诳乱后代，不足以知圣人立极之本"（《贞符并序》），这种欺骗惑乱后代的言行，使人不能知晓古代圣人立国之本，远离了圣人的宗旨。接着他就回过头去叙述人类在原始阶段群居杂处，外与自然界做斗争，抗风雪，筑巢挖洞为居，摘野果为食，取兽皮草木为衣，内与人群相争，择偶而配，代代繁殖。在这些活动中，一些强有力的人便出来统领人群治理社会。这是社会发展的必然结果，人类进步的标志。于是统一号令产生了，君臣关系、行政组织与军队编制的制度也建立起来了。在此基础上，柳宗元概括出来"德绍者嗣，道怠者夺"的社会治理宗旨，"德绍"是国家延续的根本，"道怠"是使国家灭亡的原因。并列举黄帝、尧、舜时代的以德治国、以道理政的历史事实，证明"运臂率指，屈伸把握，莫不统率"靠的全是"德""道"之力。最后指出："惟兹德实受命之符，以奠永祀"，德才是受命之符，才可以使江山社稷千秋万代。在用史实论证以德治国的作用后，柳宗元笔锋一转，用汉、魏、晋、隋王朝治国理政的事实，论证"后之妖淫嚚昏，好怪之徒"兴起，迷信充斥，符瑞之说笼罩政坛、文肆，王莽篡位、刘秀治国、魏晋"厥符不贞，邦用不靖，亦罔克久"等事实说明违背以德治国的原则，就会造成纷扰混乱，四分五裂，误国丧权，致使全国人民处于水深火热之中。柳宗元在写到隋朝的混乱局面后，笔锋一转，以满腔热情歌颂唐朝的实际创业者李世民，将李世民与古代的尧舜相提并论。李世民的大德在他的后代中得到发扬光大，因而传为帝王的行为准则，出现了十个圣主，即高祖、太宗、高宗、中宗、睿宗、玄宗、肃宗、代宗、德宗、顺宗，"十圣济厥治，孝仁平宽，惟祖之则。泽久而愈深，仁增而益高。人之戴唐，永永无穷。是故受命不于天于其人，休符不于祥于其仁。惟人之仁，匪祥于天；匪祥于天，兹惟贞符哉！未有丧仁而久者也，未有恃祥而寿者也"。(《贞符并序》) 这些帝王之所以能把国家治理得好，是因为他们全都能以祖先为榜样，做到孝顺、仁慈、和平、宽厚。柳宗元站在社会发展的高度，以"仁"为标准，以仁德为政治原则，以历史发展的眼光评论历史人物。他把"天"和"人"、"祥"和"仁"对举，强调指出，只有人之仁，才是唯一的贞符，一个国家，丧失了仁是不能够长治久安的。因为人心的向背决定了王朝的兴衰，是否有仁德，行仁政，是一个国家生死存亡的关键。所以为政者必须关心民生，顺乎民情："黜休祥之奏，究贞符之奥，思德之所未大，求仁之所未备，以极于邦理，以敬于人事。"(《贞符并序》) 总之，在柳宗元看来，君主获得天命，不在于天命而在于人心，美好的符命、符瑞不是所谓吉祥的征兆，而是"仁"。只有对人民"仁"，而不在于从天上降下什么祥瑞，这种不是由天降的祥瑞，才是合乎正道的符命。这与《尚书·泰誓》"天视自我民视，天听自我民听"一脉相承。正文的诗内容与序差不多，主要写唐王朝的治国安民措施，并一再强调了"仁"，如"仁函于肤，刃莫毕屠"。"十圣嗣于理，仁后之子"。"天之诚神，宜鉴于仁。神之曷依？宜仁之归"。"仁增以崇，喝不尔思"。(《贞符》)表达的思想是唐王朝以德治国，讲究仁爱，所以可以江山永固。

柳宗元对孟子的"天爵人爵论"做了补充发挥。孟子曾经说："有天爵者，有人爵者。仁义忠信，乐善不倦，此天爵也；公卿大夫，此人爵也。古之人修其天爵，而人爵从之。今之人修其天爵，以要人爵，既得人爵，而弃其天爵，则惑之甚者也，终亦必亡而已矣。"(《告子上》)孟子认为：有天赐的爵位，有人授的爵位。仁义忠信，不厌倦地乐于行善，这是天赐的爵位；公卿大夫，这是人授的爵位。古代的人修养天赐的爵位，水到渠成地获得人授的爵位。现在的人修养天赐的爵位，其目的就在于得到人授的爵位；一旦得到人授的爵位，便抛弃了天赐的爵位。这可真是糊涂得很啊！最终连人授的爵位也必定会失去。孟子所说的"天爵"即"仁义忠信，乐善不倦"，相当于今天所说道德修养和精神境界；孟子所说的"人爵"即"公卿大夫"，相当于今天所说的权势地位。柳宗元《天爵论》一文对孟子天爵思想作进一步发挥，他说："仁义忠信，先儒名以为天爵，未之尽也。夫天之贵斯人也，则付刚健、纯粹于其躬，偉为至灵，大者圣神，其次贤能，所谓贵也。"仁义忠信，先辈儒生把它叫作天爵，但对其中所蕴含的道理并没有说透彻。其实，天要让人高贵起来，就会把刚健之气、纯粹之气充实到他们的身体里去。这两种气在他们的身体里发展，从而使他们变成最有灵性的人，其中层次最高的就变成圣人神人，其次的就成为贤人能人，这就叫作使他们高贵起来。他认为孟子以仁义忠信为天爵，表达的意思有未尽之处，主张以"刚健之气"（志）、"纯粹之气"（明）来诠释天爵。他继续说："故善言天爵者，不必在道德忠信，明与志而已矣。道德之于人，犹阴阳之于天也；仁义忠信，犹春秋冬夏也。举明离之用，运恒久之道，所以成四时而行阴阳也。宣无隐之明，著不息之志，所以备四美而富道德也。故人有好学不倦而迷其道、挠其志者，明之不至耳；有照物无遗而荡其性、脱其守者，志之不至耳。明以鉴之，志以取之，役用其道德之本，舒布其五常之质，充之而弥六合，播之而奋百代，圣贤之事也。"（《天爵论》）所以善于讲天爵的人，不在于讲道德忠信，而在于讲明与志而已。道德对于人来说，就像阴阳对天一样；仁义忠信，就像春秋冬夏一样。天发挥光明照耀的功用，运用永恒持久的道理，这就形成了春夏秋冬四季和阴阳运行。人发扬鉴照无遗的聪明，具备永不消失的意志，这就具有仁义忠信和富有道德了。因此，人虽然有好学不倦的，但往往迷失了正确的道路，意志受到干扰，聪明也就不能得到充分发挥；

虽然有善于观察事物没有遗漏的，但性情放纵，脱离操守，意志也就不能顽强坚定。用聪明来观察鉴察认识事物，用意志去努力认识事物，使用道德的根本，发挥五常的本质，扩充它，使它弥满天下，世代传扬，这就是圣贤要做的事情。柳宗元赋予了孟子天爵思想以新的意义——明与志，把明与志看成是源于天道，比道德和五常更为根本，人有了明与志，就能够专心学习和坚持实践仁义忠信。这样，就把明与志看成是践行道德，落实五常的修养之道，是圣贤之事。

柳宗元《四维论》对《管子·牧民篇》的四维礼、义、廉、耻做了修正，指出"彼所谓廉者，曰不蔽恶也。世人之命廉者，曰不苟得也。所谓耻者，曰不从枉也。世人之命耻者，曰羞为非也。然则二者果义欤？非欤？吾见其有二维，未见其所以为四也。夫不蔽恶者，岂不以蔽恶为不义而去之乎？夫不苟得者，岂不以苟得为不义而不为乎？虽不从枉，与羞为非，皆然。然则廉与耻，义之小节也，不得与义抗而为维。"从廉与耻的含义来看，都是义的应有之意，从属于义，是义的小节，所以不能与义相提并论。柳宗元认为，仁义才是国家的纲维："圣人之所以立天下，曰仁义。仁主恩，义主断。恩者亲之，断者宜之，而理道毕矣。蹈之斯为道，得之斯为德，履之斯为礼，诚之斯为信，皆由其所之而异名。"古代圣人立天下的根本是仁义，仁义才是最大的道理，其他的道理都包含在仁义之中，道、德、礼、信是"仁义"的不同表现，都以"仁义"为依归。仁义原则具有永恒性与普遍性，自尧舜直到孔子都是如此。

柳宗元传承发挥儒家的大中之道。《时令论》是柳宗元批判天人感应，阐述天人相分，立中道，行五常的一篇重要论文。文中针对《吕氏春秋·十二纪》和《礼记·月令》宣扬的必须按照时令行事，如果违反时令就会出现灾异的观点提出批评，他说这"非为聪明睿智者为之"，可能会造成后代有昏昧傲诞的为政者忽视乃至废除先王之典，导致国家灭亡。《礼记·月令》还将仁、义、礼、智、信五常牵强附会地附和到时令上去，配以金木水火土五行以施行政令，这与圣人之道太远了。"圣人之道，不穷异以为神，不引天以为高，利于人，备于事，如斯而已矣"。这就指出了，圣人之道没有什么神秘的，不必仰之弥高，以为不可能做到。其实，圣人所做的就是要"利于人（民），备于事"而已。圣人以道为教，体现为圣人之教："圣人之为教，立中道以示于后。曰仁、曰义、曰礼、曰智、曰信，谓之五常，言可以常行者也。""中道"的具体内容是仁、义、礼、智、信五常，是现实生活中实实在在的与人伦日用相联系的规范，而不是什么"天道"，不存在"天人交感"。而五常之中，"仁义"是根本和核心。

柳宗元在《断刑论》中讨论仁与智、经与权的关系问题，他指出，"果以为仁必知经，智必知权，是又未尽于经权之道也。何也？经也者，常也；权也者，达经者也。皆仁智之事也。离之，滋惑矣。经非权则泥，权非经则悖。是二者，强名也，曰当，斯尽之矣。当也者，大中之道也。离而为名者，大中之器用也。知

经而不知权，不知经者也；知权而不知经，不知权者也。偏知而
谓之智，不智者也；偏守而谓之仁，不仁者也。知经者，不以异
物害吾道；知权者，不以常人怫吾虑。合之于一而不疑者，信于
道而已者也"。这里，他把"仁""智"对应于"经""权"，仁为
经，为常道；智为权，为实现常道的手段。仁与智不可分割，经
与权亦如是。只懂得经而不懂得权，不是懂得经；只懂得权而不
懂得经，不是懂得权。如果把片面的认识叫作智，那就是不智；
如果把片面的守道称为仁，那就是不仁。懂得经的人，就不会用
别的东西来损害中道；懂得权的人，就不会让墨守成规的人来妨
碍我们的思维。能够把二者统一起来而又不疑惑，关键在于信守
中道罢了。为了更好地表述二者的关系，他给二者起了名字——
当，当即仁与智、经与权的统一，即"大中之道"。这样，他把仁
与智、经与权统一为"大中之道"，表述得极为明白深刻，从而使
这一对范畴具有普遍性的方法论意义，可以用来指导政治实践。

第十章

两宋理学家的仁学

一、张载"为天地立心"

张载（1020—1077），字子厚，凤翔郿县（今陕西眉县）横渠镇人，北宋思想家、教育家、理学创始人之一。世称横渠先生，尊称张子，封先贤，奉祀孔庙西庑第三十八位。张载青年时喜论兵法，出入佛老，后专注于儒家经籍，仔细研读，苦心深思，"以《易》为宗，以《中庸》为体，以孔孟为法，黜怪妄，辨鬼神"[1]，逐渐创立了自己的思想体系，成为一代大儒。曾任著作佐郎、崇文院校书等职。后辞归，讲学关中，故其学派被称为"关学"。宋神宗熙宁十年（1077），返家途中病逝于临潼，年五十八岁。张载与周敦颐、邵雍、程颐、程颢合称"北宋五子"，其著作现存的有《正蒙》《易说》《经学理窟》《语录》等。

张载在三才构架下以"虚"论"仁"。三才指天地人，《易传·系辞下》提出了三才之道："……《易》之为书也，广大悉备：有天道焉，

1/《宋史》卷四百二十七《道学传》。

有人道焉，有地道焉，兼三才而两之故六。六者，非它也，三才之道也。"这就是说，《易》这部书的内容之所以广大而完备，博大而精深，就因为它专门系统地研究了天、地、人三才之道。六画卦之所以成其为六画卦，就是由于它兼备了天、地、人三才之道而两两相重而成的。所以说，六画卦，并非别的什么东西，而就是天、地、人三才之道。对于三才之道的内涵，《易传·说卦传》说："昔者圣人之作易也，将以顺性命之理，是以立天之道曰阴与阳，立地之道曰柔与刚，立人之道曰仁与义。兼三才而两之，故《易》六画而成卦。"这是对天、地、人三才之道内涵的界定。所谓天道为"阴与阳"，是就天之气而言的，是指阴阳之气的。所谓地道为"柔与刚"，是就地之质而言的。所谓人道为"仁与义"，是就人之德而言的，是指仁义之德的。这就是说，《周易》通过六画成卦，还表达了阴阳、刚柔、仁义之理。

张载说："《易》一物而三才：阴阳，气也，而谓之天；刚柔，质也，而谓之地；仁义，德也，而谓之人。"高忠宪曰："一物而三才，其实一物而已矣。"[1]这是揭示易的本质是一物含三才，其中阴阳二气构成了天道运行的方式，刚柔材质构成了地道存在的形式，仁义道德则是人道所独有的。但是，这三者虽然是可分的，又是一体的，体现为宇宙生生不息的精神。张载接着又说："一物而两体，其太极之谓与！阴阳天道，象之成也；刚柔地道，法之效也；仁义人道，性之立也。三才两之，莫不有乾坤之道。"[2]

1 /《宋元学案》第一册，中华书局1986年版，第730页。

2 /《宋元学案》第一册，第730页。

这是进一步解释三才之道无论是在天成象，在地成形，还是在人成性，都通过阴阳二气的相互作用来体现太极（道），运行乾坤之道。张载在《西铭》中以乾坤之道来解释三才之道：

> 乾称父，坤称母；予兹藐焉，乃混然中处。故天地之塞，吾其体；天地之帅，吾其性。民吾同胞，物吾与也。大君者，吾父母宗子；其大臣，宗子之家相也。尊高年，所以长其长；慈孤弱，所以幼吾幼。圣其合德，贤其秀也。凡天下疲癃残疾、惸独鳏寡，皆吾兄弟之颠连而无告者也。[1]

张载继承《尚书·泰誓》"惟天地万物父母，惟人万物之灵"的说法，将天地视作父母，将人与人、人与物之间的阻隔全面破除，对天地人一体的境界做了形象论述：乾、坤就是天地，人与天地万物同处于一个无限的生命链条和整体之中，在天地乾坤之德的创生中同生共长，浑然无别。这样，塞乎天地之间的阴阳之气即形成吾人之形体，而主宰天地之常理，即为吾人之本性。人与人、人与物之间，犹如同胞手足，也如朋友同侪，彼此血肉相连，痛痒相关、休戚与共，构成一种和谐共生的关系。这样，张载就将人与人、人与物之间的阻隔全面破除，对传统儒家天地人一体，以人为主体的境界作了形象论述。这里的乾父坤母主要是从象征意义上说的，他并不是说天地就是人的父母，而是强调超越性的天地对于人而言的根本意义，也就是它对于人的本体论

1 /［宋］张载：《正蒙·乾称篇》，《张载集》，中华书局1978 年版，第 62 页。

意义。诚如程颢说:"《订顽》一篇,意极完备,乃仁之体也。"[1] 又说:"观张子厚所作《西铭》,能养浩然之气者也。"[2]"孟子以后,未有人及此。得此文字,省多少言语。……要之仁孝之理备于此,须臾而不于此,则便不仁不孝也。"[3] 横渠自己也说:"学者识得仁体后,如读书讲明义理,皆是培壅。"[4]

张载提出了"心化"的修养方法论和"仁熟"的道德境界论,《横渠易说》云:"故于此爻却说,'大人者与天地合其德,与日月合其明,与四时合其序,与鬼神合其吉凶',如此则是全与天地一体,然不过是大人之事,惟是心化也。故尝谓大可为也,大而化不可为也,在熟而已。盖大人之事,修而可至,化则不可加功,加功则是助长也,要在乎仁熟而已。"[5]"心化"源于孟子的"大而化之"(《孟子·尽心下》),"仁熟"源于孟子的"夫仁,亦在乎熟之而已矣"。就是说通过修养达到大而化之的圣人境界,也就是仁的成熟圆满的状态,即他所说的"德盛仁熟"[6]的境界,当然是与天地万物为一体的境界。

再进一步深问:天地人何以能够达到一体和谐?曰"仁"。张

1 / [宋]程颢,程颐:《河南程氏遗书》卷二上,《二程集》上,中华书局1981年版,第15页。

2 / [宋]程颢,程颐:《河南程氏外书》卷十一,《二程集》上,第411—412页。

3 / [宋]程颢,程颐:《河南程氏遗书》卷二上,《二程集》上,第39页。

4 / [宋]张载:《张子语录后录下》,《张载集》,第342页。

5 / [宋]张载:《横渠易说·乾卦》,《张载集》,第77页。

6 / [宋]张载:《正蒙·神化》,《张载集》,第17页。

载以高超的理性思维提出"为天地立心"的命题。"天本无心"，张载思想的宗旨就是要为天地立一个"心"。[1]如果纯粹就天道而言，天是无心的。但是，在天地之间因为有了人，人是有心的，特别是圣人因为有仁心，可以见天地生生不息的德性，天地以生养万物为本，在这个意义上，可以说圣人之仁心就是天地之心。显然，天地之心既是天的，又是人的，是人把自己的价值观投射到了天地之间，与天地本性合而为一的结果。因此，所谓"为天地立心"，就是以人为主体，为天地万物包括人类社会确立基本的价值系统，建立一套以"仁"为核心的价值体系。所以，"为天地立心"是在天地人三才一体的构架中强调人对天地万物的主动性、能动性和主体性，并不会导致因过分夸大人的力量而形成人类中心主义。

张载作为儒家赞同老子说的"天地不仁"，而不赞同老子说的"圣人不仁"："老子言'天地不仁，以万物为刍狗'，此是也；'圣人不仁，以百姓为刍狗'，此则异矣。圣人岂有不仁？所患者不仁也。天地则何意于仁？鼓万物而已。圣人则仁尔，此其为能弘道也。"[2]天地可以不仁，而圣人不能不仁。其实，天地生生之大德即为仁。天地之大德曰生，此生物之本乃天地之心。生生即是仁，人之所以成人，乃秉自天地之性或荫得于天地生物之大德（仁）。这就是说，老子不区分天与人，从而废弃仁道，是不可取的。

1 / 参见郑万耕:《横渠易学的天人观》,《周易研究》1997 年第 1 期。

2 /［宋］张载:《横渠易说·系辞上》,《张载集》,第 188–189 页。

张载指出：

> 天本无心，及其生成万物，则须归功于天，曰：此
> 天地之仁也。[1]

> 大抵言"天地之心"者，天地之大德曰生，则以生
> 物为本者，乃天地之心也。地雷见天地之心者，天地之
> 心惟是生物，天地之大德曰生也。[2]

> 天体物不遗，犹仁体事无不在也。"礼仪三百，威仪
> 三千"，无一物而非仁也。[3]

天地本来没有心，但天地生成万物，这就是"天地之仁"的体
现。天地之心其实就是天地的生生之德，这种生生之德就是仁，
是天地间万物生成的根本，所以，仁乃天地之心。张载把天地
生物之心理解为"天体物不遗"的一片仁心，就用一个"仁"
字将天道与人事紧密联系在一起了。张载指出"仁"字作为其
天人合一说的核心观念，是把握了原始儒家思想的精髓，也是
对儒学在新时代的发展。

　　在三才之道构架下，张载还以"虚"
论"仁"。他提出了"太虚即气"的著名
命题。"太虚"一词最早见于《庄子·知
北游》："是以不过乎昆仑，不游乎太虚。"
张载说："太虚无形，气之本体；其聚其散，
变化之客形尔。"在张载看来，太虚是无
形无象的，而气是有形有象的。无形无象

1／[宋]张载:《经学理窟·气质》，
《张载集》，第 266 页。

2／[宋]张载:《横渠易说·复卦》，
《张载集》，第 113 页。

3／[宋]张载:《正蒙·天道篇》，
《张载集》，第 13 页。

的太虚，是气的本体。这里的"本体"在张载是指本然之体，即
太虚是气的本来状态。他认为，世界是由"气"构成的，"气"
有两种存在形式，一种是凝聚的状态，一种是消散的状态。聚则
成为万物，通过光色显现出形体，使人能够看见；散则成为虚空，
无光无色。它的凝聚只是一种暂时的状态，故此叫作"客"；而
它的消散，也并非消亡无物，只不过人们看不见罢了。他用"太
虚"表明"气"的消散状态，并论述"太虚""气"与万物的关
系："太虚不能无气，气不能不聚而为万物，万物不能不散而为
太虚。"[1]他把"太虚"作为气与万物的"本体"，虽"虚"而
"实"存，绝不是佛老的绝对虚空，而是真实的存在，即所谓
"至实"。那么，张载以最虚的"太虚"来充当最为实在的"至
实"并以其为本体，其道理何在呢？他这样论证："天地之道无
非以至虚为实，人须于虚中求出实。……金铁有时而腐，山岳有
时而摧，凡有形之物即易坏，惟太虚无动摇，故为至实。《诗》
云：'德辎如毛'，毛犹有伦，上天之载，无声无臭，至矣。"他
认为，太虚与气化虽有无形有形之别，但却都是真实无妄的存
在，这就否定了佛老的虚无本体。在此基础上张载讨论"仁"，
以"虚"说"仁"：

虚者，仁之原，忠恕者与仁俱生，礼义
者仁之用。

敦厚虚静，仁之本；敬和接物，仁之用。
虚则生仁，仁在理以成之。[2]

1／[宋]张载：《正蒙·太
和》，《张载集》，第7页。

2／[宋]张载：《张子语录
中》，《张载集》，第325页。

　　　　　敦笃虚静者仁之本。[1]

因为"虚"在张载的思想体系中具有本体论意义，所以这个意义
上的"仁"当然就具有了本体意蕴。

　　　此"仁"在天为"仁道"、在人为"仁心"。张载说，"恻隐，
仁也；如天，亦仁也"[2]，"恻隐"就是对别人的不幸抱有同情。
《孟子·公孙丑上》说："恻隐之心，仁之端也。"张载发挥孟子的
思想，是说任何一个人表现出来的恻隐之心就是仁在人道层面的
体现，同时，张载更提升道本体论的高度，
认为天道之生生不息也是仁的体现。张载
说："仁道至大，但随人所取如何。"[3]又说：
"人须当（常）存此心。……若能常存而不
失，则就上日进。……以此存心，则无有不
善。"[4]"学者之仁如此，更进则又至圣人之
仁，皆可言仁，有能一日用其力于仁犹可谓
之仁。"[5]所以，为人就要以天之生物之情以
爱物、成物和化物，以效法天地之仁道。

　　　以上是就普遍而言的，如果对君主而言，
就更要有仁心："人主……须有仁心。"[6]有仁
心才能行仁政。"仁道有本，近譬诸身，推
以及人，乃其方也。必欲博施济众，扩之天
下，施之无穷。"[7]有仁心，明仁道，修身
为本，推己及人，博施济众，才能治国平天

1 /［宋］张载：《近思录拾遗》，
《张载集》，第377页。

2 /［宋］张载：《正蒙·有德篇》，
《张载集》，第46页。

3 /［宋］张载：《经学理窟·学大
原下》，《张载集》，第287页。

4 /［宋］张载：《经学理窟·气
质》，《张载集》，第266页。

5 /［宋］张载：《经学理窟·气
质》，《张载集》，第287页。

6 /［宋］张载：《经学理窟·周
礼》，《张载集》，第251页。

7 /［宋］张载：《正蒙·至当篇》，
《张载集》，第34页。

下。"为政必身倡之","为政不以德,人不附且劳"。[1] 为政者先要正己而后才能正人,不能正己也不能正人,为政以德,才能如北辰众星拱之。他从仁心与制度两个层面考察了中国历史,指出:"唐太宗虽英明,亦不可谓之仁主;孝文虽有仁心,然所施者浅近,但能省刑罚,薄税敛,不惨酷而已。自孟轲而下,无复其人。"[2] 看来有仁心行仁政大概只是儒家的一种理想,秦汉以后的帝王实际上都没有做到。

二、二程以仁为天下正理

二程,即程颢(1032—1085)和程颐(1033—1107),河南洛阳人。程颢字伯淳,又称明道先生。程颐字正叔,又称伊川先生,曾任国子监教授和崇政殿说书等职。二人都曾就学于周敦颐,并同为宋明理学的奠基者,世称"二程"。他们的学说也称为"洛学",与同时代的张载所创的"关学"颇有渊源,其理学思想对后世有较大影响,南宋朱熹主要继承和发展了他们的学说。他们的理学思想主要见于《遗书》《文集》和《经说》等,均收入《二程集》中,中华书局 1981 年出版了该书校点本。

儒学的精髓是仁学,二程继承孔孟的仁学传统,提出了自己的新仁学,成为宋明理学的奠基者之一。学界一般认为"理"或者"天理"

1 / [宋] 张载:《正蒙·有司篇》,《张载集》,第 47 页。

2 / [宋] 张载:《经学理窟·周礼》,《张载集》,第 251 页。

在二程思想体系中具有至高无上的地位，这没有错。二程作为理学体系的奠基人其理学思想更多的是自己的新创见，这一点突出地表现在其天理论上。程颢曾说过："吾学虽有所受，天理二字却是自家体贴出来。"[1]那么，何谓"天理"呢？程颢说："上天之载，无声无臭，其体则谓之易，其理则谓之道，其用则谓之神。"[2]是说理不是具体的事物，而是抽象的"道"，即"形而上者谓之道。"这样，他就把"理"或"道"视为主宰世界的最高本体。因为"理"或"道"是天然形成的，故又谓之"天理"。作为理学的奠基人，在他们的思想体系中，传统儒家的中心理念"仁"已被"理""天理"等新概念所取代。但是我们翻开《二程遗书》及《外书》，可以发现"仁"仍然是一个频繁出现的词，约有五百余见，既是对《论语》《孟子》《易经》《礼记》等儒家经典中"仁"的继承，也是被纳入理学体系中对"仁"的发展。这样，"仁"由伦理范畴提升为本体范畴。它不仅是人的内在本性和本体存在，而且经过主客体的同一，变成了宇宙本体，实现了人和自然的有机统一。因此，"在理学中，'仁'绝不仅仅是一个伦理范畴，而是'天人合一论'的根本范畴"。[3]二程提出人伦即是天理："人伦者，天理也。"[4]"父子君臣，天下之定理，无所逃于天

1／[宋]程颢，程颐:《河南程氏外书》卷十二，《二程集》上，中华书局1981年版，第424页。

2／[宋]程颢，程颐:《河南程氏遗书》卷一，《二程集》上，第4页。

3／蒙培元:《理学范畴系统》，人民出版社1989年版，第488页。

4／[宋]程颢，程颐:《河南程氏外书》卷七，《二程集》上，中华书局1981年版，第394页。

地之间。"[1] "君尊臣卑，天下之常理也。"[2] 人伦是指人类社会存在的君臣、父子、夫妇、兄弟、朋友及各种亲疏、远近、尊卑、贵贱、长幼辈分、次序，明于人伦是人与动物的根本区别。二程把天理规定为人伦的最高原则，这就把人类社会特有的伦理原则提升为整个宇宙的普遍规律，从宇宙本体的高度论证了社会伦理秩序的合理性。人伦是天理，而维持人伦的道德规范主要是仁义礼智信五常。天理是天道，如《周易·文言传》中所说的"四德"——元亨利贞。程颢把四德中的"元"与五常中的"仁"对应，说"万物之生意最可观，此元者善之长也，斯所谓仁也"[3]。明确肯定"元"就是"仁"，这就把天道与人道贯通起来，使道德论有了宇宙论的支持，宇宙论也有了下贯道德的含义。程颐有

更深入的解释，《程氏易传》的《乾》卦卦辞注："元亨利贞谓之四德。元者万物之始，亨者万物之长，利者万物之遂，贞者万物之成。"[4] 又解释《乾》卦彖辞"大哉乾元"句说："四德之元，犹五常之仁，偏言则一事，专言则包四者。"[5] "自古元不曾有人解仁字之义，须于道中与他分别出五常，若只是兼体，却只有

1/［宋］程颢，程颐：《河南程氏遗书》卷五，《二程集》上，第77页。

2/［宋］程颢，程颐：《河南程氏遗书》卷十八，《二程集》上，第217页。

3/［宋］程颢，程颐：《河南程氏遗书》十一，《二程集》上，第120页。

4/［宋］程颢，程颐：《周易程氏传》卷一，《二程集》下，第695页。

5/［宋］程颢，程颐：《周易程氏传》卷一，《二程集》下，第697页。

四也。且譬一身：仁，头也；其他四端，手足也。"[1] 他认为元通四德而言，仁通五常而言。兼体是指元可以兼亨利贞，仁可以兼义礼智信。"义、礼、知（智）、信皆仁也。识得此理，以诚敬存之而已，不须防检，不须穷索。"[2] "仁，义，礼，智，信五者，性也。仁者，全体；四者，四支。仁，体也。"[3] 仁义礼智信是人天生的道德本性，而仁是体，义礼智信是用。仁贯穿于义礼智信之中，是道德实践的关键。这样就坚定了仁与元、仁与义礼智信的关系，突出了"仁"的核心地位。在这个意义上，二程干脆说："仁，理也；人，物也。以仁合在人身言之，乃是人之道也。"[4] 二程所讲的"理"就是仁，而仁又"合在人身"，体现为人之所以为人的人之道。"仁者，天下之正理，失正理则无序而不和。"[5] 仁是天理，是天下的正理，是天地万物和谐相处的根本，没有仁则天地万物就没有秩序，就会混乱不堪。可见，"理"的具体内涵则是"仁"，所以"仁"才是二程思想的核心。这在程颢思想中特别突出。黄宗羲就明确地说："明道之学，以识仁为主。"[6] 通过"仁"来

1 / [宋] 程颢，程颐：《河南程氏遗书》卷第十五，《二程集》上，第 154 页。

2 / [宋] 程颢，程颐：《河南程氏遗书》卷二上，《二程集》上，第 16–17 页。

3 / [宋] 程颢，程颐：《河南程氏遗书》卷二上，《二程集》上，第 14 页。

4 / [宋] 程颢，程颐：《河南程氏外书》卷六，《二程集》上，第 391 页。

5 / [宋] 程颢，程颐：《河南程氏经说》卷六，《二程集》下，第 1136 页。

6 / [清] 黄宗羲著，全祖望补修：《宋元学案》，中华书局 1986 年版，第 542 页。

定位二程的思想，或许更贴近其思想的实质。

　　二程对"仁"的新诠释从学术思想上说主要是从儒家原典出发，发挥了《易传·系辞传》中"生生之谓易"和"天地之大德曰生"的命题，对作为道德最基本原则的"仁"进行了本体论的新诠释。程颢曰："'生生之谓易'，是天之所以为道也。天只是以生为道，继此生理者，即是善也。善便有一个元底意思。'元者善之长'，万物皆有春意，便是'继之者善也'。"[1]善是继承了天道的生生之理而来的，所以善体现了元的意思，元即是善的根源。"'生生之谓易'，生则一时生，皆完此理。"[2]通过对《周易》"生生之谓易"的发挥，认为宇宙乃一生生不息的生命洪流，易就是宇宙变化流行的总体。宇宙万物在生成的同时，都同时禀赋有这种生生之理。程颢还称："'天地之大德曰生'，'天地氤氲，万物化醇'，'生之谓性'，万物之生意最可观，此元者善之长也，斯所谓仁也。"[3]天以生为德，以生为道，此生德、生道即生生之理。此生生之理则体现于天地万物的发育流行中，人与万物同为大化流行中之物，同源于此天地生生之理，皆具此生德、生理，天之生德、生理也就是仁。二程还把这种"仁"的生意比喻为谷种，"心譬如谷种。生之性便是仁也"[4]，"心犹种焉，其生之

1／［宋］程颢，程颐:《河南程氏遗书》卷二上，《二程集》上，第29页。

2／［宋］程颢，程颐:《河南程氏遗书》卷二上，《二程集》上，第33页。

3／［宋］程颢，程颐:《河南程氏遗书》卷十一，《二程集》上，第120页。

4／［宋］程颢，程颐:《河南程氏遗书》卷十八，《二程集》上，第184页。

德，是为仁也"[1]。植物种子的生之性、生之德是生命的本质和潜能，是植物生长发育的本性、德性，实质就是仁。

如何把握这种生生之理的仁，程颢《识仁篇》开篇就强调"学者须先识仁"，这里的"识"，不是认识论所说的"认识"，而是一种体悟、觉解、默契、感通，是儒家德性修养的基本方法。在程颢看来，宇宙万物的生生之意、春意、感通意最可以"识仁""观仁"："周茂叔窗前草不除去，问之，云：'与自家意思一般。'子厚观驴鸣，亦谓如此。"[2]"观鸡雏，此可观仁。"[3]"仁便是一个木气象，恻隐之心便是一个生物春底气象。"[4]从万物的生意、春意、生长畅茂中，最可以体贴出"仁"意，这只有具有恻隐之心的人才能做到，因为"心生道也，有是心，斯具是形以生。恻隐之心，人之生道也，虽桀、跖不能无是以生，但戕贼之以灭天耳。始则不知爱物，俄而至于忍，安之以至于杀，充之以至于好杀，岂人理也哉？"[5]在他看来，恻隐之心表现了人的"生道"，人皆有之，即使是桀、跖那样的恶人，其初生时心中也无不具此"生道"，只是后天对此"生道"的不断戕贼才最终泯

1／[宋]程颢，程颐：《河南程氏粹言》卷一，《二程集》下，第1174页。

2／[宋]程颢，程颐：《河南程氏遗书》卷三，《二程集》上，第60页。

3／[宋]程颢，程颐：《河南程氏遗书》卷三，《二程集》上，第59页。

4／[宋]程颢，程颐：《河南程氏遗书》卷二下，《二程集》上，第54页。

5／[宋]程颢，程颐：《河南程氏遗书》卷二十一下，《二程集》上，第274页。

灭了。如此，可见，二程以生意言仁，要人们学会"识仁""观仁"的目的便在于将宇宙万物洋溢的生落实在人的心性层面，注重从人的心性中阐发生生之仁。据朱熹《伊川先生年谱》所载，程颐曾以通直郎充崇政殿说书，为年幼的哲宗皇帝讲解经义。"一日，讲罢未退，上忽起凭槛，戏折柳枝。先生进曰：'方春发生，不可无故摧折。'上不悦。"[1] 这一故事，很生动地体现了程颐从好生之德引出的爱物之情。在程颐看来，春天是天地生物之节，柳枝生长便是天地仁德的体现。人应当扩充本心的仁德，爱惜天地所生之物，以与天地仁德贯通为一，因而，当春发生的柳枝"不可无故摧折"。这里，人心的爱物之情便与天地的生物之性相一致，都是生生不息的"仁体"的展现。"学者识得仁体，实有诸己，只要义理栽培。如求经义，皆栽培之意。"[2] 当然，学者对仁体的把握，要通过义理的研习，而义理又源于经典，所以最根本的还是研读经典。

二程认为，历来儒者们对"仁"多从"孝悌""恻隐之心""博爱"等方面言说，这实际上主要涉及"仁"之用，没有言及"仁"之体。那么，什么是"仁体"呢？程颢认为就是"万物一体"。"所以谓万物一体者，皆有此理，只为从那里来。"[3] "仁者，浑然与物同体。"[4]

1 / [宋]程颢，程颐：《河南程氏遗书》附录，《二程集》上，第342页。

2 / [宋]程颢，程颐：《河南程氏遗书》卷二上，《二程集》上，第15页。

3 / [宋]程颢，程颐：《河南程氏遗书》卷二上，《二程集》上，第33页。

4 / [宋]程颢，程颐：《河南程氏遗书》卷二上，《二程集》上，第163页。

"仁者"是指有仁德的人，他们与天地万物是一体的。冯友兰先生认为"浑然与物同体"，这是程颢对于宇宙、人生的理解。他认为，万物本来是一个整体，它们之间有着休戚相关的内部联系。他认为，学道学要首先明白这个道理。但道学并不是一种知识，所以仅仅"识得此理"还不行，更重要的是要实在达到这种境界，要真实感觉到自己与物同体。[1]所谓"浑然与物同体"就是要体验到个体小生命与宇宙大生命浑然一体，也就是天地人一体的境界。在此基础上他进一步提出了"仁者以天地万物为一体"的命题。又说："医书言手足痿痹为不仁，此言最善名状。仁者，以天地万物为一体，莫非己也。认得为己，何所不至？若不有诸己，自不与己相干。如手足不仁，气已不贯，皆不属己。故'博施济众'，乃圣之功用。仁至难言，故止曰'己欲立而立人，己欲达而达人，能近取譬，可谓仁之方也已'。欲令如是观仁，可以得仁之体。"[2]"人之一肢病，不知痛痒，谓之不仁。人之不仁，亦犹是也。盖不知仁道之在己也。知仁道之在己而由之，乃仁也。"[3]医书称"手足痿痹为不仁"，说得很好。人通身是一气贯通的，如果气不能贯通，身体器官就不能感应，不属于自己了。"不仁"之说最早当是老子《道德经》五章："天地不仁，以万物为刍狗；圣人不仁，以百姓为刍狗。"这里

1 / 参见冯友兰：《略论道学的特点、名称和性质》，《社会科学战线》1982 年第 3 期。

2 / [宋] 程颢，程颐：《河南程氏遗书》卷二上，《二程集》上，第 15 页。

3 / [宋] 程颢，程颐：《河南程氏外书》卷三，《二程集》上，第 366–367 页。

的"不仁"是无私、不偏爱的意思。后来《黄帝内经》出现更多
的"不仁",才是指医学上的肌肤肢体麻木,不灵便。如《黄帝内
经·素问·痹论》:"其不痛不仁者,病久入深,荣卫之行涩,经络
时疏,故不通(痛),皮肤不营,故为不仁……在于肉则不仁。"
程颢以中医学知识来说"仁",因为在传统中医,人体是一个身心
统一体,人的整个生命体由心所主宰,由心的觉悟所贯通。如果
身体某一部分没有了感觉,如手足痿痹,不知痛痒,医家就称为
"麻木不仁",好像手足不是自己的一样。中医切脉是根据脉象,
以了解病人疾病内在变化的诊断方法。由于脉为血之府,贯通全
身,所以体脏腑发生病变,往往反映于脉,有时在症状还未充分
显露之前,脉象已经发生了改变。中医通过切脉就能够知道病人
身体什么地方有了病变。因为人的身体是一个有机的整体,由气
血贯通,以显示生命的状态。身体某些器官麻木不仁,就说明这
些地方气血不通,以此比喻"仁者以天地万物为一体",就是说天
地万物与自己的生命息息相关,如同自己的四肢一样,皆属于自
己;如果有某一部分不属于自己,就是不仁。"若
夫至仁,则天地为一身,而天地之间,品物万
形为四肢百体。夫人岂有视四肢百体而不爱者
哉?……医书有以手足风顽谓之四体不仁,为
其疾痛不以累其心故也。夫手足在我,而疾痛
不与知焉,非不仁而何?"[1]在此基础上二程提
出"切脉最可体仁"[2]。根据中医理论,脉络即

1 / [宋] 程颢,程颐:《河南
程氏遗书》卷二上,《二程
集》上,第74页。

2 / [宋] 程颢,程颐:《河南
程氏遗书》卷三,《二程集》
上,第59页。

人身的经络，是人生命律动的体现。切脉又称把脉，是中医师用手按病人的动脉，根据脉象，以了解疾病内在变化的诊断方法。切脉是根据动脉搏动的显现部位（深、浅）、速率（快、慢）、强度（有力、无力）、节律（整齐与否、有无歇止）和形态等脉象分辨疾病的原因，推断疾病的变化，识别病情的真假，判断疾病的预后等。由于脉为血之府，贯通全身，所以体脏腑发生病变，往往反映于脉，有时在症状还未充分显露之前，脉象已经发生了改变。"切脉最可体仁"是说切脉最可体会到人体是各部分密切联系的有机整体，由此可推知万物一体之仁。蒙培元说："程颢是理学中最善于言'仁'的思想家，他把儒家的'仁'的境界提升为普遍的宇宙关怀，其中既有道德和美学的意义，又有宗教精神，他的'浑然与物同体''天地万物一体说'，就是这种境界的最好表述。""在程颢看来，人如果实现仁的境界，有了仁的境界，就自然有普遍的关怀，施仁于万物，使万物各得其所。"[1]

一体之仁所体现的道德精神是"公"，"公"最能体现"仁之理"，程颐对这方面发挥甚多：

> 仁者公也，人此者也。
>
> 孔子曰："仁者己欲立而立人，己欲达而达人，能近取譬，可谓仁之方也已。"尝谓孔子之语仁以教人者，唯此为尽，要之不出于公也。[2]
>
> 又问："如何是仁？"曰："只是一个公

1／蒙培元：《心灵超越与境界》，人民出版社1998年版，第284、286页。

2／[宋]程颢，程颐：《河南程氏遗书》卷九，《二程集》上，第105页。

字。学者问仁，则常教他将公字思量。"[1]

伊川沉思久之，曰："思而至此，学者所难及也。天心所以至仁者，惟公尔。人能至公，便是仁。"[2]

仁之道，要之只消道一公字。[3]

这里，程颐反复想表达的意思是"仁者公也"，但同时强调公本身并非仁，而只是"公最近仁"，所谓"公只是仁之理，不可将公便唤作仁。公而以人体之，故为仁"[4]。所谓"公是仁之理"，是说就公与仁的关系看，"公"是一种本质原理，而"仁"是此一原理在人的生活实践的全面体现。但他又说"公而以人体之，故为仁"，这等于说"公"并非原理，而只是实践和体现"仁"的功夫。[5]

那么，如何理解"公"？"'唯仁者能好人，能恶人。'仁者用心以公，故能好恶人。公最近仁。"[6]程颐是通过对《论语·里仁》"唯仁者能好人，能恶人"章的解释来以公解仁，说明"仁者"之所以能好人、能恶人的缘由只有以"用心以公"解释才比较合理，在这个意义上，他说"公最近仁"。

1 / [宋] 程颢，程颐：《河南程氏遗书》卷二十二，《二程集》上，第285页。

2 / [宋] 程颢，程颐：《河南程氏外书》卷十二，《二程集》上，第439页。

3 / [宋] 程颢，程颐：《河南程氏遗书》卷十五，《二程集》上，第153页。

4 / [宋] 程颢，程颐：《河南程氏遗书》卷十五，《二程集》上，第153页。

5 / 陈来：《仁学本体论》，生活·读书·新知三联书店2014年版，第267页。

6 / [宋] 程颢，程颐：《河南程氏外书》卷四，《程氏学拾遗》，《二程集》上，第372页。

二程还将其仁学推演到政治层面，在传承儒家王道政治思想的基础上，提出了以仁为本的王道政治哲学。二程认为，得天理之正，便是尧舜之道，即王道；徇私欲，偏离仁义之本则是霸道。程颢说："得天理之正，极人伦之至者，尧、舜之道也；用其私心，依仁义之偏者，霸者之事也。"[1] 在他看来，汉唐以降君主所行均非王道，"论其人则非先王之学，考其时则皆驳杂之政，乃以一曲之见，幸致小康，其创法垂统，非可继于后世者，皆不足为也"[2]。原因是他们都背离了天理，背离了圣人之教。"天下之害，皆以远本而末胜也。峻宇雕墙，本于宫室；酒池肉林，本于饮食；淫酷残忍，本于刑罚；穷兵黩武，本于征伐。先王制其本者，天理也；后王流于末者，人欲也。损人欲以复天理，圣人之教也。"[3] 圣人之教是本胜末，存天理，灭人欲。此人欲不是指人的正常欲望，而是指私欲、嗜欲、贪欲，而凡有普遍的不得不有的人的自然欲望，都不能叫人欲，而属于天理范畴，如饥而求食，寒而求衣，以及男婚女配，都是符合天理的。但是，对于食而求美味，衣而求美服，不安于夫妇之道而别有所求，则是人欲。历代帝王往往私欲膨胀，正常的符合天理的欲望逐渐变成了不可抑制的贪欲，最后导致身败名裂，丧身亡国。二程希望当今皇上能够吸取历史的经验教训，以

1 / [宋] 程颢，程颐：《河南程氏文集》卷一，《论王霸札子》，《二程集》上，第 450 页。

2 / [宋] 程颢，程颐：《河南程氏文集》卷一，《论王霸札子》，《二程集》上，第 451 页。

3 / [宋] 程颢，程颐：《河南程氏粹言》卷一《论道篇》，《二程集》下，第 1170-1171 页。

仁义为本，行王道仁政。在《上仁宗皇帝书》中，程颢说："治今天下，犹理乱丝，非持其端，条而举之，不可得而治也。故臣前所陈，不及历指政治之阙，但明有危乱之虞，救之当以王道也。""王道之本，仁也。"[1] 治理天下如理乱麻，只要抓住仁政这个根本，就有头绪了，也就得心应手了。他指出："'君仁莫不仁，君义莫不义。'天下之治乱系乎人君仁不仁耳。……夫政事之失，用人之非，知者能更之，直者能谏之。然非心存焉，则一事之失，救而正之，后之失者，将不胜救矣。格其非心，使无不正，非大人其孰能之？"[2] "仁"是儒家王道政治的最高标准，国家的最高当政者君主是否有仁心，是关乎天下治乱的根本，如果用内圣外王的话语体系说，内圣是外王的前提，以内圣的"仁"向外推展至家国天下就是"仁政"。所谓"将欲治人，必先治己"[3]。熙宁初，宋神宗对程颢的声誉和为人早有所闻，每次召见，都向程颢求教改变现实危机的办法，但程颢给予的回答是"君道以至诚仁爱为本"[4]。他认为仁宗有尧舜之仁。"然而天下未治者，诚由有仁心而无仁政尔"[5]，所以希望仁宗明白仁为王道之本，有仁心还

1 / ［宋］程颢，程颐：《河南程氏文集》卷五，《二程集》上，第513-514页。

2 / ［宋］程颢，程颐：《河南程氏外书》卷六，《二程集》上，第390页。

3 / ［宋］程颢，程颐：《河南程氏经说》卷八《中庸解》，《二程集》下，第1155页。

4 / ［宋］程颢，程颐：《河南程氏文集》卷十一，《二程集》上，第634页。

5 / ［宋］程颢，程颐：《河南程氏文集》卷五，《二程集》上，第513页。

要推展到行仁政。王道仁政始于修身，"得此道而不忧者，仁者之事也"[1]。"须是无终食之间违仁，即道日益明矣"[2]。二程重申王道政治理想，是为了在重建道德的基础上重建国家政治秩序，但由于其过于注重心性修养的内圣之学，对制度层面的外王之学相对缺少切实可行的建树，使得其王道仁政的理想停留在理论层面，在现实政治中也未得到当政者的支持与采用。

三、朱熹集性理仁学之大成

朱熹（1130—1200），字元晦，又字仲晦，号晦庵，晚称晦翁，谥文，世称朱文公。祖籍江南东路徐州府萧县，南宋时朱氏家族移居徽州府婺源县（今江西省婺源），出生于南剑州尤溪（今属福建省尤溪县）。著名的理学家、思想家、教育家，是中国儒学史上堪与孔子并论的大儒，世尊称为朱子。在思想上，朱熹拜程颐的三传弟子李侗为师，继承了张载、周敦颐、二程以及其他理学家的理论成果，吸收了佛、道思想资料，建立起了庞大的理一元论思想体系，是宋明理学的集大成者。任江西南康、福建漳州知府、浙东巡抚，做官清正有为，振举书院建设。官拜焕章阁侍制兼侍讲，为宋宁宗赵扩讲学。朱熹著述甚多，有《四书章句集注》《太极图说解》《通书解说》《周易读本》《楚辞集注》，后人辑

1 / [宋]程颢，程颐：《河南程氏遗书》卷一，《二程集》上，第2页。

2 / [宋]程颢，程颐：《河南程氏遗书》卷七，《二程集》上，第100页。

有《朱子大全》《朱子集语象》等。其中《四书章句集注》成为钦定的教科书和科举考试的标准。朱熹是唯一非孔子亲传弟子而享祀孔庙，位列大成殿十二哲者中。

朱熹继承和发挥了二程的思想，认为"天理"是宇宙之本，万物之源。他说："未有天地之先，毕竟也只是理。有此理，便有此天地；若无此理，便亦无天地。……有理，便有气流行，发育万物。"[1]但他又认为理是本气为末："理也者，形而上之道也，生物之本也。气也者，形而下之器也，生物之具也。"[2]这样，他就把"理"抽象为形而上的精神本体。在他的心目中，"理"是万物开始的主宰，是自然界的一切，所有的世间万物，生成于"理"，遵从于"理"，归结于"理"。这种先天存在的精神性的"理"看似遥不可及，又是随处可见，时时主宰着人们的生活。

朱熹在前贤的基础上也发挥"仁"即"理"的观念。《孟子·尽心下》说"仁也者，人也；合而言之，道也"，朱熹在为孟子的这句话作注时说："仁者，人之所以为人之理也。然仁，理也；人，物也。以仁之理，合于人之身而言之，乃所谓道者也。"前面提到过二程说："仁，理也；人，物也。以仁合在人身言之，乃是人之道也。"朱熹对《孟子·尽心下》的注释与二程的意思基本一致，不过更明确地强调了仁是人之所以为人的理。

朱熹在二程厘清仁与元、仁与义礼智信关

1 /［宋］黎德靖编：《朱子语类》卷一，中华书局1994年版，第1页。

2 /［宋］朱熹：《朱子全书》（第23册），上海古籍出版社，安徽教育出版社2002年版，第2755页。

系的基础上，进一步深入探讨。朱熹说："元者，天地生物之端倪也。元者生意，在亨则生意之长，在利则生意之遂，在贞则生意之成。或言仁，便是这意思。仁本生意，乃恻隐之心也。苟伤着这生意，则恻隐之心便发。"[1]"元"者万物创生之始，即天地之本原。天地生生不穷，都是"元"所体现出来的生意，亨为生意之长，利为生意之遂，贞为生意之成。这生意便是天地之仁，也即元。元即仁，仁即元，当然，如果要进一步区分，可以理解为从天道说，源头是元；从人道说，源头是仁。元即仁就是天道与人道合二为一的集中体现。"于是，仁义礼智作为人事之当然，与元亨利贞作为天德之自然，成为完全同构的东西。"[2]

　　另外，他还以"生气流行"来诠释仁与义礼智信的关系：郑问："仁是生底意，义礼智则如何？"曰："天只是一元之气。春生时，全见是生；到夏长时，也只是这底；到秋来成遂，也只是这底；到冬天藏敛，也只是这底。仁义礼智割做四段，一个便是一个；浑沦看，只是一个。"[3]这是说，天地之间只是一元之气流行。这一元之气在一年四季有不同的体现，春天见万物初生，全部体现为生气；夏天万物不断成长，也是这生气的成长；秋天万物成熟，也是这生气的成熟；冬天万物收藏，也是这生气的收藏。四季只是一元之气流行的不同阶段。仁义礼智的关系也是如此，分割来看仁义礼智分别是四个道德概念，从整体来看，仁义礼智其实只是

1 /［宋］黎靖德编：《朱子语类》卷六十八，第1691页。

2 /［宋］陈来：《仁学本体论》，第340页。

3 /［宋］黎靖德编：《朱子语类》卷六，第107页。

一个——仁，都是仁的不同阶段的体现。仁在自然界以生气流行，在人类社会以生意呈现。所以，朱子又说："仁，浑沦言，则浑沦都是一个生意，义礼智都是仁；对言，则仁与义礼智一般。"[1]分别来说，与义礼智相区别的"仁"是生意，"生意"即生生不息之倾向；而就整体来说，仁义礼智都是仁的表现，都是生生之意的不同阶段、不同方面的表现。他又说："'仁'字须兼义礼智看，方看得出。仁者，仁之本体；礼者，仁之节文；义者，仁之断制；知者，仁之分别。犹春夏秋冬虽不同，而同出于春：春则生意之生也，夏则生意之长也，秋则生意之成，冬则生意之藏也。"[2]仁可以兼义礼智，义礼智都是仁的不同意义的体现，犹如春夏秋冬都是春的生意的不同呈现一样。朱熹对二程"偏言则一事，专言则包四者"，"四德之元，犹五常之仁"，这样发挥说："恰似有一个小小底仁，有一个大大底仁。'偏言则一事'，是小小底仁，只做得仁之一事；'专言则包四者'，是大大底仁，又是包得礼义智底。若如此说，是有两样仁。不知仁只是一个，虽是偏言，那许多道理也都在里面；虽是专言，那许多道理也都在里面。"[3]这就是说，仁如果从部分、微观而言是具体的仁之事，如果从整体、宏观而言是包含了众多具体仁之事的仁，但其实只是一个浑全的包含了许多道理在其中的仁。

朱熹也像二程一样发挥《易传·系辞传》中"生生之谓易"和"天地之大德曰生"的思

1 / [宋] 黎德靖编：《朱子语类》卷六，第 107 页。

2 / [宋] 黎德靖编：《朱子语类》卷六，第 109 页。

3 / [宋] 黎德靖编：《朱子语类》卷六，第 111–112 页。

想，以生言仁。如他说："天地之心，别无可做，'大德曰生'，只是生物而已。"[1]又说："发明'心'字，曰：'一言以蔽之，曰生而已。天地之大德曰生，人受天地之气而生，故此心必仁，仁则生矣。'"[2]朱子认为《易》说生生之德即是仁，所以仁不仅是人生界之德，亦是自然界之德，而且人之仁德正来源于天地之仁德。"'仁'字有生意，是言人之生道也。"[3]来源于天地之仁德就是人之所以为人的生命价值所在。二程还以植物种子的生之性喻仁，说"如谷种，桃仁、杏仁之类，种着便生，不是死物，所以名之曰'仁'，见得都是生意"[4]。植物种子的生之性能够生长出生机勃勃的生命，体现了天地之生意，即仁。

张载、邵雍、二程都有仁为天地之心的讨论，朱熹以天心与人心的二元构架来探讨这个问题。《克斋记》云："盖仁也者，天地所以生物之心，而人物之所得以为心者也。惟其得夫天地生物之心以为心，是以未发之前四德具焉，仁、义、礼、智，而仁无不统。已发之际四端著焉，恻隐、羞恶、辞让、是非，而恻隐之心无所不通。此仁之体用所以涵育浑全，周流贯彻，专一心之妙，而为众善之长也。"[5]仁是天地所用来生长万物的心，也是人得之于天地的心。正因为人得了天地生物之心为心，这样，在未发之前仁统义礼智，已发之后恻隐之心（仁之端）无所不通。未发之前仁之体，已发之后仁之用，有体有用之仁乃众善之长。朱熹稍后又作《仁说》云："天地以生物为心者也，而人物之生，又各得夫天地之心以为心者也。……盖天地之心，其德有四，曰元亨利贞，而元无不统；其运行焉，则为春夏秋冬之序，而春生之气无所不通。故人之为心，其德亦有四，曰仁义礼智，而仁无不包。其发用焉，则为爱恭宜别之情，而恻隐之心无所不贯。故论天地之心者，则曰乾元、坤元，则四德之体用不待悉数而足；论人心之妙者，则曰'仁，人心也'，则四德之体用亦不待遍举而该。盖仁之为道，乃天地生物之心，即物而在，情之未发而此体已具，情之既发而其用不穷，诚能体而存之，则众善之源、百行之本，莫不在是，此孔门之教所以必使学者汲汲于求仁也。"[1] 这段话与前段意思相近，在天心与人心的二元构架中除了元亨利贞与仁义礼智的对应，谈到以生物为心外，他更深入地谈到了仁之"体用"贯通天人，"不待悉数而足"，"不待遍举而该"，成为众善之源、百行之本，是儒者孜孜以求的核心价值之核心。值得注意的是，这里特别提到了仁之发用为爱恭宜别之情，说明仁不仅仅是天地之道理，亦是人生之情感，是体用兼该、情理交融。所以，朱熹进一步对"仁"做出了最具创造性的界定——"仁者，爱之理，心之德"。

朱熹《论语集注·学而》注释有子"其为人也孝弟"章说："仁者，爱之理，心之德也。"怎么理解"爱之理，心之德"？朱熹有多处解

1／[宋]朱熹:《仁说》,《朱子全书》第二十三册, 第3279－3280页。

释,如云:

说"仁者,爱之理",曰:"仁自是个和柔底物事。譬如物之初生,自较和柔;及至夏间长茂,方始稍坚硬;秋则收结成实,冬则敛藏。然四时生气无不该贯。如程子说生意处,非是说以生意为仁,只是说生物皆能发动,死物则都不能。譬如谷种,蒸杀则不能生也。"又曰:"以谷种譬之,一粒谷,春则发生,夏则成苗,秋则结实,冬则收藏,生意依旧包在里面。每个谷子里,有一个生意藏在里面,种而后生也。仁义礼智亦然。"[1]

或问"仁者心之德,爱之理"。曰:"'爱之理',便是'心之德'。公且就气上看。如春夏秋冬,须看他四时界限,又却看春如何包得三时。四时之气,温凉寒热,凉与寒既不能生物,夏气又热,亦非生物之时。惟春气温厚,乃见天地生物之心。到夏是生气之长,秋是生气之敛,冬是生气之藏。若春无生物之意,后面三时都无了。此仁所以包得义礼智也,明道所以言义礼智皆仁也。"[2]

可见,所谓"仁者,爱之理"是就天地之生气、生意而言。天地之生气、生意即生生之理,由此可见天地之心。天地之心即是"仁","仁是天地之生气","生底意思是仁"[3],"天地之间,有理有气。理者也,形而上之道也,生物之本也"[4]。

1 / [宋] 黎靖德编:《朱子语类》卷二十,第464-465页。

2 / [宋] 黎靖德编:《朱子语类》卷二十,第467页。

3 / [宋] 黎靖德编:《朱子语类》卷六,第107页。

4 / [宋] 朱熹:《朱子全书》,上海古籍出版社,安徽教育出版社2002年版,第2755页。

朱熹把孔子以来以爱人为基本精神的仁学发展到形而上学的高度，"爱之理"就是对"仁"的一种形上层次的诠释。所以钱穆先生说："自孔孟以下，儒家言仁，皆指人生界，言人心、人事，朱子乃以言宇宙界。"[1] 此生之仁在人则为性，体现为仁义礼智四德，而仁则包此四德。所谓"仁者，心之德"，是就人心之德性而言。"'天地以生物为心'。天包著地，别无所作为，只是生物而已。亘古亘今，生生不穷。人物则得此生物之心以为心，所以个个肖他，本不须说以生物为心"[2]。天地之生意亦即天地之心，天地生人，人得此生物之心以为心，于是人心之德即仁德，仁德统合仁义礼智四德。所以，仁以偏言为爱之理，以专言为心之德，无论偏言、专言，都是仁之一体两面，在这个意义上也可以说爱之理便是心之德。

为了更好地理解仁体"爱之理"与"心之德"的两面，他更通过比较来深入阐释二者：

"心之德"是统言，"爱之理"是就仁义礼智上分说。如义便是宜之理，礼便是别之理，智便是知之理。但理会得爱之理，便理会得心之德。[3]

"心之德"，是兼四端言之。"爱之理"，只是就仁体段说。

又问："'心之德'，义礼智皆在否？"曰："皆是。但仁专言'心之德'，所统又

1 /［宋］钱穆：《朱子新学案》，第一册，九州出版社2011 年版，第 377 页。

2 /［宋］黎靖德编：《朱子语类》卷五十三，第 1280 页。

3 /［宋］黎靖德编：《朱子语类》卷二十，第 466 页。

大。"安卿问:"'心之德',以专言;'爱之理',以偏言。"
曰:"固是。'爱之理',即是'心之德',不是'心之德'
了,又别有个'爱之理'。偏言、专言,亦不是两个仁。
小处也只在大里面。"

"爱之理",是"偏言则一事";"心之德",是"专言
则包四者"。故合而言之,则四者皆心之德,而仁为之
主;分而言之,则仁是爱之理,义是宜之理,礼是恭敬、
辞逊之理,知是分别是非之理也。

以"心之德"而专言之,则未发是体,已发是用;
以"爱之理"而偏言之,则仁便是体,恻隐是用。

问"心之德,爱之理"。曰:"爱是个动物事,理是个
静物事。"[1]

诚如有的学者指出的:"'心之德'是从心上说,就人而言;'爱之
理'是从理上说,就天而言。二者结合起来,就是仁的基本内
容。"[2] "'爱之理',是就形上本体言;'心之德',是就道德实践
言。形上本体结合道德实践,'仁'则成为一个彻上彻下的道德理
性本体。""朱熹诠释'仁'为'爱之理,心之
德'的形上层次,具有两层意义:其一是形上本
体的'理','爱之理'为体;结合道德实践的
'德','心之德'为用,两相结合,达到体用合
一,成为形上论与道德论的结合。其二是以实
践为主,以印证本体。即是必须躬亲践履'心

1 / [宋] 黎靖德编:《朱子语
类》卷二十,第465-467页。

2 / 蒙培元:《理学范畴系
统》,人民出版社1989年
版,第496页。

之德',使'心'回复内在道德本质的'性',才能向上印证万物本源的'理',以使天道与人道相合。基于此,'爱之理,心之德'的诠释,使'仁'成为一个彻上彻下的道德理性本体。""朱子对'仁'的诠释,是在孔子释'仁'的基础上,向上延伸与发展,界定为'爱之理,心之德'。以'爱之理'作为形上本体,为人生的终极关怀;以'心之德'作为道德实践方法,为吾人行事的准则。两相搭配,下学上达,则臻于至善了。"[1]"朱子最大的成就,莫过于他对所有儒者最为关心的'仁'的诠释。仁,在中国哲学史上,是一个最常被讨论的主题;而仁的学说直至朱子的'仁者,心之德,爱之理'有名阐述,臻于极致。"[2]

朱熹也将其仁学推演到政治层面,传承儒家王道政治思想,提出了以德行仁的王道政治哲学。他说:"常窃以为亘古亘今,只是一体。顺之者成,逆之者败。固非古之圣贤所能独然,而后世之所谓英雄豪杰者,亦未有能舍此理而得有所建立、成就者也。"[3]在朱熹看来,古往今来的人伦历史之中存在着顺之者成,逆止者败的"理",从古代的圣贤到历代的英雄豪杰都逃不出这个"理"的制约,今天的君主自然也不能例外。他要求"君主"循天之理,按天

1 / 赵中伟:《"仁"的诠释之转化与延伸——以朱熹〈四书集注〉为例》,刘大均主编:《儒学释蕴》,上海古籍出版社 2007 年版,第 338、344、349 页。

2 / 陈荣捷:《中国哲学文献选编》2 册下,台北巨流图书公司 1993 年版,第 717 页。

3 / [宋] 朱熹:《答陈同甫九》,《朱子全书》第二十一册,上海古籍出版社、安徽教育出版社 2002 年版,第 1590 页。

理的原则治理国家。当然，君主也是人，也有自己的私欲，这种私欲如果膨胀就会对国家造成危机，于是朱熹从天理人欲之辨引申出了王霸之辨。他认为"天理"是指至善的道德标准，而"人欲"则是一切不善行为的根源。在朱熹心目中，"人欲"与恶、私、利划一。只有克服和去掉"人欲"，才能保存和恢复"天理"。他不完全赞同二程把"道心"等同于"天理"，把"人心"等同于"人欲"的观点，认为"人欲"只是指"人心"中恶的一方面，不包括"人心"中合理的可以为善的欲望。他举例说，"饮食者，天理也；要求美味，人欲也"[1]，这样就肯定了人合理（天理）的生存要求。所谓天理人欲之辨实是公私之辨。[2] 据"理欲之辨"，朱熹更强调所谓"王霸之辨"，认为三代是圣王辈出、天理流行的王道盛世，而秦汉以降是天理晦而不明、人欲横行、祸乱相寻的霸道衰世。他推崇孟子的王霸之辨，在解释《孟子·公孙丑上》"以力假仁章"时以"行仁"与"假仁"区分王道和霸道："如行仁，便自仁中行出，皆仁之德。若假仁，便是恃其甲兵之强，财赋之多，足以欺人，是假仁之名以欺其众，非有仁之实也。"[3] 他还区分"以力假仁"与"以德行仁"曰："'以力假仁'，仁与力是两个；'以德行仁'，仁便是德，德便是仁。""所谓德者，非止谓有救民于水火之诚心。这'德'字又说得阔，是自己身上事都做得是，无一不备了，所以行出去便是

1 /［宋］黎靖德编：《朱子语类》卷十三，中华书局1994年版，第224页。

2 / 张岱年：《中国哲学史大纲》，中国社会科学出版社1982年版，第455页。

3 /［宋］黎靖德编：《朱子语类》卷五十三，第1277页。

仁。"[1] "德" 就是《论语·为政》孔子 "为政以德，譬如北辰，居其所而众星共之" 之德，王道政治就是有 "德" 者行仁政。"王道之要，不过推其不忍之心，以行不忍之政而已。" "君行仁政，则民得尽力于农亩，而又有暇日以修礼义，是以尊君亲上而乐于效死也。"[2] 因此，朱熹把 "正君心" 看成是推行王道仁政的根本。乾道六年（1170），朱熹在给张栻的信中说："熹常谓天下万事有大根本，而每事之中又各有要切处。所谓大根本者，固无出于人主之心术；而所谓要切处者，则必大本既立，然后可推而见也。如论任贤相、杜私门，则立政之要也；择良吏、轻赋役，则养民之要也；公选将帅、不由近习，则治军之要也；乐闻警戒、不喜导谀，则听言用人之要也。推此数端，余皆可见。然未有大本不立，而可以与此者，此古之欲平天下者，所以汲汲于正心诚意以立其本也。"[3] 这段话较完整地表达了朱熹的政治思想。他认为君主的心术是政治的根本，其次才是任贤相、杜私门以立政，择良吏、轻赋役以养民，公选将帅、不由近习以治军等具体措施。如果大本不立，这些具体措施也不可能实行。所以，为政的 "要切" 问题有待于治道的 "大根本" 即君主能够 "正心诚意"、使 "人主之心术" 归于正才能解决。淳熙七年

1 / [宋] 黎靖德编：《朱子语类》卷五十三，第 1277-1278 页。

2 / [宋] 朱熹：《孟子集注》卷一《梁惠王章句》上，中华书局 1983 年版，第 206 页。

3 / [宋] 朱熹：《答张敬夫三》，《朱子全书》第二十一册，上海古籍出版社，安徽教育出版社 2002 年版，第 1112 页。

（1180），朱熹第二次向宋孝宗上"封事"说："天下国家之大务，莫大于恤民，而恤民之实在省赋，省赋之实在治军。若夫治军、省赋以为恤民之本，则又在夫人君正其心术以立纪纲而已矣。"[1]后面，朱熹引董仲舒所谓"正心以正朝廷，正朝廷以正百官，正百官以正万民，正万民以正四方"。朱熹把君主的心术视为天下治乱兴衰之关键，认为天下万事本于君主一人的心术，君主心术直接影响着社会的盛衰与政治的清明。君心正，推而及于朝廷百官，实行王道政治，自然天下大治；反之，如果君心不正，则必然导致天下大乱。但是，面对昏愦的帝王，朱熹这种以"内圣"为本，推行"外王"的理想注定不能实现，也是可以理解的，只是我们不应该忽视朱熹思想内圣外王的完整性和在阐明内圣的前提下为外王（社会政治秩序的重建）所做的理论贡献和实践努力。

1 /［宋］朱熹：《庚子应诏封事》，《朱子全书》第二十册，第581页。

第十一章

宋明心学家的仁学

一、陆九渊发明本心之仁

陆九渊（1139—1193），字子静，抚州金溪（今江西省金
溪县）人，南宋著名的哲学家、教育家，心学思潮的奠基人。
书斋名"存"，世称存斋先生。又因讲学于象山书院（位于今江
西省贵溪市），被称为"象山先生"，学者常称其为"陆象山"。
陆九渊大致与朱熹同时代，作为"心学"的开山之祖，与朱熹
齐名，而见解多不合，还有过多次学术思想争辩。陆九渊一生
述而不作，著述很少，其语录和少量诗文由其子陆持之编成
《象山先生全集》三十六卷，1980 年由中华书局整理为《陆九
渊集》出版发行。

在思想上，陆九渊自称他的思想直接得之于孟子，不是从
"理"而是从"心"出发建立其心本体论的。他直接承袭孟子，又
受到佛教禅宗影响，对北宋以来的理学也有所吸收，加上自己的
反省体验，建立了心学的思想体系。陆九渊在南宋程朱理学集大

成之际，以深邃的思想洞察力最早发现了理学存在的支离倾向和教条隐患，以高度的学术责任感成功地开拓出一条心学之路，为宋明新儒学思潮从朱子学到阳明学的心学转向奠定了基础。陆九渊的心本论思想并没有否定或取代理学家的最高哲学范畴——"理"。在陆九渊的思想体系中，"理"也是宇宙的本原和万事万物的总秩序。他说："此理充塞宇宙，天地鬼神且不能违，况于人乎？"[1]每个人都受"理"的制约，都必须遵循"理"的原则。他的贡献是在理学家这一思想的基础上明确地提出"心即理"的命题，建立以"心"为本的思想体系，与程朱理学以"理"为本的理学体系划分了界限。传说陆九渊四岁时，有一天忽然问他父亲："天地何所穷际？"天地之间哪儿是尽头？他父亲笑而未答，他就深思以至于废寝忘食。陆九渊年轻时常常诵读经典，也不寐，不脱衣服，或者漫游林下，整天端坐。十三岁时，他看到古人关于"宇宙"二字的解释："四方上下曰宇，往古来今曰宙。"于是大悟："元来无穷，人与天地万物，皆在无穷之中者也。"乃挥笔书曰"宇宙内事乃己分内事，己分内事乃宇宙内事"。后来，他提出"宇宙便是吾心，吾心便是宇宙"[2]。这样，他就把宇宙与心等同起来，断言心是永恒的，无所不包的。他以此心为本心，"孟子曰：'所不虑而知者，其良知也；所不学而能者，其良以能也。''此天之所与我者'，'我固有之，非由外铄我也'。故曰：'万物皆备于我，反身而诚，

1 / [宋] 陆九渊：《与吴子嗣》，《陆九渊集》，中华书局1980年版，第147页。

2 / [宋] 陆九渊：《年谱》，《陆九渊集》，第483页。

乐莫大焉.'此吾之本心也"[1]。我的本心就是一种天赋的良知良能，是人之所以为人之大本，因此，为学就要知此本心："学苟知本，六经皆我注脚。"[2]在确立了本心的基础上，陆象山主张"心即理"，"东海有圣人出焉，此心同也，此理同也。西海有圣人出焉，此心同也，此理同也。南海、北海有圣人出焉，此心同也，此理同也。千百世之上至千百世之下，有圣人出焉，此心此理，亦莫不同也"[3]。又说："盖心，一心也；理，一理也。至当归一，精义无二，此心此理，实不容有二。"[4]陆九渊这种"心即理"之论不是要皈依当时的理学思潮，而是要纳理入心，以心为本建立自己的心学思想体系，所以他又说："万物森然于方寸之间，满心而发，充塞宇宙，无非此理。"[5]"心"是宇宙万物的本原，充塞于宇宙天地之间的万物以及背后的天理都充盈于人心方寸之间。不仅如此，"心"还是社会道德伦理的本质，是人的道德行为的外在表现。他说："道塞宇宙，非有所隐遁。在天曰阴阳，在地曰柔刚，在人曰仁义。"[6]有了这个"心"，人才能够自觉地进行道德践履而不受外界条件的制约。有了这个心，就能进行当下的是非判断。据《年谱》载，乾道八年（1172），陆九渊路过富阳县，在此任富阳主簿的学生杨简向陆九渊请教何谓本心，陆以孟子的"四

1 / [宋]陆九渊：《与曾宅之》，《陆九渊集》，第5页。

2 / [宋]陆九渊：《语录上》，《陆九渊集》，第395页。

3 / [宋]陆九渊：《年谱》，《陆九渊集》，中华书局，1980年，第483页。

4 / [宋]陆九渊：《与曾宅之》，《陆九渊集》，第4—5页。

5 / [宋]陆九渊：《语录上》，《陆九渊集》，第423页。

6 / [宋]陆九渊：《与赵监》，《陆九渊集》，第9页。

端"对："恻隐，仁之端也；羞恶，义之端也；辞让，礼之端也；是非，智之端也。此即是本心。"杨简说这个我还是个小孩子的时候已晓得，终究怎么样才算是本心？陆九渊只是以孟子的"四端之心"来回答，杨简还是不明白。有一天，有买扇子的人来投诉，杨简为他断了是非，陆九渊随即指点："闻适来断扇讼，是者知其为是，非者知其为非，此即敬仲本心。"刚才正好有个那个断扇的案件，说对的人知道它是对的，说不对的人知道它是不对的，这就是你的本心在起作用。杨简当下大悟："简发本心之问，先生举是日扇讼是非答，简忽省此心之无始末，忽省此心之无所不通。"[1]杨简当下就明白了，我请教何为本心，先生通过当天的断扇案说明只有本心才能够判断是非曲直，所以我忽然明白了这个本心无始无终，无所不通。在陆九渊的指导下，杨简通过"断扇讼"，忽然大彻大悟，原来"此心无始末"，"无所不通"，可以当下判断是非曲直。

在陆九渊的思想中，不仅心即理，心也是以仁为核心的道德观念的载体。"仁义者，人心之本也"[2]，仁义是儒家的核心观念，陆九渊认为是人心之本。"四端者，即此心也；天之所以与我者，即此心也"[3]，"四端"即孟子所讲的仁、义、礼、智四种道德观念的萌芽，陆九渊把它看作人心的本源。他甚至直接说："仁，人心也，心之在人，是人之所以为人，而与禽兽草木异焉者

1 / [宋]陆九渊：《年谱》，《陆九渊集》，第 487—488 页。

2 / [宋]陆九渊：《与赵监》，《陆九渊集》，第 9 页。

3 / [宋]陆九渊：《与李宰》，《陆九渊集》，第 149 页。

也。"[1]这就是说，仁即人心，是人之所以为人而区别于禽兽的根本。"仁即此心也，此理也。求则得之，得此理也；先知者，知此理也；先觉者，觉此理也；爱其亲者，此理也；敬其兄者，此理也；见孺子将入井而有怵惕恻隐之心者，此理也；可羞之事则羞之，可恶之事则恶之者，此理也；是知其为是，非知其为非，此理也；宜辞而辞，宜逊而逊者，此理也；敬此理也，义亦此理也；内此理也，外亦此理也。"[2]这就是说，仁即此心，即此理。这样，儒家奉行的五德之首和全德的"仁"就体现在"心"上，体现在"理"上，成为一切人的道德活动的轴心。"陆九渊不讲天地之仁，只讲人心之仁，但人心之仁便是天地之仁。仁既是本心，又是天地之心，既是形而上者，又是形而下者。"[3]对于"仁"，他说："夫子以仁发明斯道，其言浑无罅缝。孟子十字打开，更无隐遁。"[4]认为仁是孔孟之道的核心观念。

正因为陆九渊认为知识、道德都是人心中固有的（天赋的），不是从外面得到的，所以在修养功夫论上我们就要从内部入手，进行自我反省，他概括为"切己自反，改过迁善"的简易功夫，即"发明本心"。"本心"即"仁心"，"发明本心"就是发明本心之仁，具体包括存心、养心、求放心等。他说："古人教人，不过存心、养心、求放心。此心之良，人所固有，人惟不知保养而反戕贼放失之耳。苟知其如此，而防闲

1／[宋]陆九渊：《拾遗》，
《陆九渊集》，第373页。

2／[宋]陆九渊：《与曾宅之》，《陆九渊集》，第5页。

3／蒙培元：《理学范畴系统》，人民出版社1989年版，第499页。

4／[宋]陆九渊：《语录上》，《陆九渊集》，第398页。

其戕贼放失之端，日夕保养灌溉，使之畅茂条达，如手足之捍头面，则岂有艰难支离之事？……此乃为学之门，进德之地。"[1] 在他看来，所谓"存心"是其道德修养论的核心和本质。但因为心即理，所以穷心即穷理，只有尽心才能尽理。"人皆有是心，心皆具是理，心即理也，故曰'理义之悦我心，犹刍豢之悦我口'。所贵乎学者，为欲穷此理，尽此心也。"[2] 又因为"心"即"仁"，是德性的总汇，因此，"存心"亦即"尊德性"。由于他强调"尊德性"的简易功夫，就与朱熹发生了名为"鹅湖之会"的论争。朱熹主张"即物而穷其理"，从博览群书和对外物的观察来启发内心的知识，先博览后归于简约；陆九渊主张"先发明本心"，因为"心即理"，不必做读书穷理功夫。朱熹指出陆九渊教人太简，陆九渊指出朱熹教人太支离，并赋诗互相责难，双方各执己见，互不相让，陆氏兄弟略占上风，结果不了了之，最终不欢而散。黄宗羲后来说朱学"以道问学为主"，陆学"以尊德性为宗"，"尊德性"与"道问学"便是他们的不同。

　　所谓"养心"就是学者要对所存之心加以涵养，就像是浸灌、培植花木一样涵养"本心"，使之日益条畅、繁茂。陆九渊说："孟子曰：'苟得其养，无物不长；苟失其养，无物不消。'今吾友既得其本心矣，继此能养之而无害，则谁而御之。如木有根，苟得培浸而无伤戕，则枝叶当日益畅茂。"[3] "苟得其养，无物不长；苟失

1 /［宋］陆九渊：《与舒西美》，《陆九渊集》，第64页。

2 /［宋］陆九渊：《与李宰》，《陆九渊集》，第149页。

3 /［宋］陆九渊：《与邵中孚》，《陆九渊集》，第92页。

其养，无物不消"（《孟子·告子上》），原文为孟子曰："牛山之木
尝美矣，以其郊于大国也，斧斤伐之，可以为美乎？是其日夜之
所息，雨露之所润，非无萌蘖之生焉，牛羊又从而牧之，是以若
彼濯濯也。人见其濯濯也，以为未尝有材焉，此岂山之性也哉？
虽存乎人者，岂无仁义之心哉？其所以放其良心者，亦犹斧斤之
于木也，旦旦而伐之，可以为美乎？其日夜之所息，平旦之气，
其好恶与人相近也者几希，则其旦昼之所为，有梏亡之矣。梏之
反覆，则其夜气不足以存；夜气不足以存，则其违禽兽不远矣。
人见其禽兽也，而以为未尝有才焉者，是岂人之情也哉？故苟得
其养，无物不长；苟失其养，无物不消。"孟子以牛山之木的遭遇
为例子，说齐国东南的牛山，人们看到它光秃秃的，这并非因为
这座山不长树木，而是因为人们不断地来砍伐，砍伐完了，树的
根部在雨露、夜气的滋润下，才长出了一点嫩芽，又马上被牛羊
吃掉。"牛山之木尝美矣"，只可惜它生在大国之郊，无人看养，
所以不能健康成长。山上的树苗需要专门养护才能成长，仁义之
心就像牛山之木一样，也需要好好养护。人都有仁义之心，但想
当然放任良心失去，也像用斧头砍伐树木一样，天天砍伐，还可
以保持茂盛吗？他们日日夜夜生息，在天刚亮时的清明之气，这
些在他心里所产生出来的好恶与一般人相近的也有那么一点点，
可到了第二天，他们的所作所为，又把它们窒息而消亡了。反复
窒息的结果，便使他们夜晚的息养之气不足以存在了，夜晚的息
养之气不足以存在，也就和禽兽差不多了。如果得到好好的养护，

没有东西不能生长；如果失去护养，没有东西不会消亡。陆九渊在孟子的基础上强调本心之仁就像树木的根，如果能够得到培育、灌溉，而没有伤害、砍伐，一定会日益枝叶繁茂，长成参天大树，形成郁郁葱葱的森林。

他提出的发明本心之仁的修养方法是"剥落"人心之弊。"将以保吾心之良，必有以去吾心之害。何者？吾心之良吾所固有也。吾所固有而不能以自保者，以其有以害之也。"[1]我们每一个人本来天生具有一颗纯厚善良之心，但往往不能自保，是因为有东西妨害它。妨害人心的东西就是后世环境的习染、驳杂的外物牵引，使人在不同程度上越陷越深，以至于不能自拔。因此，人就必须摈弃一切情欲、私心杂念而带来的遮蔽，日渐恢复到人之初始的赤子之心的状态。正因为此，陆象山不大讲格物致知，而是讲在本心上下功夫，要复明"本心"："知非则本心即复。"[2]复明"本心"也就是把失去的"心"找回来，即"求放心"。既然"心"被外物牵引，迷失了，因此，就要"求放心"，《孟子·告子上》说："仁，人心也；义，人路也。舍其路而弗由，放其心而不知求，哀哉！人有鸡犬放，则知求之；有放心而不知求。学问之道无他，求其放心而已矣。"陆九渊继承孟子的说法，强调"人之求放心，不啻如饥之于食，渴之于饮，焦之待救，溺之待援，故其宜也。学问之道，盖于是乎在。"[3]学问之道无

1 / [宋] 陆九渊：《拾遗》，《陆九渊集》，第380页。

2 / [宋] 陆九渊：《语录下》，《陆九渊集》，第454页。

3 / [宋] 陆九渊：《拾遗》，《陆九渊集》，第373页。

非是把放佚的心找回来。"求放心"就必须革除物欲，去其物蔽。"夫所以害吾心者何也？欲也。欲之多，则心之存者必寡；欲之寡，则心之存者必多。……欲去则心自存矣。"[1]"愚不肖者不及焉，则蔽于物欲而失其本心；贤者智者过之，则蔽于意见而失其本心。"[2]危害我们心灵的是什么东西呢？是物欲。物欲多，那么本心能保存的就必定很少；物欲少，那么本心能保存的就必定多。如果把物欲去掉，本心就自然保存得很好。人群当中那些愚钝、不肖的人智能不够，往往蔽于物欲而丧失其本心；那些贤者、智者聪明过人，却往往蔽于一己之见而丧失其本心。物欲是危害、蒙蔽我本心之仁的元凶，要认识到这一点才能复明本心之仁。一句话，"求放心"就是通过革除物欲复明本心的过程。他提出的革除物欲复明本心的方法叫作"剥落"："人心有病，须是剥落。剥落得一番，即一番清明，后随起来，又剥落，又清明，须是剥落得净尽方是。"[3]"心"的弊端，就好像一件洁净的物品被脏污的东西所包裹那样，要使它恢复洁净的本来面目，必须一层一层地剥去这些东西，"心"才能完全地清洁明亮，恢复本然状态。具体修养的过程可以通过经典的学习、与师友的日常切磋以及静坐等。《语录下》詹阜民记载：先生举"公都子问钧是人也"一章云："人有五官，官有其职，某因思是便收此心，然惟有照物而已。"他日侍坐无所问，先生谓曰："学者能常闭目亦佳。"某因此无事则安坐瞑

1 / [宋] 陆九渊:《拾遗》,
《陆九渊集》, 第 380 页。

2 / [宋] 陆九渊:《与赵监》,
《陆九渊集》, 第 9 页。

3 / [宋] 陆九渊:《语录下》,
《陆九渊集》, 第 458 页。

目，用力操存，夜以继日。如此者半月，一日下楼，忽觉此心已复澄莹中立。窃异之，遂见先生。先生目逆而视之曰："此理已显也。"某问先生："何以知之？"曰："占之眸子而已。"因谓某："道果在迩乎？"某曰："然。昔者尝以南轩张先生所类洙泗言仁书考察之，终不知仁，今始解矣。"[1]陆九渊门人詹阜民记载他受陆九渊指点无事就静坐，收拢此心，操存此心，半月之后即有此心澄明的体悟，再向陆九渊请教，陆九渊告诉他天理已显露。阜民感悟说，他曾经研读张栻的《洙泗言仁录》[2]，但是始终没有明白仁的道理，现在在陆九渊的指导下静坐而获得觉解。这可以说是陆九渊发明本心之仁的修养功夫的实证一例。

陆九渊以心性之学发挥儒家仁学，也有强烈的现实动因，首先是批判和打击现实政治中的不仁，他深刻地揭露了当时吏治的腐败，控诉了贪官污吏蠹国殃民的罪恶行径，同时义正词严地驳斥了"小人之党"的"宽仁之说"："后世言宽仁者，类出于姑息。殊不知苟不出于文致，而当其情，是乃宽仁也。"[3]"君子固欲人之善，而天下不能无不善者以害吾之善；固欲人之仁，而天下不能无不仁者以害吾

1／[宋]陆九渊：《语录下》，《陆九渊集》，第471页。

2／《洙泗言仁录》（今已佚，只存其序）原是张栻依伊川"将圣贤所言仁处类聚观之"之说法而编成的一本书，主要将《论语》中孔子言仁之处加以类聚。张栻在此书的序中云："某读程子之书，其间教门人取圣贤言仁处，类聚以观而体认之。医袤《鲁论》所载，疏程子之说于下，而推于己见，题曰'洙泗言仁'，与同志者共讲焉。"（《南轩集》卷十四）

3／[宋]陆九渊：《语录上，《陆九渊集》，第411页。

之仁。有不仁、不善为吾之害，而不有以禁之、治之、去之，则善者不可以伸，仁者不可以遂。是其去不仁乃所以为仁，去不善乃所以为善也。"[1] 他期望作为江西安抚使的辛幼安排除干扰，无所屈挠，坚决打击和严厉惩治贪官污吏，以为民做主，为民除害。

其次，他站在民本立场上提出君主应行仁政："天生民而立之君，使司牧之，故君者，所以为民也。《书》曰：'德惟善政，政在养民。'行仁政者所以养民。君不行仁政，而反为之聚敛以富之，是助君虐民也，宜为君子之所弃绝。"[2] 上天生民并为之立君，根本是为了民的生存和发展。君有德并行仁政，这是君主之所以为君主的根本，反之，如果不行仁政，人们就可以弃绝他。站在心学家的立场，陆九渊认为君心是君主实行仁政的根本，"君之心，政之本"[3]，所以对于君主来说，行仁政要以正心为本，"为政在人，取人以身，修身以道，修道以仁。仁，人心也。人者，政之本也，身者，人之本也，心者，身之本也。不造其本而从事其末，末不可得而治矣"[4]。正君心为为政之本，如果君心不正，则国家不可得而治。

二、陈献章天人合一的仁本论

陈献章（1442—1500），字公甫，号石斋，广东新会白沙里人，世人称白

1／[宋]陆九渊：《与辛幼安》，《陆九渊集》，第71页。

2／[宋]陆九渊：《杂说》，《陆九渊集》，第274页。

3／[宋]陆九渊：《政之宽猛孰先论》，《陆九渊集》，第356页。

4／[宋]陆九渊：《荆国王文公祠堂记》，《陆九渊集》，第233页。

沙先生，是明代重要的思想家、教育家，广东唯一的从祀孔庙的明代大儒。他主张学贵知疑、独立思考，提倡较为自由开放的学风，逐渐形成有自己特色的学派，史称江门学派。陈献章曾经两赴礼部不第，景泰二年落第后拜江西吴与弼为师。吴与弼（1391—1469）字子傅，号康斋，抚州崇仁小陂（今东来乡）人，明代著名理学家、教育家，其学说强调身心的体验，有心学倾向，明代儒家心学的开山人物。半年后，陈献章回归白沙村筑春阳台为书室，专心读书，数年不出户，其思想逐渐由崇尚读书穷理的程朱理学转向主张求之本心的陆九渊心学。成化二年秋末，陈献章重游太学，因有感触而写出《和杨龟山此日不再得诗》，国子监祭酒邢让大加赞许，誉为"真儒复出"，自此他的才名大震京师。但三年后他第二次参加会试仍名落孙山，由是决意弃绝仕途，返回故里移志于治学。著作后被汇编为《白沙全集》。

在明代，程朱理学占据意识形态的统治地位，使得学术氛围异常沉闷，思想界可说是一潭死水。在这种情况下，陈献章创立了自己的学说，以"宗自然""贵自得"的思想体系，打破程朱理学的僵化、教条，开启明朝心学先河，使明代学术思想有了新的发展，在宋明理学史上是程朱理学向心学过渡的承前启后、转变风气的关键人物。明末著名学者黄宗羲评论陈白沙的理学为"有明之学，至白沙始入精微，其吃紧工夫全在涵养，喜怒未发而非空，万感交集而不动，至阳明（王守仁）而至大"，甚为赞誉白沙学说为"独开门户，超然不凡"！概括陈白沙的理学思想面貌时说："先生之学，

以虚为基本，以静为门户，以四方上下、往古来今穿纽凑合为匡
郭，以日用、常行、分殊为功用，以勿忘、勿助之间为体认之则，
以未尝致力而应用不遗为实得……故有明儒者，不失其矩镬者亦多
有之，而作圣之功，至先生而始明，至文成而始大。"[1]

陈献章认为心是独立的、主动的，它首先是个人感悟、思维
的器官，是一身之主宰，但他并没有对心做出明确的哲学上的定
义，也没有一个十分清晰完备的心学本体论路线。他曾经在《复
赵提学金宪》一文中自叙求学悟道经历说：

> 仆才不逮人，年二十七始发愤从吴聘君学。其于古
> 圣贤垂训之书，盖无所不讲，然未知入处。比归白沙，
> 杜门不出，专求所以用力之方。既无师友指引，惟日靠
> 书册寻之，忘寝忘食，如是者亦累年，而卒未得焉。所
> 谓未得，谓吾此心与此理未有凑泊吻合处也。于是舍彼
> 之繁，求吾心之约，惟在静坐，久之，然后见吾此心之
> 体隐然呈露，常若有物。日用间种种应酬，随吾所欲，
> 如马之御衔勒也。体认物理，稽诸圣训，各
> 有头绪来历，如水之有源委也。于是涣然自
> 信曰：作圣之功，其在兹乎。[2]

27岁时，陈献章前往江西临川师从吴与弼，
吴与其他学生从事耕作以及各种杂活劳作，并为
他们讲授了大量的儒家经典。但陈献章仍然觉得
没有什么收获，从江西回来后废寝忘食，闭门

1 / [清] 黄宗羲：《明儒学
案》上册，中华书局1985
年版，第79页。

2 / [明] 陈献章：《复赵提学
金宪》，《陈献章集》上册，中
华书局1987年版，第145页。

读书，几年过去了，仍然没有摸着门道，于是又筑春阳台，静坐于其中，连吃饭都是家人从壁穴寄给。如此又十余年，在静坐中终于看到了自己"隐然呈露"的本体之心。此心是与理"有凑泊吻合处"的心，以此心应对事务，就可以做到随心所欲，信马由缰；以此心体认物理，稽诸圣训，无不贯通，源流湛然。陈献章的思想由此产生了飞跃，走出了一条"自得"的成圣之路，开辟了一条心学之路，成为明代心学承前启后、转变风气的关键人物。所以，陈献章认为由静坐而达到"虚明静一"的境界，是"心学法门"，"为学当求诸心必得。所谓虚明静一者为之主，徐取古人紧要文字读之，庶能有所契合，不为影响依附，以陷入徇外自欺之弊，此心学法门也"[1]。"学者苟不但求之书而求诸吾心，察于动静有无之机，致养其在我者，而勿以闻见乱之，去耳目支离之用，全虚圆不测之神，一开卷尽得之矣。非得之书也，得自我者也。盖以我而观书，随处得益；以书博我，则释卷而茫然。"[2]"求诸吾心"是陈白沙为学之道的关键之一，求道贵在"自得"，自得并非得自六经，而得自自我，得自内心。所以"以我而观书"，可随时随地皆有所得；而期望用书来丰富自我，则放下书卷即茫然无所得。陈献章生活的年代，三教合流早已是社会思潮的基本趋势，他生长的家庭，祖父崇道，母亲信佛，这些都给了他影响。他本人曾"穷尽天下古今典籍，旁及释老稗官小说"，还时常往来佛

1 /［明］陈献章：《书自题大塘书屋诗后》，《陈献章集》上册，第68页。

2 /［明］陈献章：《道学传序》，《陈献章集》上册，第20页。

寺道观，他的诗稿中可看到多首他与僧人文定和太虚的唱和，也
可看到他对炼丹和辟谷以成仙的向往。但在价值观方面，他仍然
坚守儒者的基本理念。他的思想直接从程朱理学脱胎而来，同时
受到陆九渊的心学、道家佛教的影响。他所谓的"道"是本体论
意义上的"自然道论"；所谓的"理"其实是"道"的同义语，只
不过主观色彩较浓厚；而他所谓的"心"并不是纯主观的心，他
有时描述的"心"不是指一般意义上的心，而是涵养了"理"或
"道"的心。他的思想是以"心"为出发点，宇宙万物都离不开
"心"的作用。在心与道、理的关系上，陈献章认为"道"为天地
万物之本，天地万物之理无非在我心中，要实现心与道、理合一，
宇宙万物之理只有通过心的体认才能显露出来，心得了道、理以
后使人具有了主体性，使得与义理相融的心具有主宰作用："君子
一心，万理完具，事物虽多，莫非在我。此身一到，精神具随，
得吾得而得之矣，失吾得而失之耳。"[1] 义理之心的主宰作用便是
天地万物赖以存在的依据。他有一段著名的话："终日乾乾，只是
收拾此而已。此理干涉至大，无内外，无终始，无一处不到，无
一息不运。会此则天地我立，万化我出，而宇宙在我矣。得此霸
柄入手，更有何事？往古来今，四方上下，都一齐穿纽，一齐收
拾，随时随处，无不是这个充塞。色色信他本
来，何用尔脚劳手攘？舞雩三三两两，正在勿忘
勿助之间。曾点些儿活计，被孟子一口打并出
来，便都是鸢飞鱼跃。若无孟子功夫，骤而语

1 / [明] 陈献章:《论前辈
言铢视轩冕尘视金玉》,《陈
献章集》上册，第 55 页。

之，以曾点儿见趣，一似说梦。会得，虽尧舜事业，只如一点浮云过目，安事推乎？此理包罗上下，贯彻终始，滚作一片，都无分别，无尽藏故也。自兹已往，更有分殊处，合要理会。毫分缕析，义理尽无穷，工夫尽无穷。"[1]通过对宇宙根本之理的勤奋探索，吾心会得此理，即上面所说"凑泊吻合"，融合为一，于是达到了贯通古今，合一天人，可与尧舜齐的境界。正是这种心与理二者合二为一的本体，支配着整个宇宙的存在和发展，这与陆九渊"宇宙便是吾心，吾心便是宇宙"和"心即理"颇为一致。如何把握这种心与理合二为一的本体，就是由下学上达的为学之道，就是由分殊而理一的修养功夫。这种心与理合一，其实也就是天人合一："天道至无心。比其著于两间者，千怪万状，不复有可及。至巧矣，然皆一元之所为。圣道至无意。比其形于功业者，神妙莫测，不复有可加。亦至巧矣，然皆一心之所致。心乎，其此一元之所舍乎！"[2]这里陈白沙对天道与圣道，一元之所为与一心之所致有很明确的区分，但最终归结为心是一元（道）之舍，天人合一落实为心与道合一。

　　以心为枢纽，陈献章的仁学也与陆九渊相似，属于心性仁学。陈献章心性仁学的核心命题是"仁乃人心"："仁，人心也。充是心也，足以保四海；不能充之，不足以保妻子。"[3]这显然来源于《孟子·公孙丑上》"苟能充之，足以保

1 /［明］陈献章:《与林郡博七》,《陈献章集》上册，第 217 页。

2 /［明］陈献章:《仁术论》,《陈献章集》上册，第 57 页。

3 /［明］陈献章:《古蒙州学记》,《陈献章集》上册，第 28 页。

四海；苟不充之，不足以事父母"，不过孟子讲的是怎样扩而充之
"四端"（即仁义礼智之心），陈献章则直接从陆九渊的"仁，人心
也"而来，扩而充之的就是仁本身。孝为仁之本，陈献章在《望云
图诗序》中说："夫孝，百行之源也，通于神明，光于四海。尧舜，
大圣也，孟子称之曰'孝弟'而已矣。故君子莫大乎爱亲。"[1] 以
爱亲为大的孝道观集中体现在他对母亲的"至孝"方面。陈献章出
身于小康之家，但父亲二十七岁便英年早逝。母亲林氏二十四岁丧
夫，生下遗腹子陈献章后抚育孤儿，操持家事，终生守节。献章幼
时体弱多病，自称"无岁不病，至于九岁，以乳代哺"[2]，单亲家庭
的环境，使陈献章对母亲特别孝顺。成化十九年应诏上京，后接到
家中来信称母亲病重思念儿子，遂向皇帝上《乞终养疏》，为母亲
陈请，乞恩终养事，"非母之仁，臣委于沟壑久矣。臣生五十六年，
臣母七十有九，视臣之衰如在襁褓。天下母子之
爱虽一，未有如臣母忧臣之至、念臣之深者也"。
"顾臣母以贫贱早寡，俯仰无聊，殷忧成疾，老
而弥剧，使臣远客异乡，臣母之忧臣日甚，愈忧
愈病，愈病愈忧，忧病相仍，理难长久。臣又以
病躯忧老母，年未暮而气已衰，心有为而力不
逮，虽欲效分寸于旦夕，岂复有所措哉！"[3] 皇帝
为陈献章的孝义所感动，准其归家侍奉母亲，还
封赠他一个"翰林院检讨"的官衔。

　　此外，陈献章也以天道之生意讲仁，他引

1 /［明］陈献章：《望云图
诗序》，《陈献章集》上册，
第17页。

2 /［明］陈献章：《乞终养
疏》，《陈献章集》上册，第
2-3页。

3 /［明］陈献章：《乞终养
疏》，《陈献章集》上册，第
2-3页。

二程"切脉可以体仁"说明仁的生之意，认为人作为一种生命与天地之间其他的生命都是宇宙大生命的不可分割的组成部分，有仁心之人应该推己及人，推己及物，仁民爱物，对其他任何一个生命都应给予爱惜，不能轻易伤害。《感鸟》一诗记载了这样一件事：陈献章家的房檐下有一窝不知名的小鸟，母鸟尽心尽力地抚育小鸟，每天衔虫而归养育小鸟，晚上用翅膀盖着小鸟睡觉。一天，不懂事的小仆人趁天黑非常残忍地掏鸟窝，结果把鸟巢弄翻了，小鸟坠地，其中一个摔死了。陈献章非常生气，打了小仆人，自己心里也很难受，仿佛感到小鸟飞到他枕头边诉说着哀怨，于是写诗以表达愧疚之意："我无害鸟心，人谓此鸟灵。终焉失所托，此祸将孰愆？吾甚愧此鸟，感之欲沾缨"，"再拜谢此鸟，此意何由平！"[1]由此可见他对动物充满了仁爱之心。

陈献章从"天地我立，万化我出"的主体性出发，以仁为本，安身立命，提升道德实践主体的人格境界，与孔子的思想一脉相承。孔子说"为仁由己，而由乎人哉？"（《颜渊》）"我欲仁，斯仁至矣。"（《述而》）在孔子看来，人作为道德主体，其为仁的意愿及行为就是主体自身力量的体现，在为仁的道德行为上，人是具有充分的意志自由的（由己）。他撰《安土敦乎仁论》说："寓于此，乐于此，身于此，聚精会神于此，而不容惑忽，是谓之'君子安土敦乎仁也'。"[2]即整个生命以仁为安顿，以仁为至高的境界，成为安身立命

1 / [明]陈献章：《感鸟》，《陈献章集》下册，第748页。

2 / [明]陈献章：《安土敦乎仁论》，《陈献章集》上册，第56页。

的根本。否则，人可能会堕入禽兽："人具七尺之躯，除了此心此理，便无可贵，浑是一包脓血裹一大块骨头。饥能食，渴能饮，能著衣服，能行淫欲。贫贱而思富贵，富贵而贪权势，忿而争，忧而悲，穷则滥，乐则淫。凡百所为，一信气血，老死而后已，则命之曰'禽兽'可也。"[1] 人之为人区别于禽兽的就在于有此心此理的"仁"，这是人身上最为尊贵的东西，一个人如果失去此心此理的"仁"，就会堕入禽兽而不自知。

陈献章还给仁赋予了"自然"的色彩。"此心之仁至大，不可戕。……故圣人之仁有权焉，使之远寓魑魅，则害去而恶亦不得施矣。夫人情之欲在于生，圣人即与之生；人情之恶在于死，圣人不与之死，恶众人所恶也。圣人即进除裔夷，恶难施也。圣人以投恶，圣人一举而迭中。圣人未尝巧也，此心之仁自巧也，而圣人用之。故天下有意于巧者，皆不得厕其间矣。周公一《金縢》，大发瘖时主。以后世事观，至巧矣。周公岂有意耶？亦任心耳。"[2] 圣人即有此心之仁，不但自己不会遭到伤害，还能够使人们远离伤害和死亡。这并不是圣人自巧，而是圣人运用了天道生生不息的自然之巧，其实也就是此心之仁自巧而实现的。他以周公做《金縢》为例说明这个问题，周公作《金縢》封藏于匮，是出于公心，目的在于武王的康复与天下的稳定，并不是为自己将来可能受到怀疑提前做手脚为自己辩解。因偶然的天灾，成王打开金縢之匮，发现了周公请求代替武王死的册书，深深受到感动，

1 / [明] 陈献章：《禽兽说》，
《陈献章集》上册，第 61 页。

2 / [明] 陈献章：《仁术论》，
《陈献章集》上册，第 58 页。

证明周公试图取代成王的流言纯粹是对周公的污蔑诽谤，也证明周公开悟成王与众臣并不是有意为之，而是发自仁心的自然流露。这说明陈献章的仁学有强烈的道家色彩，与他"以自然为宗"的为学修养宗旨一致，表现出即道德而超道德的精神境界。他的学生湛若水在《重刻白沙先生全集序》中这样说道："白沙先生之诗文，其自然之发乎？自然之蕴，其淳和之心乎？其仁义忠信之心乎？夫忠信、仁义、淳和之心，是谓自然也。夫自然者，天之理也。理出于天然，故曰自然也。"[1]这就赋予儒家仁义忠信的道德以自然天理的特征，正是陈献章心性仁学的基本特征。

三、王守仁天地万物一体之仁

王守仁（1472—1529），字伯安，别号阳明。浙江绍兴府余姚县（今属宁波余姚市）人，因曾筑室于会稽山阳明洞，自号阳明子，学者称之为阳明先生，通称王阳明，陆王心学之集大成者。王守仁少年即志存高远，有经略四方之志，曾对朱熹"格物致知"之学甚感兴趣，并亲自格竹实践，失败后遂对朱熹"格物"学说产生了极大的怀疑。弘治十二年（1499）中进士，历任刑部主事、兵部主事，后因得罪宦官刘瑾，谪贬至贵州龙场做龙场驿栈驿丞。在艰难困苦中王阳明结合历年来的遭遇，日夜反省。一天半夜，他忽然有了顿悟，认识到"圣人之道，吾性自

1 / [明]陈献章:《重刻白沙先生全集序》，《陈献章集》下册，第896页。

足，向之求理于事物者误也"[1]，史称龙场悟道。刘瑾被诛后，任庐陵县知事，累进南太仆寺少卿。正德十一年（1516）擢右佥都御史，继任南赣巡抚。因镇压农民起义和平定"宸濠之乱"拜南京兵部尚书，封"新建伯"。后因功高遭忌，辞官回乡讲学，在绍兴、余姚一带创建书院，宣讲"王学"。嘉靖六年（1527）复被派总督两广军事，后因肺病加重，上疏乞归，病逝于江西南安舟中，死后诏赠新建侯，谥文成，故后人又称王文成公。其著作被弟子编为《王文成公全书》。

王守仁直接继承了陆九渊的"心即理"的命题，肯定心对物的本体性，并以此作为他的"立言宗旨"。他说："故我说个心即理，要使知心理是一个，便来心上做功夫，不去袭义于外，便是王道之真。此我立言宗旨。"[2]为了进一步阐发了"心即理"的内涵。首先，他从纠正朱熹二元论的缺陷出发，强调"心理"的不二。认为把心与理分为二会产生许多弊端，甚至走入歧途，由王道变成霸道而不自知，"分心与理为二，其流于伯道之伪而不自知"[3]。不仅心与理为一，而且心、性、道、理也是合一的。他说，"夫心之体，性也；性之原，天也。能尽其心，是能尽其性矣"[4]，"心之本体原自不动。心之本体即是性，性即理"[5]。在这里，王

1 /［明］王守仁:《年谱一》,《王阳明全集》下, 上海古籍出版社 2011 年版, 第 1354 页。

2 /［明］王守仁:《传习录》下,《王阳明全集》上, 第 138 页。

3 /［明］王守仁:《传习录》下,《王阳明全集》上, 第 137-138 页。

4 /［明］王守仁:《传习录》中,《王阳明全集》上, 第 49 页。

5 /［明］王守仁:《传习录》上,《王阳明全集》上, 第 28 页。

守仁把性看成心之体，性又来自天，尽心即尽性，尽性即知天，心与性、天与人是合一的。同时，心体又是道，明心即是明道，心与道也是合一的。这样，王守仁通过性、理、天、道与心的合一，把"心"提高到宇宙本体的地位，不仅克服了朱熹心理二元论的不彻底性，而且为他的"致良知"心学本体论和理想人格理论奠定了基础。

其次，王守仁从"心即理"的前提出发，通过对心、意、物关系的论证，完成了他的"心外无物""心外无理"的心物论体系。他说：

> 身之主宰便是心，心之所发便是意，意之本体便是知，意之所在便是物。如意在于事亲，即事亲便是一物；意在于事君，即事君便是一物；意在于仁民爱物，即仁民爱物便是一物；意在于视听言动，即视听言动便是一物。所以某说无心外之理，无心外之物。[1]

这里的"意"是指意识、意向、意念。"意之所在"是指意识的对象。这里作为意识对象的"物"，主要是指"事"，即政治、道德、教育活动，而不是指整个客观世界。概括大意是说，心是身体的主宰，心的本体原本是不动的，心的"发动""感通"就是意识，意识所指向的对象就是"物"，即"事"。离开了意识的指向性，"事"就不会存在，或没有存在的意义和价值。因此，"心外无物""心外无理"。

第三，王守仁以心为主宰彰显人的主体性。

1/[明]王守仁：《传习录》上，《王阳明全集》上，第6-7页。

他说:"心者身之主也,而心之虚灵明觉,即所谓本然之良知也。其虚灵明觉之良知,应感而动者谓之意。有知而后有意,无知则无意矣。知非意之体乎? 意之所用,必有其物,物即事也。……凡意之所用无有无物者,有是意即有是物,无是意即无是物矣。物非意之用乎?"[1]这就是说,作为身之主的心的本质属性是虚灵明觉,是良知,它表现出来的则是"意",即主体意识。王守仁进一步向他的弟子解释说:"天没有我的灵明,谁去仰它高? 地没有我的灵明,谁去俯它深? 鬼神没有我的灵明,谁去辨它吉凶灾祥?"[2]意思是说,如果没有人的灵明之心,就不会存在天高地深的观念,也不会产生关于鬼神的吉凶祸福的思想。"这灵明之心就是仁,就是天地之心。"[3]正是在这一意义上,王守仁说:"充塞天地之间,只有这个灵明。"[4]"所谓天地万物一体境界,靠灵明之心来实现,如果没有这个灵明,天地万物就失去了主宰。"[5]认为人为天地之心,是因为人有此灵明之心,有此仁,此心此仁实际上就是天地万物的主宰,这就突出了人的主体地位,表现了人的主动性、能动性,强调要实现人与天地万物一体的境界,就必须充分发挥人的灵明之心,即仁的主观能动作用。

天地万物一体之仁不是王守仁的发明,王守

1 /［明］王守仁:《答顾东桥书》,《王阳明全集》上,第53—54页。

2 /［明］王守仁:《传习录》下,《王阳明全集》上,第141页。

3 / 蒙培元:《理学范畴系统》,人民出版社1989年版,第501页。

4 /［明］王守仁:《传习录》下,《王阳明全集》上,第141页。

5 / 蒙培元:《理学范畴系统》,人民出版社1989年版,第444页。

仁与湛若水探讨学问时，"一宗程氏'仁者浑然与天地万物同体'之指"[1]为论学宗旨，但他在前人的基础上对一体之仁有更为复杂而深入的论述，在《大学问》中他说：

> 大人者，以天地万物为一体者也，其视天下犹一家，中国犹一人焉。若夫间形骸而分尔我者，小人矣。大人之能以天地万物为一体也，非意之也，其心之仁本若是，其与天地万物而为一也。岂惟大人，虽小人之心亦莫不然，彼顾自小之耳。是故见孺子之入井，而必有怵惕恻隐之心焉，是其仁之与孺子而为一体也；孺子犹同类者也，见鸟兽之哀鸣觳觫，而必有不忍之心焉，是其仁之与鸟兽而为一体也；鸟兽犹有知觉者也，见草木之摧折而必有悯恤之心焉，是其仁之与草木而为一体也；草木犹有生意者也，见瓦石之毁坏而必有顾惜之心焉，是其仁之与瓦石而为一体也；是其一体之仁也，虽小人之心亦必有之。是乃根于天命之性，而自然灵昭不昧者也，是故谓之"明德"。小人之心既已分隔隘陋矣，而其一体之仁犹能不昧若此者，是其未动于欲，而未蔽于私之时也。及其动于欲，蔽于私，而利害相攻，忿怒相激，则将戕物圮类，无所不为，其甚至有骨肉相残者，而一体之仁亡矣。是故苟无私欲之蔽，则虽小人之心，而其一体之仁犹大人也；一有私欲之蔽，则虽大人之心，而其分隔隘陋犹小人

1／[明]王守仁：《世德记》，《王阳明全集》下，第1539页。

　　矣。故夫为大人之学者，亦惟去其私欲之蔽，以明其明

　　德，复其天地万物一体之本然而已耳，非能于本体之外

　　而有所增益之也。[1]

在王守仁看来，大人之所以能"以天地万物为一体"，乃是出于"其
心之仁"的显现，全然无私利计较之意。而这个仁心，人人固有，只
是小人因躯壳的自我限定，蔽于私欲，不能发扬光大此仁心，顾自小
之，所以有物我之分，而无一体之感。本来，因人人固有此仁心，所
以见孺子入井，恻隐之心自然流露，思以救之，不救则心不安。由此
而言，恻隐之心已与孺子相感通，成为一体，孺子之伤即我之伤。同
样，吾人见鸟兽、草木与瓦石不得其生、不得其所，也会有不忍、悯
恤、顾惜之心。大人即在此仁心的感通中，与孺子、鸟兽、草木乃至
瓦石而成为一体，体现为一体之仁。小人因一己之私把自己与天地万
物分割开来了，狭隘起来了，蒙蔽起来了，最终为私利而无所不为，
甚至骨肉相残，一体之仁亡遗尽净了。这一体之仁从天道来说是"天
命之性"，而从人道而言是人心之"自然灵昭不昧者"，在天为道，在
人为德，天人合一，这就是《大学》明德的本意。最后，他归结说真
正阻碍一体之仁的其实就是私欲。所以大人的学问就是在于消除私欲
的滋长，复明其内心本有的那个仁，这就是"大学之道，在明明德"
　　　　　　　　　　　　　　的意思。

1／［明］王守仁：《大学　　　　王守仁还进一步把"一体之仁"与《大学》
问》，《王阳明全集》中，第的"亲民"联系起来："夫人者，天地之心，天
1066-1067 页。　　　　地万物，本吾一体者也。生民之困苦荼毒，孰非

疾痛之切于吾身者乎？不知吾身之疾痛，无是非之心者也。是非之心，不虑而知，不学而能，所谓良知也。良知之在人心，无间于圣愚，天下古今之所同也。世之君子惟务致其良知，则自能公是非，同好恶，视人犹己，视国犹家，而以天地万物为一体，求天下无治，不可得矣。古之人所以能见善不啻若己出，见恶不啻若己入，视民之饥溺，犹己之饥溺，而一夫不获，若己推而纳诸沟中者。"[1] 视天地万物为一体，此心之仁也是一种先天具有的道德意识，王守仁借用《孟子·尽心上》"所不虑而知者，其良知也"的"良知"来说明，有此"一体之仁"或者"良知"，就会有"人饥己饥，人溺己溺"的感同身受。"人饥己饥，人溺己溺"语本《孟子·离娄下》："禹思天下有溺者，由己溺之也；稷思天下有饥者，由己饥之也，是以如是其急也。"古尧使弃居稷官，封弃于邰，号曰后稷。稷教民种稼穑，授农耕之术，斲（斫）木为耜，揉木为耒，以利农作，民尊之为"谷神"。舜继位后，大水为患，泛滥成灾，黎民叫苦不迭。舜命禹治水，禹便早出晚归，宵衣旰食，日夜匪懈，率领百姓，疏导江河，八年于外，三过其门而不入，终止水患。稷与禹之功，为后人赞扬。孟子赞扬说：稷思天下粮缺，饥民无数，而感到人饥如己饥。禹思天下水患，灾民万计，而感到人溺如己溺。于是二人皆迫不及待，尽力救民于水火之中。这就是王守仁理解的"亲民"。

就"亲民"与"明德"的关系来说，王守仁

1 / ［明］王守仁：《答聂文蔚》一，《王阳明全集》上，第89—90页。

认为"虽亲民，亦明德事也。明德是此心之德，即是仁。'仁者以天地万物为一体'，使有一物失所，便是吾仁有未尽处"[1]。"亲民"与"明德"是一致的，都归于仁，但有体用之分："明明德者，立其天地万物一体之体也；亲民者，达其天地万物一体之用也。"[2]在别的地方他还说："明德、亲民，一也。古之人明明德以亲其民，亲民所以明其明德也。是故明明德，体也；亲民，用也。"[3]可见，明明德为仁之体，亲民为仁之用，这是就逻辑关系而言的。

1 / ［明］王守仁：《王阳明全集》上，第29页。

2 / ［明］王守仁：《大学问》，《王阳明全集》中，第1067页。

3 / ［明］王守仁：《书朱子礼卷》，《王阳明全集》上，第313页。

4 / ［明］王守仁：《大学问》，《王阳明全集》中，第1067页。

5 / ［明］王守仁：《大学问》，《王阳明全集》中，第1067页。

如果就功夫论而言，明明德必须落实在亲民的实践层次，"故明明德必在于亲民，而亲民乃所以明其明德也"[4]。亲民是实现明明德的方式、途径，明明德是亲民的终极目的，不通过亲民，明明德就不可能实现。那么，如何通过亲民实现明明德呢？王守仁继续说："亲吾之父，以及人之父，以及天下人之父，而后吾之仁实与吾之父、人之父与天下人之父而为一体矣；实与之为一体，而后孝之明德始明矣！亲吾之兄，以及人之兄，以及天下人之兄，而后吾之仁实与吾之兄、人之兄与天下人之兄而为一体矣；实与之为一体，而后弟之明德始明矣！君臣也，夫妇也，朋友也，以至于山川鬼神鸟兽草木也，莫不实有以亲之，以达吾一体之仁，然后吾之明德始无不明，而真能以天地万物为一体矣。"[5]把自己的仁心由自己的父兄扩展到天下所有人的父兄，孝悌的明德就明了，进而以此仁心推而及君臣、夫妇、朋友乃至于山川鬼神鸟兽草木，那就真能做到以天地万物为一体了，这就是《大学》修身齐家治国平天下，这就是孟子的"老吾老以及人之老，幼吾幼以及人之幼"。

王守仁的"一体之仁"也存在着偏离儒家思想的危险，所以当时就有人提出质疑：

> 问："程子云：'仁者以天地万物为一体。'何墨氏'兼爱'反不得谓之仁？"先生曰："此亦甚难言，须是诸君自体认出来始得。仁是造化生生不息之理，虽弥漫周遍，无处不是，然其流行发生，亦只有个渐，所以生生不息。如冬至一阳生，必自一阳生，而后渐渐至于六阳。若无一阳之生，岂有六阳？阴亦然。惟其渐，所以便有个发端处；惟其有个发端处，所以生；惟其生，所以不息。譬之木，其始抽芽，便是木之生意发端处；抽芽然后发干，发干然后生枝生叶，然后是生生不息。若无芽，何以有干有枝叶？能抽芽，必是下面有个根在。有根方生，无根便死。无根何从抽芽？父子兄弟之爱，便是人心生意发端处，如木之抽芽。自此而仁民，而爱物，便是发干生枝生叶。墨氏兼爱无差等，将自家父子兄弟与途人一般看，便自没了发端处；不抽芽便知得他无根，便不是生生不息，安得谓之仁？"[1]

王守仁阐释道，仁作为造化生生不息之理是遍及

1 / ［明］王守仁：《传习录》上，《王阳明全集》上，第29—30页。

天地万物的，但从任何一个生命个体的生长发育来说，却都是有层次、有顺序的一个过程。他举植物为例，是先抽芽，然后发干，然后生枝生叶。人世间的仁爱也是这样，父子兄弟之爱是血缘亲情之爱，是仁爱的发端，如树木发芽；再到孔子讲的泛爱众，孟子讲的仁民，是仁爱的延伸，如树木发干；再到爱物，是仁爱的扩展，如树木生长枝叶。他以形象的比喻阐明了儒家的差等之爱，因此与墨家的兼爱无差等之爱划清了界限。儒家的差等之爱符合造化之理，故可以生生不息；反之，墨家的兼爱违背此理，故不得谓之仁。

王守仁自称自己的仁心遥契孔圣，他对孔子有如下的感悟："然而夫子汲汲遑遑，若求亡子于道路，而不暇于暖席者，宁以蕲人之知我信我而已哉？盖其天地万物一体之仁，疾痛迫切，虽欲已之而自有所不容已。故其言曰：'吾非斯人之徒与而谁与？''欲洁其身而乱大伦'，'果哉，末之难矣！'呜呼！此非诚以天地万物为一体者，孰能以知夫子之心乎？"[1]同时，王守仁也以感通来描述自我生命的存在处境："仆诚赖天之灵，偶有见于良知之学，以为必由此而后天下可得而治。是以每念斯民之陷溺，则为之戚然痛心，忘其身之不肖，而思以此救之，亦不自知其量者。天下之人见其若是，遂相与非笑而诋斥之，以为是病狂丧心之人耳。呜呼！是奚足恤哉？吾方疾痛之切体，而暇计人之非笑乎？"王阳明更真切地疾呼："呜呼！今之人虽谓仆为病狂丧心之人，亦无不可矣。天下之人心皆吾之心也，天下之人犹有

1 /［明］王守仁：《答聂文蔚》一，《王阳明全集》上，第91-92页。

病狂者矣，吾安得而非病狂乎？犹有丧心者矣，吾安得而非丧心乎？"[1]孔子与王阳明，先圣后圣，其揆一也，都"以天地万物为一体之仁"，心与天地万物感通，彰显儒家悲天悯人的仁者情怀和追求保合太和的理想境界。

1 /〔明〕王守仁:《答聂文蔚》一，《王阳明全集》上，第90-91页。

第十二章

清代学者的仁论

一、黄宗羲的仁义功用观

明清之际，随着资本主义萌芽的潜滋暗长以及市民阶层的不断成熟和壮大，封建社会的内部格局及利益结构发生了明显变化，中国封建制度迅速进入了一个"天崩地裂"的社会转型时期。中国社会走到了一个新的十字路口，处在由传统社会向近代社会过渡的关键时期，无论是在政治、经济领域还是在思想、文化领域，旧的传统的思想观念与新的先进的价值理念在这一时期发生了激烈的冲击和碰撞，社会面临着一系列令人瞩目的价值冲突和社会转向。明清之际的思想家有感于空谈心性无补于世，自觉对秦汉以来的文化传统及价值观念，特别是宋明理学进行深刻反省和理性批判，强调"天下兴亡，匹夫有责"的社会责任感和民族使命感，提倡一种"经天纬地，建功立业"的经世济民胸怀。在反思和批判宋明理学的过程中，学术思潮的变迁发生了"由虚转实"的演化，从封建社会的母体中逐渐产生了一股提倡经世致用的实学思潮，"实学"也就顺理成章地成为清学的别名。经世实学思潮以"经世致用"为价值核心，在批判程朱理学"束书不观，游谈无根"的基础上，大力提倡经世致用、实事求是之学，顾炎武、黄宗羲、王夫之等人，是这一经世实学思潮的参与者与推动者。

黄宗羲（1610—1695），浙江绍兴府余姚县（今浙江余姚市）人。字太冲，号南雷，别号梨洲老人等，学者称梨洲先生。明末清初经学家、史学家、思想家、教育家。在学术思想上，他批评了理学脱离政治、空洞虚浮的学风，强调人们研究学术（学问之事）必须着眼于现实社会，表现了强烈的求实倾向。这种倾向具体反映在经学和史学的研究上，特别是史学方面对于学术思想史的研究和写作，在中国思想史上贡献甚巨。他编写了《明儒学案》，并进行了《宋元学案》的准备工作和部分编写工作，在"学案体"学术思想史方面具有开创之功。黄宗羲学问极博，思想深邃，著作宏富，一生著述多至五十余种，三百多卷，其中最为重要的有《明儒学案》《宋元学案》《明夷待访录》《孟子师说》《葬制或问》《破邪论》《思旧录》《易学象数论》《明文海》《行朝录》《今水经》等，他生前整理自己的著作编成《南雷文案》。

黄宗羲早年师从刘宗周、学宗王守仁，走的是心学的路子，晚年学术理路多有变化，总体趋势是由虚转实，调和程朱陆王，改造心学，倡导经史合参，经世致用。黄宗羲仁学论著的代表作是《孟子师说》。按照他自己的说法，是因为他的老师刘宗周对于《论语》有《学案》，《大学》有《统义》，《中庸》有《慎独义》，唯独对于《孟子》无成书，于是他"窃取其意，因成《孟子师说》七卷，以补所未补"[1]，其实该书结合自己的所思所闻，是对儒家经典一种不同于程朱理学和陆王心学的诠释，主题是对儒家仁义思想的发挥。因为处于学术思想转型的历史时期，黄宗羲的仁学诠释路向有回归原典的鲜明特点，又是对宋明理学的一种调适和转进。[2]

在哲学上，黄宗羲反对程朱理本论和明代理气二元论，提出自己的理气论：气之"流行而不失其序，是即理也"[3]，"自其浮沉升降者而言，则谓之气；自其浮沉升降不失其则而言，则谓之理"[4]，对于理气关系，他认为，理为气之理，无气则无理；气为理之本，有气才有理。总之，理气一元，以气为本。从理气一元论出发，他阐述心性情一元。他说："夫大化之流行，只有一气充周无间。"[5]"夫在天为气者，在人为心，在天为理者，在人为性。理气如是，则心性亦如是，决无异也。人受天之气以生，只有一心而已，而一动一静，喜怒哀乐，循环无已。"[6]表现于

1 /［清］黄宗羲：《孟子师说·题辞》，《黄宗羲全集》（增订版）第一册，浙江古籍出版社 2002 年版，第 48 页。

2 / 参见胡栋材：《黄宗羲对宋明儒仁学传统的调适与转进》，《贵州大学学报》社会科学版，2014 年第 6 期。

3 /［清］黄宗羲：《孟子师说》卷二，《黄宗羲全集》（增订版）第一册，第 60 页。

4 /［清］黄宗羲：《明儒学案》下册，中华书局 1985 年版，第 1064 页。

5 /［清］黄宗羲：《黄梨洲文集》，中华书局 1959 年版，第 438 页。

6 /［清］黄宗羲：《明儒学案》下册，第 1109 页。

人为"恻隐、羞恶、恭敬、是非之心，同此一气之流行也。圣人亦即从此秩然而不变者，名之为性。故理是有形（见之于事）之性，性是无形之理"[1]。理气心性都统一于一气，作为气化流行产物的心自然就有仁义礼智四端之善，进而有仁义礼智之行，在仁义礼智之行的基础上才有仁义礼智之名："盈天地间皆气也，其在人心，一气之流行，诚通诚复，自然分为喜怒哀乐、仁义礼智之名，因此而起者也。"[2]正因为这样，他认为"仁义礼智乐俱是虚名。人生堕地，只有父母兄弟此一段不可解之情与生俱来，此之谓实，于是而始有仁义之名。'知斯二者而弗去'，所谓知及仁守实有诸己，于是而始有智之名。当其事亲从兄之际，自有条理委曲，见之行事之实，于是而始有礼之名。不待于勉强作为，如此而安，不如此则不安，于是而始有乐之名。"[3]"盖仁义是虚，事亲从兄是实，仁义不可见，事亲从兄始可见。孟子言此，则仁义始有着落，不堕于恍惚想象耳。"[4]"有亲亲而后有仁之名，则亲亲是仁之根也。"[5]黄宗羲认为，仁义礼智对于事亲从兄而言不过是虚名，孟子言仁义的本意是使仁义有实在的着落，而不流于蹈虚。"孟

1 / [清] 黄宗羲：《黄梨洲文集》，第 438 页。

2 / [清] 黄宗羲：《忠端刘念台先生宗周》，《明儒学案》下册，中华书局 1985 年版，第 1512 页。

3 / [清] 黄宗羲：《孟子师说》卷四，《黄宗羲全集》（增订版）第一册，浙江古籍出版社 2002 年版，第 101 页。

4 / [清] 黄宗羲：《孟子师说》卷四，《黄宗羲全集》（增订版）第一册，第 102 页。

5 / [清] 黄宗羲：《孟子师说》卷四，《黄宗羲全集》（增订版）第一册，第 152 页。

子言仁，必兼义而言，其不言义处，如'聚之'、'勿施'之类即是义也，更无悬空理会一仁体者。"[1]悬空理会一仁体，不是孟子的本意。也就是说，仁义礼智等道德规范是在事亲从兄等道德实践的前提下形成的，所以事亲从兄的道德实践才是"实"，才是根本，而仁义礼智则是"虚"，是"名"，当然不是根本了，这就否定了程朱理学仁义礼智的形而上本体性，推动儒家仁学发生由虚向实的转进。黄宗羲对仁的虚实之论从学理上是回归原始儒家，正本清源，从现实上是扭转理学的空疏之弊，使仁学落到实处，发挥其应有的社会功用，而不是成为虚悬的道德教条和空洞的道德说教。

如何在社会实践中落实仁，黄宗羲非常重视仁本源性的"情"以及能够表达真情实意的文学艺术作品。其师刘宗周曾经说："人合下生来，便能爱，便是亲亲。由亲亲而推之，便能仁民，便能爱物。天地以生物为心，人亦以生物为心，本来之心，便是仁；本来的人，便是仁。故曰：'仁，人心也。'又曰：'仁者，人也。'"[2]刘宗周虽然没有明确地提到"情"字，但强调人与生俱来的亲情之爱是仁的根本，由此外推便能仁民、爱物。这种血缘亲情之爱才是仁的本意，才是人的本质。黄宗羲进一步以虚实论仁，把这种与生俱来的血缘亲情看成是"仁之实"，"人生堕地，只有父母兄弟此一段不可解之情与生俱来，此之谓实"。"父子兄弟之

1 /［清］黄宗羲：《孟子师说》卷四，《黄宗羲全集》（增订版）第一册，第92页。
2 /［清］黄宗羲：《蕺山学案》，《明儒学案》下册，中华书局1985年版，第1596页。

间，纯是一团天性，不容直情径行"[1]，"赤子之心，只知一个父母，其视听言动，与心为一"[2]。这种与生俱来的血缘亲情发自天性，存乎一心，是仁爱的本源。这种本源性的"情"能够超越时空，感天动地，贯金石，动鬼神，"嗟乎！情盖难言之矣。情者可以贯金石，动鬼神。古之人情，与物相游而不能相舍，不但忠臣之事其君，孝子之事其亲，思妇劳人结不可解，即风云月露，草木虫鱼，无一非真意之流通。故无溢言曼辞以入章句，无诒笑柔色以资应酬，唯其有之，是以似之。今人亦何情之有？情随事转，事因世变，干啼湿哭，总为肤受，即其父母兄弟，亦若败梗飞絮，适相遭于江湖之上。劳苦倦极，未尝不呼天也；疾痛惨怛，未尝不呼父母也。然而习心幻结，俄顷销亡，其发于心著于声者，未可便谓之情也"[3]。作为人"真意之流通"的情不会随事而转，因世而变，这里关键有一个"真"字。如果是一种习心幻结的虚假表演，就不能称之为"情"。这与晚明李贽、袁宏道、汤显祖等人在文学艺术方面的重情思潮显然有一定渊源。

对情的重视，也使黄宗羲对情性关系有了与程朱理学不同的看法。黄宗羲说："先儒之言性情者，大略性是体，情是用；性是静，情是动；性是未发，情是已发。程子曰'人生而静以上不容说。才说性时，他已不是性也'，则性是一件悬空之物。其实孟子之言，明白显易，因恻

1／[清]黄宗羲：《孟子师说》卷四，《黄宗羲全集》（增订版）第一册，第106页。

2／[清]黄宗羲：《孟子师说》卷四，《黄宗羲全集》（增订版）第一册，第101页。

3／[清]黄宗羲：《黄梨洲文集》，第343页。

隐、羞恶、恭敬、是非之发，而名之为仁义礼智，离情无以见性，仁义礼智是后起之名，故曰仁义礼智根于心。若恻隐、羞恶、恭敬、是非之先，另有源头为仁义礼智，则当云心根于仁义礼智矣。是故'性情'二字，分析不得，此理气合一之说也。体则情性皆体，用则情性皆用，以至动静已未发皆然。"[1]在性情关系上，程朱理学认为性是情的根源，而黄宗羲则认为情是性的基础，而性是后起之名，离情无以见性。所以，他由理气合一推演到性情统一，解构了宋儒把仁义礼智与恻隐、羞恶、恭敬、是非分为本末、体用的说法。

如何在政治实践中落实仁，黄宗羲提出了"正言仁义功用"的观点：

> 天地以生物为心，仁也；其流行次序万变而不紊者，义也。仁是乾元，义是坤元，乾坤毁则无以为天地矣。故国之所以治，天下之所以平，舍仁义更无他道。三代以下，至于春秋，其间非无乱臣贼子，然其行事议论，大抵以仁义为骨子，而吉凶亦昭然不爽。及至战国，人心机智横生，人主之所讲求，策士之所揣摩，只在"利害"二字，而仁义反为客矣。举世尽在利欲胶漆之中，孟子出来，取日于虞渊而整顿之。七篇以此为头脑："未有仁而遗其亲者也，未有义而后其君者也。"正言仁义功用，天地赖以常运而不息，人纪赖以接续而不坠。遗亲后

1/［清］黄宗羲：《孟子师说》卷六，《黄宗羲全集》（增订版）第一册，第136页。

君，便非仁义，不是言仁义未尝不利。自后世儒者，事
功与仁义分途，于是当变乱之时，力量不足以支持，听
其陆沉鱼烂，全身远害，是乃遗亲后君者也。此是宋襄、
徐偃之仁义，而孟子为之乎？[1]

这段文字首先从宋儒仁乃天地以生物为心说起，回到原始儒家的
仁义核心价值观，把仁义看成是天地赖以存在的本元，又从人类
社会历史发展一路讲下来，从更广阔的文化视野论证仁义至高无
上的地位，对孟子正言仁义功用的历史功绩给予了很高赞誉，批
评孟子以后儒者们事功与仁义分途所产生的违背仁义本来精神的
现象，引出了事功与仁义关系话题。

对功用的重视，使他对事功与仁义的关系也有了与程朱理学
不同的看法。黄宗羲重视仁义，赋予仁义至高无上的地位，但并
不排斥功利，把二者看成是相辅相成，缺一不可的关系。他说：
"自仁义与事功分途，于是言仁义者，陆沉泥腐，天下无可通之
志，矜事功者，纵横捭阖，齰舌忠孝之言。两者交讥，岂知古今
无事功之仁义，亦无不本仁义之事功。四民之
业，各事其事，出于公者，即谓之义；出于私者，
即谓之利。"[2] 仁义不排斥事功，事功也不背离仁
义。并从事功与仁义之辨引出了公私之辨、义
利之辨、王霸之辨。他认为，君主只是一姓之
私，而万民的利益联合才是公。他肯定有生之
初有一个"人人各私，人人各利"的社会，社会

1／［清］黄宗羲：《孟子师
说》卷一，《黄宗羲全集》
（增订版）第一册，第49页。

2／［清］黄宗羲：《国勋倪君
墓志铭》，《黄宗羲全集》（增
订版）第十册，第498页。

的进步需要合众人之私而为公，这就是"天下大公"。公私之辨也就是义利之辨，出于公即是义，出于私即是利。当然，黄宗羲的"义"不仅仅是道德修养，是以仁心为基础的事功，而"利"则是失去仁心之后利用各种手段获取功利、名利。王霸之辨也是以仁义为根据的："王霸之分，不在事功而在心术：事功本之心术者，所谓'由仁义行'王道也；只从迹上模仿，虽件件是王者之事，所谓'行仁义'者，霸也。不必说到王天下，即一国所为之事，自有王霸之不同。奈何后人必欲说'得天下方谓之王'也！譬之草木，王者是生意所发，霸者是翦彩作花耳。"[1]"'由仁义行'者原无仁义，人见之为仁义。'行仁义'者，先有一仁义，而有后行，则非本然之德也。"[2]这里黄宗羲由孟子的"由仁义行"与"行仁义"的比较来阐明王道与霸道问题。孟子在《离娄下》中说："舜明于庶物，察于人伦，由仁义行，非行仁义也。"古代圣王大舜明白万事万物的道理，明察人伦关系，因此能遵照仁义行事，而不是勉强地施行仁义。"由仁义行"是有本然之德的自觉的道德实践（行），所以行得浑然天成，毫无做作，能够达到道德修养的最高境界；而"行仁义"则是非本然之德，即没有道德自觉，是刻意的，是有意识的，带功利性的"行仁义"，境界低了很多。黄宗羲借以从道德实践的"心术"，即是否有仁义的道德自觉来分别王者和霸者：王者内心有仁义心术，自然其事功也是仁义的；而霸者内心没有

1／[清]黄宗羲：《黄宗羲全集》（增订版）第一册，第51页。

2／[清]黄宗羲：《黄宗羲全集》（增订版）第一册，第112页。

仁义心术，只是模仿王者的一切作为，圣人所做的件件是王者之事，但因为是"行仁义"，所以是一个伪王者，其实就是霸者。王者的政治实践是宇宙生意的自然发用，而霸者的政治活动只是剪彩做花的人为作假。王霸之辨清楚了，他推崇的政治理念就清楚了："天地之生万物，仁也。帝王之养万民，仁也。宇宙一团生气，聚于一人，故天下归之，此是常理。自三代以后，往往有以不仁得天下者，乃是气化运行，当其过不及处，如日食、地震而不仁者应之，久而天运复常，不仁者自遭陨灭。"[1]如果帝王能够做到顺天应人，聚宇宙生气，养天下万民，才是仁者；反之，即使有不仁者偶尔得了天下，也没有仁心，其行为必然有过与不及，在天运流转中最终被历史淘汰。他强烈批判以一己之私行专制的君主，渴望出现顺应天理之自然的仁义之君出来治国平天下，重建三代圣王之治。

二、王夫之内圣外王一体之仁

王夫之（1619—1692），字而农，号姜斋、湖广衡州府衡阳县（今湖南衡阳）人。晚年居于湘水之西的石船山，故学者称他为船山先生。王夫之自小随父兄读四书五经、诸子百家、汉赋唐诗，文名重于乡里，但科举考试一再落第。在清兵入关后即举兵抗击，辗转各地，失败后隐居湘西瑶族地区的荒山野岭

1 /［清］黄宗羲：《黄宗羲全集》（增订版）第一册，第 90 页。

之间，在艰难困苦之中，奋发自励，从事著述，垂四十年，得"完发以终"（始终未剃发），成为伟大的思想家、学者。王夫之知识渊博，学术成就很大，对天文、地理、历法、数学都有研究，尤精于经学、史学、文学，对明末传入的西学也有所述评。王夫之一生著述丰富，清同治年间，曾国藩、曾国荃兄弟刊刻《船山遗书》，这是目前能见到的最全的版本。主要著作有《思文录》《周易外传》《尚书引义》《读四书大全说》《张子正蒙注》《读通鉴论》等。

　　明清之际，通经致用，学以经世，已成为学术界的共识，构成清初儒学的主流。王夫之正是在这种背景下对程朱理学多有批评，认为理学背离儒家经典，流于佛老方外，且脱离社会现实，失去治平的功能。但他把批判与重建结合起来，提出"六经责我开生面"的经学观，从经典出发，结合明清之际的社会变革创建自己的体系。王夫之对张载最推崇，对张载的学说坚定不移地加以捍卫和弘扬，哲学上主要对元气本体论与理气、道器论等问题进行了深入阐发。元气本体论是张载哲学体系的一个重要基础，表现了他对宇宙生成与存在的基本看法。张载在自然观上提出"太虚即气"的观点，被王夫之进行了更为详尽的发挥。王夫之以张载"知太虚即气则无'无'"的命题为出发点，论证气的普遍性和无限性。他说："天人之蕴，一气而已。"[1]认为自然界和人类社会的实际内容，就是气。"虚空者，气之量……凡虚空

1 /［明］王夫之:《读四书大全说》卷十《孟子》，中华书局 1975 年版，第 660 页。

皆气也。"[1]整个宇宙"虚涵气,气充虚",充满着"弥沦无涯""通一无二"的气,"此外更无他物,亦无间隙"。[2]这就是说,充塞宇宙的、包罗万象的都是气,从无形的太空、有形的大地,众多的万物,都是气的各种存在形式,它们都统一于气。在理气问题上他认为理气互相为体,理不先气也不后气,气原是有理的,"理便在气里面",理为气中所固有;"气者,理之依也"。气是理赖以存在的依托。理气互相包含,共处于一个统一体内,是相互联系,不可分割的。但,气是体,理是用,气为根本。道器方面,王夫之提出"道寓于器以用"的道器论,其主要观点是:不存在离开"形器"之上的"道";具体的器物由阴阳二气凝聚而成,而"道"则存在于器物之中。强调"道"是"器之道",不能颠倒说"道之器",因此,"据器而道存",研究具体的器物,才能掌握其中之"道"。他说:"故聪明者耳目也,睿知者心思也,仁者人也,义者事也,中和者礼乐也,大公至正者刑赏也,利用者水火金木也,厚生者谷蓏丝麻也,正德者君臣父子也。如其舍此而求诸未有器之先,亘古今,通万物,穷天穷地,穷人穷物,而不能为之名,而况得有其实乎?"[3]聪明、睿知、仁、义、中和、大公至正、利用、厚生、正德等都是所谓的道,它们都离不开自己的载体,如耳、目、心、人、事、礼乐、刑赏、水火金木、谷蓏丝麻、君臣父子,也即所谓的器。道要靠具

1 /[明]王夫之:《张子正蒙注》卷一,岳麓书社 2011 年版,第 23 页。

2 /[明]王夫之:《张子正蒙注》卷一,第 26 页。

3 /[明]王夫之:《船山全书》第一册,岳麓书社 1993 年版,第 1028 页。

体的人和事来体现，这证明"无其器则无其道"。舍弃这些具体的事物而求之于抽象的理，是不可能的，也是不现实的。

王夫之的仁学是天人合一的构架中讨论阐明的，他界定"仁"说，"仁者，人之心，天之理也"[1]，仁在天为天理，在人为人心。此处的仁乃是指人道之仁。他对《易传·说卦传》"立天之道，曰阴与阳；立地之道，曰柔与刚；立人之道，曰仁与义"的旨意发挥说："就象而言之，分阴分阳；就形而言之，分柔分刚；就性而言之，分仁分义；分言之则辨其异，合体之则会其通"[2]，天道的运行，在天成象，体现为阴与阳；在地成形，体现为刚与柔；而就人性而言，体现为仁与义。所以，"立人之道"不外仁义而已。"仁义立而五伦叙，礼以之序，乐以之和，故立人之道，仁与义而已。"[3]这是对《易传》"仁义"思想的继承和发挥，但与孟子所说的仁义内涵有很大不同。孟子所说的"仁"实质是"恻隐之心"，"义"是"羞恶之心"，而王夫之所说的仁与义，则是气化过程形成的"人之生理"，"仁义者，阴阳刚柔之理以起化者也，人道于是而立"。[4]就是说，仁义是人生秉天地阴阳刚柔之理于心中者，是人之所以为人之道，人道借以确立。人道与天道相通而相异："'立人之道，曰仁与义'，在人之天道也。'由仁义行'，以人道率天道也。'行仁义'则待天机之动而后行，非能尽夫人之所

1 / [明] 王夫之:《四书训义》卷十八,《船山全书》第七册, 第786页。

2 / [明] 王夫之:《张子正蒙注》卷一, 第27页。

3 / [明] 王夫之:《礼记章句》一, 岳麓书社2011年版, 第681页。

4 / [明] 王夫之:《礼记章句》一, 第561页。

以异于禽兽者矣。天道不遗于禽兽，而人道则为人之独，由仁义行，大舜存人道圣学也，自然云乎哉！"[1] 人道的本质是仁义，儒家之道既是人道，又是"在人之天道"，他借用孟子的"由仁义行"和"行仁义"来说明，如果一个人由本然的仁义之性出发自觉地行仁义，就是发挥了人的主体性，以人道率天道；如果一个人不是由本然的仁义之性出发而是有意地行仁义，那就还没有走到人道上来。"知、仁、勇，人得之厚而用之也至。然禽兽亦与有之矣，禽兽之与有之者，天之道也。好学近乎知，力行近乎仁，知耻近乎勇，人之独而禽兽不得与，人之道也。"[2] 就人道与天道比较而言，既然"天道不遗于禽兽"，人所有的有些东西禽兽也应有，这是天道；但人所有的好学、力行、知耻则人独有而禽兽没有，这是人道。他论人道说："人道有两义，必备举而后其可敏政之理著焉。道也，仁也，义也，礼也，此立人之道，人之所当修者。……仁也，知也，勇也，此成乎其人之道，而人得斯道以为德者也。道者，天与人所同也，天所与立而人必繇之者也。德者，己所有也，天授之人而人用以行也。然人所得者，亦成其为条理，知以知，仁以守，勇以作。而各有其径术，知入道，仁凝道，勇向道。故达德而亦人道也。"[3] 王夫之以"仁义礼"与"知仁勇"将人道分说为二，前者乃人之所以为人者，为天所立之人道，为"人道之当然"；后者虽是人

1 / ［明］王夫之:《思问录·内篇》，岳麓书社 2011 年版，第 405 页。

2 / ［明］王夫之:《思问录·内篇》，第 402 页。

3 / ［明］王夫之:《读四书大全说》卷二《中庸》，中华书局 1975 年版，第 127—128 页。

之所以行道者，也成其条理，各有其径术，为"人道之能然"。

　　仁是人秉天道之理于人心中者，是天人合一的产物，故有
"天之仁"与"人之仁"的区分："天之使人甘食悦色，天之仁也。
天之仁，非人之仁也。天有以仁人，人亦有以仁天仁万物。恃天
之仁而违其仁，去禽兽不远矣。"[1] 人对美食美色的追求是人之得
之于天道的本然之仁，即"天之仁"；人以得于天的本然之仁确
立人之为人的道德原则，即"人之仁"。人如果自恃天的本然之仁
而违背人之为人的道德原则，那就离禽兽不远了。也就是说，人
对美食美色的追求是有天然的合理性的，但不能为物欲所驱，违
背人之为人的道德原则，堕入禽兽之途。"人之所以异于禽兽，仁
而已矣；中国之所以异于夷狄，仁而已矣；君子之所以异于小人，
仁而已矣。"[2] 王夫之在辩证的天人观思想框架里讨论"天之仁"
与"人之仁"的区分，目的还是强调怎么在天人构架中更好地
"立人之道"，实践"人之仁"。

　　　　　　因为人有"心"而天无"心"，"人之仁"的
　　　　　　实践必然落实到人"心"上，仁与心的关系是
　　　　　　这样的："仁者，生理之函于心者也；感于物而
　　　　　　发，而不待感而始有，性之藏也。人能心依于
　　　　　　仁则不为物欲所迁以致养于性，静存不失。"[3]
　　　　　　仁是天道的生理涵摄于人心的道德原则，不能
　　　　　　说心就是仁，但只有心才是仁的主体承担者，
　　　　　　才能实现修身养性。"仁者，吾心存去之几，而

1 /［明］王夫之：《思问录·内
篇》，第 406 页。

2 /［明］王夫之：《礼记章句
序》，《礼记章句》一，第 9 页。

3 /［明］王夫之：《张子正
蒙注》卷五，岳麓书社 2011
年版，第 203 页。

天下感通之理也。存吾心以应天下，而类天下以求吾心，则天理不违，而己私净尽矣。故夫子答仲弓问仁，与克复无异理焉。其答之曰：仁者，心之全体也，即心之大用也。"[1]仁是心的全体大用，人心中是否有仁，是人区别于禽兽的根本，又是能否感通天下的道理。"夫仁者，敛天下于心，而协于一者也；达一心于天下，而无所拂者也。使在邦焉，在家焉，有志气之戾，而怨生焉，则心与天下不相喻，而痿痹见矣。惟如是之敬，无往而不存也，则于邦无简狎之情，于家无敖惰之辟；如是之恕，近取而实喻也，则于邦无不惠之政刑，于家无不情之教令。胥无怨也，合邦家于一心，而邦家皆协其同然之心理，心恒存而不去，物有感而必通，仁道其远乎哉！"[2]仁凝聚天下人之心与吾一心，由吾一心而通达天下人之心，吾心恒存仁而不去，物有感而仁必通，就是儒家孜孜以求的仁道。

儒家仁学必然要表达政治上的仁政诉求，王夫之仁学的最终落脚点是王道政治理想的构建。与程朱陆王的偏于内在心性的王道观不同，王夫之试图重建儒家内圣外王一体的理想政治模式。他继承传统儒家修身为本的观念，认为："治天下有道，正其本以修政教而已矣。"[3]"凡为君子者，不可不知务本，而治教政刑之皆末也。"[4]治道以修身为本，具体即指修君德，至

1 / ［明］王夫之：《四书训义》卷十六，《船山全书》第七册，岳麓书社1991年版，第684页。

2 / ［明］王夫之：《四书训义》卷十六，《船山全书》第七册，第685-686页。

3 / ［明］王夫之：《尚书引义》卷三《说命上》，岳麓书社2011年版，第308页。

4 / ［明］王夫之：《四书训义》卷十二，《船山全书》第七册，第529页。

于治教政刑皆为末。如果本末乱了，天下必然会乱。"推及于天下者，则本明德以新民之道，化以之行而道以之广，故急图其本，而惟修身为力学之先。藉其不然，本末无序，而急求之天下国家，则不修之身，端居万民之上，而徒施其政教，其本乱矣，乃欲末之治也，否矣！"[1]治国平天下以修身为本，才是王道之始。否则，不务修身，本末颠倒，以不修之身，急求治国平天下，是不可能实现的。君王怎么修身？由前述的仁是心的全体大用，王夫之又进一步阐述说，"治之所资者，一心而已矣。以心驭政，则凡政皆可以宜民，莫匪治之资"[2]，"人君一念之烦苛，而四海之心瓦解"[3]，"君不仁，则不保其国"[4]，认为君主有仁心是决定天下国家治理的关键。君主有仁心，才能行仁义之道："人君之当行仁义，自是体上天命我做君师之心，而尽君道以为民父母，是切身第一当修之天职。"[5]行仁义之道，具仁爱之心，做民之父母是君主首先要修的"天职"。他以圣人道统为基准，认为"若夫百王不易、千圣同原者，其大纲，则明伦也，察物也；其实政，则敷教也，施仁也；其精意，则祗台也，跻敬也，不显之临、无射之保也；此则圣人之道统，非可窃者也"[6]。这就特别强调了圣人道统所蕴含的德政理想他还举古代圣王为例说："古之圣王，后

1／[明]王夫之:《四书训义》卷一,《船山全书》第七册,第50页。

2／[明]王夫之:《读通鉴论》下册卷末,第1114页。

3／[明]王夫之:《读通鉴论·唐宣宗》下册,第951页。

4／[明]王夫之:《读通鉴论·隋文帝》中册,第642页。

5／[明]王夫之:《读四书大全说》卷八《孟子》,第504页。

6／[明]王夫之:《读通鉴论·东晋成帝》中册,第410页。

治而先学，贵德而贱功，望之天下者轻，而责之身心者重，故耄
修益勤，死而后已，非以为天下也，为己而已矣。""唐政之不终
者凡三：贞观也，开元也，元和也。""唐以功立国，而道德之旨，
自天子以至于学士大夫置不讲焉，三君之不终，有以夫！"[1] 古之
圣王，先学会做人，后谋治国，尊重道德，轻贱功利，以修炼身
心为重，然后才能由内圣转化为外王，担当起治国平天下的重任，
所以，他们淡泊名利，为了天下百姓则可以视死如归、鞠躬尽瘁、
死而后已。但是汉唐以后就不行了，如唐代贞观、开元虽然被后
世称为盛世，但都是以功立国，从上到下不讲道德，君臣未能领
悟道德之旨，所以，治国是有始无终。王夫之重申由内圣出发实
现外王的路是符合儒家王道理想的。

那么，王夫之所说的外王是什么呢？他认为，要把仁义之本
应用到治理天下方面，就要体现在政教之中。
"盖王者之治天下，不外乎政教之二端。"[2] 所谓
"政"，如果从国家层面看，王夫之认为不外乎
六件事："铨选者，治乱之司也；兵戎者，存亡
之纽也；钱谷者，国计之本也；赋役者，生民之
命也；礼制者，人神之纪也；刑名者，威福之权
也。"[3] 如果从君民关系上看，王夫之认为"尊
卑等秩，各安其所，正所谓政也"[4]。他注释
《论语·颜渊》说："夫国何为而有政？政何为而
可以治国？盖欲使上下之一出于正，而邪慝不

1 / [明] 王夫之：《读通
鉴论·唐玄宗》下册，第
777—779 页。

2 / [明] 王夫之：《礼记章
句》一，第 334 页。

3 / [明] 王夫之：《读通鉴
论·隋炀帝》中册，第 647 页。

4 / [明] 王夫之：《读四书大全
说》卷九《孟子》，第 619 页。

作也。故有名分以正其尊卑，有纲纪以正其职业，有井疆以正其田畴，有庠序以正其学术，皆所以正人者，而不可徒求之民。"[1]在这里，王夫之对孔子"政者，正也"的思想做了具体发挥，主张把"正"落实在具体的施政措施中，从纲纪、田畴、学术几方面正人，并特别强调不可只求之民，关键还在于自正。"夫德者，自得也；政者，自正也。"[2]"夫为政者，廉以洁己，慈以爱民，尽其在己者而已。"[3]"为政以德"就是"自正"，就是"尽己"。在注释"君君、臣臣、父父、子子"一章时，王夫之说："立乎朝廷以正百姓者，君臣也；相为继统以守国家者，父子也；夫君臣父子，亦各尽其道而已。君且无问其治民也，而但念其何以立民上而不忝；臣且勿问其事君也，而但念其何以受爵禄而不惭；父且勿问其贻谋也，而但念其何以为严君而无愧；子且勿问其顺亲也，而但念其何以承统绪而非诬。故有恩有威焉，君正其君也；有职有分焉，臣正其臣也；爱以其理，教以其道，父正其父也；爱敬因于性，名分因于序，子正其子也。凡先王之以立人伦之极，而为礼乐刑政之本者，此而已矣。"[4]显然，他以"正"为标准，把重心放在"君臣父子"两伦关系的调整上，这样就把"政者，正也"与人伦关系的"君臣父子"联系起来，抓住了为政的实质。

所谓"教"，主要是指礼教。王夫之说："夫

1 / [明] 王夫之:《四书训义》卷十六,《船山全书》第七册, 第710页。

2 / [明] 王夫之:《读通鉴论·隋文帝》中册, 第638页。

3 / [明] 王夫之:《读通鉴论·隋文帝》中册, 第637页。

4 / [明] 王夫之:《四书训义》卷十六,《船山全书》第七册, 第704-705页。

礼之为教，至矣大矣，天地之所自位也，鬼神之所自绥也，仁义之以为体，孝弟之以为用者也；五伦之所经纬，人禽之所分辨，治乱之所司，贤不肖之所裁者也；舍此而道无所丽矣。"[1] 礼教之所以重要，是因为礼教是道的具体体现，天地赖以自位，鬼神赖以自绥，仁义以其为体，孝悌以其为用，是分辨判断五伦、人禽、治乱、贤不肖的社会规范。王夫之注释《礼记·王制》中"司徒修六礼以节民性，明七教以兴民德，齐八政以防淫，一道德以同俗，养耆老以致孝，恤孤独以逮不足，上贤以崇德，简不肖以绌恶"一段话，这样发挥道："'六礼''七教''八政'，皆道德之所显，此立教之目的也。'养老''恤孤'，上所躬行，以化民于仁厚而为立教之本也。'上贤''简不肖'，则以赏罚辅教而行者也。大司徒修明之，而乡师、乐正举行之，三代之德教备矣。"[2]《王制》所说的"六礼""七教""八政"都是具体的礼教措施，是道德的外化，其目的是使得道德得以落实，使人们能够正确地处理各种人伦关系，产生"化民于仁厚"的社会效应，体现三代的德教精神，实现"天下归仁"的社会理想。

王夫之还通过对儒家经典《春秋》"严夷夏之防"的诠释，以礼义为基点来讨论民族的差异问题，把仁智为内在精神的礼义作为判别华夏与夷狄的标准。他发挥《春秋》关于荆吴徐越杞莒为夷狄时写道："立人之道，仁智而已矣。仁显乎礼，智贞乎义。故夫禽兽者，仁智之介然或存者有矣，介然之仁弗

1 / ［明］王夫之：《读通鉴论·梁武帝》中册，第564页。

2 / ［明］王夫之：《礼记章句》一，第336页。

能显诸礼，介然之智弗能贞诸义，斯以为禽心。夷狄之仁，视禽广大矣；夷狄之智，视禽通明矣，亦唯不义无礼，无以愈于禽也，斯以为狄道。""若夫介然之仁，不准诸礼，而亦有以动愚贱。故狄虽假义，终必弃礼，弃礼以为功，是之谓狄。春秋之狄，荆、吴、徐、越、杞、莒者，惟其亡礼也。僭王，盗行也。亡礼，盗行也。有狄之道，则必有盗之行，狄故盗也。何也？以狄为盗，则盗行而不知其盗，荡然蔑礼，斯以僭王矣。""诸侯之僭，犹中国之盗也，所僭者犹礼也。荆、吴、徐、越之僭，非直盗也，狄也，礼亡故也。礼亡，则杞、莒虽不僭也，而亦狄也。礼者，人之所独安，禽之所必昧，狄之所必不知，而欲去之。藉其知礼，而狄可进也。故《春秋》有时进荆、吴，而僭王之罪且故置之。呜呼，礼亦重矣！礼之蔑也，祸成于狄，则欲救狄祸者，莫礼急也。功能驱狄，而道不足以弘礼，其驱之也必复。"[1]此段以其道器观阐明夷狄之所以为夷狄的道理。"立人之道，仁智而已矣"，人之为人之道就是仁智。道要显诸器，"仁显乎礼，智贞乎义"，礼义就是仁智外显之器。他从人与动物的差别谈起，动物也一定有其仁智，但其所谓仁不能显诸礼，其所谓智不能贞诸义，因为其心性是动物之心性。夷狄与动物相似，也有广大之仁，通明之智，但其所谓仁智不能发显出礼义，也就是没有礼义，不能超越动物界，所行必然是夷狄之道，而非人道。如春秋时的荆、吴、徐、越、杞、莒诸国均为夷狄而无礼，也就不能进入人道，所以要严夷夏之防，

1 /［明］王夫之：《春秋家说》卷上《庄公七》，《船山全书》第五册，岳麓书社1993年版，第145—146页。

驱除夷狄，复兴华夏。明白了夷狄之所以为夷狄的道理，他还提出了过激的主张："是故知中国之于夷狄，殄之不为不仁，欺之不为不信，斥其土、夺其资不为不义。苟与战而必败之也，殄之以全吾民之谓仁；欺以诚、行其所必恶之谓信；斥其土则以文教移其俗，夺其资而以宽吾民之力之谓义。仁信以义，王伯之所以治天下匡人道也。"[1] 当然，王夫之这些议论是有其具体的时代背景的，这就是明清之际满人入主中原，对几千年的华夏礼义造成毁灭性的破坏，他身受亡国之痛，深知道德礼义一定要以国家民族的存在为先决条件，仁义不能只是一个抽象的道德形而上概念虚悬在那里，而必须落到实处，与国家民族的生死存亡联系在一起。因此，他挖掘儒家传统华夷之辨的思想资源，切论夷狄之祸为蔑礼，捍狄即莫急于礼，其实质就是要捍卫孔孟经学的仁义道德，传承华夏文明的礼义文化，挽救国家民族的生死存亡。

三、戴震人伦日用生生之仁

戴震（1724—1777），一字东原，二字慎修，号杲溪，休宁隆阜（今安徽黄山屯溪区）人，清代著名语言文字学家、哲学家、思想家。乾隆二十七年举人，乾隆三十八年被召为《四库全书》纂修官。乾隆四十年第六次会试下第，因学术成就显著，特命参加殿试，赐同进士出身。戴震治学广博，音韵、文字、历算、地

1 /［明］王夫之:《春秋家说》卷下《昭公三》,《船山全书》第五册, 第299-300页。

理无不精通，以乾嘉考据之学大师著称于世，但与清代中叶其他学者钻故纸堆不同的是，戴震考据学的出发点在于有意识地继承并发扬明末清初的实学传统，既反对程朱理学空谈义理的虚玄无物，又反对乾嘉考据的矫枉过正，提出"由故训以明义理"、"执义理而后能考核"的学术思想。他说："凡学始乎离词，中乎辨言，终乎闻道。"[1] "离词—辨言—闻道"，构成了戴震学术实学的主体框架。在戴震看来，故训明物，乃是明道之具，两者是不能分开的。他说："夫今人读书，尚未识字，辄目故训之学不足为。其究也，文字之鲜能通，妄谓通其语言；语言之鲜能通，妄谓通其心志。"[2] 戴震认为，义理、考据、文章（词章）同为学问之途，但"义理即考核、文章二者之源"，最为重要，考据、词章只不过是通向义理的手段。由此导致了戴震考据学与清代其他考据学家不同的特点："仆自十七岁时，有志闻道，谓非求之六经、孔、孟不得，非从事于字义、制度、名物，无由以通其语言。宋儒讥训诂之学，轻语言文字，是犹渡江河而弃舟楫，欲登高而无阶梯也。"[3] 显然，戴震为学还是坚守传统儒家由学致道为最高理想，而道在经典之中，经典又是文字写成的，所以求道要从文字训诂出发，而文字训诂是"渡江河"之"舟楫"，"登高"之"阶梯"，只是"闻道"的途径与手段。他一生著述很多，包括音韵、算术、几何、考据、天文、地理、方

1 / [清]戴震：《沈学子文集序》，《戴震全书》卷六，黄山书社1995年版，第393页。

2 / [清]戴震：《尔雅注疏笺补序》，《戴震全书》卷六，黄山书社1995年版，第276-277页。

3 / [清]段玉裁：《戴东原先生年谱》，《戴震文集》，中华书局1980年版，第217页。

志等各个方面，代表作是《原善》《孟子字义疏证》。戴震的学术思想，以他对宋学态度的变化，大体以四十岁为界限，分为前后两个时期：前期虽力倡汉学，但不排斥宋学；后期独标经书新义以力攻宋学。他批判宋儒义理的"凿空"之弊，晚年更对理学进行了有力的清算。可以说他是中国古代思想史上最后一位思想大师，成为中国传统思想向近代思想转化的重要桥梁，启导了近代启蒙思想的曙光。

戴震以"气"作为世界的本源，以"道"作为世界万物的基本规律，并对"道"与"理"的范畴进行了区分，把"道"作为万物的基本规律，而把"理"视为"物之质"，提出"气化即道"的宇宙观，谓："气化流行，生生不息，是谓道。"[1] "阴阳五行，道之实体也。"[2] 也就是说，阴阳五行永不停息的运动构成了道的真实内容。戴震从气化论的角度将天道的"气化生生不息"与人道的"人伦日用生生之事"联系起来，"是故在天地则气化流行，生生不息，是谓道；在人物，则人伦日用，凡生生所有事，亦如气化之不可已，是为道"[3]。天道与人道，逻辑上可以分而言之，实质上都贯穿着生生之理，在此基础上他以生生释仁。以生生释仁始于宋儒，他们把仁与《易》之生生结合起来，使仁提升为表示天人合一的本体范畴。戴震沿着宋儒的这一学术理路，也多将天

1 / [清] 戴震：《孟子私淑录》卷上，《戴震全书》卷六，第37-38页。

2 / [清] 戴震：《孟子字义疏证》卷中《天道》，《戴震全书》卷六，第175页。

3 / [清] 戴震：《孟子私淑录》卷上，《戴震全书》卷六，第37页。

道生生与仁德联系起来。他说:"一阴一阳,其生生乎……生生,仁也……观于生生,可以知仁。"[1] "自人道溯之天道,自人之德性溯之天德,则气化流行,生生不息,仁也。……在天为气化之生生,在人为其生生之心,是乃仁之为德也。"[2] "仁者,生生之德也。"[3] 这样就使天道气化之形而上"生生之理"与人道"生生之心"这一形下的"仁德"贯通起来,使儒家的仁学思想获得了天道的本体论支持。如果仅就这里的"生生"来看,似乎与宋儒没有多大不同,他的创新之处是进一步挖掘了此"生生"的"条理"特征:"由其生生,有自然之条理,观于条理之秩然有序,可以知礼矣;观于条理之截然不可乱,可以知义矣。……在天为气化推行之条理,在人为其心知之通乎条理而不紊,是乃智之为德也。惟条理,是以生生;条理苟失,则生生之道绝。凡仁义对文及知仁对文,皆兼生生、条理而言之者也。"[4] "生生,仁也,未有生生而不条理者。"[4] 戴震的"条理"源于《孟子·万章下》:"金声也者,始条理也;玉振之也者,终条理也。始条理者,智之事也;终条理者,圣之事也。"是对理学之"理"的解构,他说:"理者,察之而几微必区以别之名也,是故谓之分理;在物之质,曰肌理,曰腠理,曰文理。得其分则有条而不紊,

1 / [清] 戴震:《原善》卷上,《戴震全书》卷六,第8-9页。

2 / [清] 戴震:《孟子字义疏证》卷下《仁义礼智》,《戴震全书》卷六,第205页。

3 / [清] 戴震:《孟子字义疏证》卷下《仁义礼智》,《戴震全书》卷六,第205-206页。

4 / [清] 戴震:《原善》卷上,《戴震全书》卷六,第9页。

5 / [清] 戴震:《孟子字义疏证》卷上《理》,《戴震全书》卷六,第151页。

谓之条理。"[5] 戴震认为天道的气化流行，不是杂乱无章，而是有其规律性的。这个规律性"谓之条理"，这就通过先秦两汉时期质朴、平实的经典诠释，打破了"天理""理"的神圣性、神秘性，用分析的方法将其还原为不同类与不同事物的规定性，指出所谓"天理"就是天然的、自然而然的道理。

戴震主要着力于人道之生生的阐释，重视生命流行，特别是人的生存与发展，认为"'民之质矣，日用饮食'，无非人道所以生生者"[1]。人为天地所生，还有个如何成长的问题，他归纳为"养"，故云"有生则有养"[2]，为此提出了"生养之道"："饮食男女，生养之道也，天地之所以生生也。"[3]"天下必无舍生养之道而得存者，凡事为皆有于欲，无欲则无为矣；有欲而后有为，有为而归于至当不可易之谓理。无欲无为又焉有理！"[4]"生养之道，存乎欲者也。"[5]"去生养之道者，贼道者也。"[6] 即是说，饮食男女的生养之道是天地赖以生生不已之道，而这生养之道又存在于人们的基本生理欲望之中，这是对人们追求物质资料需求的满足和人的自然欲求的肯定，打破了宋儒理欲之辨的严格界限，为合理合情的人欲提供了存在依据。这种"生养之道"不仅是个别的，它具有普世性，不仅是生物的，而且具有道德理性，所以，

1 / [清] 戴震:《孟子字义疏证》卷下《仁义礼智》,《戴震全书》卷六，第205页。

2 / [清] 戴震:《原善》卷上,《戴震全书》卷六，第12页。

3 / [清] 戴震:《原善》卷下,《戴震全书》卷六，第27页。

4 / [清] 戴震:《孟子字义疏证》卷下《权》,《戴震全书》卷六，第216页。

5 / [清] 戴震:《原善》卷上,《戴震全书》卷六，第10页。

6 / [清] 戴震:《原善》卷下,《戴震全书》卷六，第27页。

戴震以"生生"的"条理"的思路提出了"相生养之道":"圣人顺其血气之欲,则为相生养之道,于是视人犹己,则忠;以己推之,则恕;忧乐于人,则仁;出于正,不出于邪,则义;恭敬不侮慢,则礼;无差谬之失,则智;曰忠恕,曰仁义礼智,岂有他哉?"[1]为了更好地使人人都实现"生养之道",他认为还需要为"生养之道"立下道德规范,即"忠恕,仁义礼智"等,这样,"相生养之道"就是"生养之道"之条理。如果从起源来说,"相生养之道"是"顺其血气之欲"制定的,也就是说,"忠恕,仁义礼智"等伦理规范不是外在于具体的感性生命的"天理",而是在现实生活中形成的"条理":"条理苟失,则生生之道绝。"在诸多伦理规范中,戴震认为"仁"是"相生养之道"的总目,"言仁可以赅义,使亲爱长养不协于正大之情,则义有未尽,亦即为仁有未至。言仁可以赅礼,使无亲疏上下之辨,则礼失而仁亦未为得"[2],即仁可以统摄礼、义,而礼、义也能促使仁的实现。戴震对仁进行了深刻的阐释,提出"与天下共遂其生则仁"的观点:"一人遂其生,推之而与天下共遂其生,仁也"[3],"人之生也,莫病于无以遂其生。欲遂其生,亦遂人之生,仁也。欲遂其生,至于戕人之生而不顾者,不仁也"[4],不是利己主义的只求个人遂其生,而是主张在个人遂其生的情况下也要使人

1 / [清]戴震:《孟子字义疏证》卷上《理》,《戴震全书》卷六,第171页。

2 / [清]戴震:《孟子字义疏证》卷下《仁义礼智》,《戴震全书》卷六,第205页。

3 / [清]戴震:《孟子字义疏证》卷下《仁义礼智》,《戴震全书》卷六,第205页。

4 / [清]戴震:《孟子字义疏证》卷上《理》,《戴震全书》卷六,第159页。

人都遂其生；不是只求人类遂其生，而且要推至天下万物，使天下万物共遂其生，这就是仁。戴震不仅看到了个人只有在物质需求的满足下才得以生存与发展，他还看到了天下人乃至万物都是如此，故以传统儒家推己及人的"恕道"推出了天下共遂其生乃仁；如果遂己生而不顾他人，乃至残害他人，那就是不仁。

针对宋明理学对伦理规范的形而上化，脱离了人的基本生活，戴震从人伦日用的视角揭示仁、义、礼等各种道德赖以产生的条件和基础，认为道德规范并不是远离现实生活的教条，而是人伦日用的必然法则。他把人伦日用与仁、义、礼的关系概括为"物"与"则"的关系："古贤圣之所谓道，人伦日用而已矣，于是而求其无失，则仁义礼之名因之而生。非仁义礼有加于道也，于人伦日用行之无失，如是之谓仁，如是之谓义，如是之谓礼而已矣。宋儒合仁义礼而统谓之理，视之'如有物焉，得于天而具于心'，因以此为'形而上'，为'冲漠无朕'；以人伦日用为'形而下'，为'万象纷罗'。盖由老、庄、释氏之舍人伦日用而别有所谓道，遂转之以言夫理。""人伦日用，其物也；曰仁，曰义，曰礼，其则也。"[1] 他认为古圣先贤所谓的道就是人伦日用，仁义礼这些道德规范是在人伦日用的实践中形成的。人伦日用是实，仁义礼是名；人伦日用是事物，仁义礼是规则。他批评宋儒受老、庄、释氏舍弃人伦日用的影响背离了古圣先贤人伦日用之道，把仁义礼与人伦日用强分为"形而上"和"形而下"，使理虚

1 ［清］戴震:《孟子字义疏证》卷下《道》,《戴震全书》卷六，第202-203页。

悬起来。

戴震为了把其仁学落实到政治上提出了自己的王道仁政观:"圣人治天下,体民之情,遂民之欲,而王道备。……孟子告齐、梁之君,曰'与民同乐',曰'省刑罚,薄税敛',曰'必使仰足以事父母,俯足以畜妻子',曰'居者有积仓,行者有余粮',曰'内无怨女,外无旷夫',仁政如是,王道如是而已矣。"[1]"体民之情,遂民之欲"是戴震自己概括出来的王道政治观,他借以论证的资料则是孟子落实王道仁政的一些具体措施,都是切实地满足民众"人伦日用"的基本要求。如何解释"体民之情,遂民之欲"?戴震说:"天下之事,使欲之得遂,情之得达,斯已矣……然后遂己之欲者,广之能遂人之欲;达己之情者,广之能达人之情。道德之盛,使人之欲无不遂,人之情无不达,斯已矣。"[2]这里的"遂己之欲者,广之能遂人之欲"就是具备立己利人、达己达人的仁爱之心。[3]如果君主有这样的仁爱之心,再由近及远,推己及人,就是王道仁政落实的途径。显然,在戴震这里,"体民之情,遂民之欲"既是一种政治主张,也是一种道德理想。

四、阮元"相人偶"人伦实践之仁

阮元(1764—1849),字伯元,号云台、雷塘庵主,江苏仪征人,清代著名经

1 / [清]戴震:《孟子字义疏证》卷上《理》,《戴震全书》卷六,第161—162页。

2 / [清]戴震:《孟子字义疏证》卷下《才》,《戴震全书》卷六,第197页。

3 / 张立文:《戴震哲学研究》,人民出版社2014年版,第168页。

学家、思想家，历乾隆、嘉庆、道光三朝，体仁阁大学士，太傅，谥号文达。在经史、数学、天算、舆地、编纂、金石、校勘等方面都有着非常高的造诣，被尊为三朝阁老、九省疆臣、一代文宗。作为一个经学家兼思想家，他的学术活动主要是解说经典，他的一些思想也就通过对经典的训诂考据而曲折委婉地表达出来。他治学的基本方法是由训诂以通经义，他认为，古今义理之学，必自训诂始，其原因是"舍经求文，其文无质，舍诂求经，其经不实。为文者当不可以昧经诂，况圣贤之道乎"[1]，训诂以汉儒为准绳。原因是"惟汉人之诂，多得其实者，去古近也"[2]，反映出对汉儒的推崇。阮元论学之旨，主张实事求是，"余之说经，推明古经，实事求是而已，非敢立异也"[3]。其"实事求是"一方面反映在以文字训诂、考证辨伪、探求经书义理、恢复经典原意的实学方法论，另一方面反映在其经典诠释中不再空谈心性，而是重视百姓日用的实行实践。《清儒学案·仪征学案》评价阮元："推阐古圣贤训世之意，务在切于日用，使人人可以身体力行。"[4]

  阮元由训诂以通经义的进路发展了儒家的仁学思想，将"仁"看作是孔子的核心思想："孔子为百世师，孔子之言著于《论语》为多。《论语》言五常之事详矣，惟论'仁'者凡五十有

1 / [清] 阮元:《西湖诂经精舍记》,《揅经室集》上册，中华书局 1993 年版，第 548 页。

2 / [清] 阮元:《西湖诂经精舍记》,《揅经室集》上册，第 548 页。

3 / [清] 阮元:《揅经室集·自序》,《揅经室集》上册，第 1 页。

4 /《清儒学案》卷 121《仪征学案》上，中华书局 2008 年版，第 4798 页。

八章，'仁'字见于《论语》者凡百有五，为尤详。若于圣门最详切之事论之，尚不得其传而失其旨，又何暇别取《论语》所无之字标而论之邪？"[1] 在《〈论语〉论"仁"论》长文里，阮元有鉴于宋明理学家们争论"仁"字的含义，通过资料长编的方式，将《论语》涉及"仁"字的资料集中在一起，同时又引证其他文献，运用归纳的方法，从文字起源的角度考辨仁的渊源、流变，揭示仁的本质内涵，提出了著名的"相人偶"的仁学思想。他说："古所谓人耦，犹言尔我亲爱之辞。独则无耦，耦则相亲，故其字从人二"，"人偶，同位之辞"，"春秋时，孔门所谓仁也者，以此一人与彼一人相人偶而尽其敬礼忠恕等事之谓也。相人偶者，谓人之偶之也。凡仁，必于身所行者验之而始见，亦必有二人而仁乃见。若一人闭户斋居，瞑目静坐，虽有德理在心，终不得指为圣门所谓之仁矣"。[2] 阮元引经据典，说明"人偶"表明人与人之间是一种相敬相爱的平等关系，他以春秋时期孔门所谓仁为例，强调仁是指人与人之间相互交往，表达敬礼忠恕等亲密友善关系的伦理范畴，必须两个人互相发生关系才称得上仁；如果一个人离群索居，闭目静坐，哪怕心中有对道德的思考体悟，也算不上仁。这是在强调仁的人伦关系意义的同时，也是对宋明理学受道佛影响只重视从内心克除私欲、修养心性的校正。宋明以来"仁"逐渐被抽象化、玄虚化，被理学家、心学家拔高到宇宙本体、天地之心的地

1 / [清] 阮元:《论语论仁论》,《揅经室集》上册，第 176 页。

2 / [清] 阮元:《论语论仁论》,《揅经室集》上册，第 179、176 页。

步，他实际是将孔门之"仁"消融到他的本体之"理"、主体之"心"之中。但这并不表示阮元这样的乾嘉学者不重视修身养性，他所做的是要匡正那种不能外推的"仁"，而是把"仁"放在人伦关系的生活中来定位。因此，阮元反对对仁的空虚玄妙的解释，而是回到孔门论仁的近譬之道："子夏恐学者视仁过高，将流为虚悟远求也，故曰：'勿谓仁不易知，但博学笃志，切问近思，仁道即可近譬而知。'此数语将晋、宋以后一切异端空虚玄妙之学、儒家学案标新竞胜之派皆预为括定。曾子、子游虑子张于人无所不容，过于高大，不能就切近之事与人为仁，亦同此说也。其曰为仁，可见仁必须为，非端坐静观即可曰仁也。"[1] 仁道并不是高不可攀，空虚玄妙，而是"能近取譬，可谓仁之方也已"。(《论语·雍也》) 通过近譬之道，博学笃志，切问近思而把握。

阮元认为圣贤之道重在实践，反对宋儒以心言仁，强调仁的人伦实践性。他针对宋儒释仁为心之德，仁人心也，他批评道："仁与人心究不能浑而为一。若直号仁为本心之德，则是浑成之物，无庸用力为之矣。"[2] 心与仁根本上来说不能"浑而为一"，不能说"仁为本心之德"，如果这样讲，它就是本然已具，不可能成为实践的原则。他认为陆王心学对"仁"的理解是对孟子本意的歪曲："孟子论良能、良知，良知即心端也，良能实事也。舍事实而专言心，非孟子本指也。孟子论仁，至显明，至诚实，亦未

1 / [清] 阮元:《论语论仁论》,《揅经室集》上册，第 180 页。

2 / [清] 阮元:《论语论仁论》,《揅经室集》上册，第 193 页。

尝举心性而空之迷惑后人也。"[1]他提出"著于行事，始可称仁"的主张，认为："一介之士，仁具于心；然具心者，仁之端也，必扩而充之，著于行事，始可称仁。孟子虽以恻隐为仁，然所谓恻隐之心，乃仁之端，非谓仁之实事也。孟子又曰：'仁之实，事亲是也。'是充此心，始足以事亲，保四海也。"[2]这里，阮元通过对孟子正本清源的诠释，将"仁之端"和"仁之实事"区分开来，"仁之端"具于心，即"所谓恻隐之心"，但"仁之端"只是开端而已，必须通过扩充，见于实行，成为事实，才是现实的"仁"。他举孝道为例，孝悌为仁之本，孟子说的"仁之实，事亲是也"，是说事奉亲人的孝行才是仁的实事，这就是说，人不仅要具仁之心，更重要的在于仁的实践行为，所以他说"著于行事，始可称仁"。

另外，阮元重视仁的实践也可以从他对《论语》的诠释中看出：《论语·学而》中有"学而时习之"一章，阮元认为"此章乃孔子教人之语，实即孔子生平学行之始末也"[3]。他以"贯"释"习"，"贯主行事，习亦行事，故'时习'者，时诵之，时行之也"。也就是说，"学兼诵之、行之。凡礼乐文艺之繁，伦常之纪，道德之要，载在先王之书者，皆当讲习之、贯习之"[4]。在阮元看来，"学"不仅是诵之，更是"行"之，在学与行之间不容有先后之分，因为"圣人之

1 /［清］阮元:《孟子论仁论》,《揅经室集》上册，第 196 页。

2 /［清］阮元:《孟子论仁论》,《揅经室集》上册，第 195－196 页。

3 /［清］阮元:《论语解》,《揅经室集》上册，第 49 页。

4 /［清］阮元:《论语解》,《揅经室集》上册，第 49－50 页。

道，未有不于行事见而但于言语见者也"。这与程子"学者，将
以行之也"之类以学为先的看法大不相同，也与朱子把"时习"
释为"既学而又时时习之，则所学者熟"这样纯粹的讲习活动截
然异趣。

重视仁的实践性，就在于仁之所以切实可行，是因为它是人
与人之间伦理关系的普遍原则，其具体落实的途径就是推己及人
的忠恕之道，所以阮元又以"恕道"释仁。"所谓仁者，己之身欲
立则亦立人，己之身欲达则亦达人。所以必两人相人偶而仁始见
也。"[1] "未能立人达人，所以孔子不许为仁。"[2] "仁虽由人而成，
其实当自己始，若但知有己，不知有人，即不仁矣。"[3] 如果一个
人只局限于自我，不能推己及人，己立立人，己达达人，那就是
不仁。儒家的恕道由孔子最早提出："其恕乎，己所不欲，勿施
于人。"（《卫灵公》）"夫仁者，己欲立而立人，
己欲达而达人。能近取譬，可谓仁之方也已。"
（《雍也》）所以，孔子经常把"己欲立而立人，
己欲达而达人"和"己所不欲，勿施于人"归
为恕道。而恕道乃是求仁之方，即实践仁的基
本途径，阮元以恕道释仁，既传承了孔子的思
想，又与"相人偶"结合起来，使恕道落实到
人与人的伦理关系之中。

阮元认为，春秋时期仁的"相人偶"意包含
甚广，"盖士庶人之仁，见于宗族乡党，天子诸

1 / ［清］阮元:《论语论仁
论》,《揅经室集》上册，
第 178 页。

2 / ［清］阮元:《论语论仁
论》,《揅经室集》上册，
第 187 页。

3 / ［清］阮元:《论语论仁
论》,《揅经室集》上册，
第 181 页。

侯卿大夫之仁，见于国家臣民，同一相人偶之道，是必人与人相偶而仁乃见也"[1]。自天子以至于庶人在古代社会中的名分地位不同，生活境遇不同，对相人偶的仁道的实践也有不同的范围和内容，这就体现了儒家仁爱的等差性。因为儒家的仁道是面对不同对象在不同生活境遇下确定的一个总原则，所以，在处理不同的人伦关系时，仁道的落实必然有先后轻重之别。阮元指出："亲亲而仁民，仁民而爱物之序。孝悌为人之本，即《孟子》所谓未有仁者而遗其亲者也，所以《尧典》必由九族而推至民雍也。博爱平等之说，不必辩而知其误矣。"[2]阮元引用孟子"亲亲而仁民，仁民而爱物"和有子"孝悌为人之本"来说明儒家仁道落实在现实中是按照亲亲—仁民或泛爱众—爱物的同心圆的扩展的逻辑进行的，是等差之爱，而立足于血缘亲情的孝悌则是仁爱的基础，

正因为如此，儒家的"仁爱"与"博爱平等之说"有根本的差别，不能简单等同，不然就流入道佛之途。他说："自博爱谓仁立说以来，歧中歧矣。吾固曰：孔子之道，当与实者、近者、庸者论之，则春秋时学问之道显然大明于世而不入于二氏之途。"[3]只有重新回归孔门论仁是切实、浅近、平庸的学术理路，才能不误入歧途。

阮元的仁学也重视在政治层面的落实，十分注意对为政者之"仁"的阐发，孔子曾说："能行五者于天下，为仁矣。"这"五者"就是恭、

1 / ［清］阮元：《论语论仁论》，《揅经室集》上册，第 176 页。

2 / ［清］阮元：《论语论仁论》，《揅经室集》上册，第 188 页。

3 / ［清］阮元：《论语论仁论》，《揅经室集》上册，第 177 页。

宽、信、敏、惠。阮元据此指出："兼五者之长，行之天下，始可谓仁，必如此始能爱及天下臣民也，又何疑于敬恕之非仁乎？"[1]阮元认为，为政者如果能够把恭、宽、信、敏、惠五者推行到天下，爱及天下臣民，就是仁，不仅仅是"敬恕"。当然"敬恕"是仁的最基本的体现，为政者背离了"敬恕"，就会在不仁的道路上越走越远，最终弄得众叛亲离，国破身亡："古天子诸侯之不仁者，始于不敬大臣，不体群臣，使民不以时，渐至离心离德。甚至视臣如草芥，糜烂其民而战之，若秦、隋之杀害群臣，酷虐百姓，行不顺，施不惠，家邦皆怨，是不仁之至也。究其始，不过由不敬不恕，充之以至于此。浅而言之，不爱人，不人偶人而已。若有见大宾、承大祭之心，行恕而帅天下以仁者，岂肯少为轻忽哉！此所以为孔门之仁也。"[2]他总结历史的经验教训，认为天子诸侯之不仁最初表现在不敬大臣，不体群臣，使民不以时，后来日渐放纵，直至最后体现在视臣民如草芥，杀害群臣，酷虐百姓，像秦二世、隋炀帝那样，不仁之至，终于败亡。所以，他警戒为政者行仁政以保天下，在《孟子论仁论》中云："仁得天下，不仁失天下，自天子及士庶人皆以仁保之"[3]，"治民者必以仁，暴民者必致亡"[4]。"《孟子》论仁，无二道，君治天下之仁，士充本心之仁，无异也。

1 / [清]阮元：《论语论仁论》，《揅经室集》上册，第186页。

2 / [清]阮元：《论语论仁论》，《揅经室集》上册，第184-185页。

3 / [清]阮元：《孟子论仁论》，《揅经室集》上册，第198页。

4 / [清]阮元：《孟子论仁论》，《揅经室集》上册，第196页。

1 / [清] 阮元:《孟子论仁
论》,《揅经室集》上册,
第 195 页。

2 / [清] 阮元:《孟子论仁
论》,《揅经室集》上册,
第 205 页。

3 / [清] 阮元:《孟子论仁
论》,《揅经室集》上册,
第 198 页。

治天下非仁不可。"[1] "不忍人,不害人,不杀一无罪,仁之至也。"[2] 他重申了孟子仁政学说的具体措施:"为政者必以仁。仁者,三代先王之道,正经界,薄税敛,不罔民,久行而待时,民之受虐政者必归之,莫之能御。"[3] 并且认为这是三代先王之道,如果有仁君能够实行的话,一定会天下归心。

参考文献

[1]　容庚.金文编 [M].北京：中华书局，1985（影印本）.

[2]　霍彦儒,辛怡华主编.商周金文编 [M].西安：三秦出版社，
　　　2009.

[3]　阮元.揅经室集 [M].北京：中华书局，1993.

[4]　康有为.中庸注 [M].北京：中华书局,1987.

[5]　梁启超.先秦政治思想史 [M].北京：中华书局,2015.

[6]　谭嗣同.仁学 [M].郑州：中州古籍出版社，1998.

[7]　孙广居.说文疑疑：卷下 [M]，光绪忍庵校本.

[8]　赵在翰辑.七纬：下册 [M]，钟肇鹏，萧文郁点校，北京：
　　　中华书局，2012.

[9]　丁福保.说文解字诂林 [M].北京：中华书局，1988.

[10]　孔颖达.尚书正义 [M].北京：北京大学出版社，1999.

[11]　孙星衍.尚书今古文注疏：下册 [M]，北京：中华书局，
　　　1986.

[12]　段玉裁.说文解字注：上册 [M].南京：凤凰出版传媒集团

凤凰出版社，2007.

[13] 王献唐.山东古国考 [M].济南：齐鲁书社，1993.

[14] 郭沫若.金文丛考：第二册 [M].北京：人民出版社，1954.

[15] 刘翔.中国传统价值观诠释学 [M].上海：上海三联书店，
1996.

[16] 陈来.古代思想文化的世界 [M].北京：生活·读书·新知
三联书店，2002.

[17] 许建良.先秦儒家的道德世界 [M].北京：中国社会科学出
版社，2008.

[18] 郭沫若.郭沫若全集:历史卷第二卷 [M].北京:人民出版社，
1982.

[19] 张岂之.儒学·理学·实学·新学 [M].西安：陕西人民出版
社，1991.

[20] 冯友兰.中国哲学简史 [M].北京：北京大学出版社，1996.

[21] 张立文.中国哲学逻辑结构论 [M].北京：中国社会科学出
版社，1989.

[22] 蒙培元.心灵超越与境界 [M].北京：人民出版社，1998.

[23] 梁启超.儒家哲学 [M].上海：世纪出版集团，上海人民出
版社，2009.

[24] 郑家栋.断裂中的传统——信念与理性之间 [M].北京：中
国社会科学出版社，2001.

[25] 徐复观.中国人性论史·先秦篇 [M].上海：上海三联书店，

2001.

[26] 万光军.孟子仁义思想研究 [M].济南：山东大学出版社，
2009.

[27] 权德舆.全唐文：比部郎中崔君元翰集序 [M].北京：中华
书局，1983.

[28] 路德斌.荀子与儒家哲学 [M].济南：齐鲁书社，2010.

[29] 廖名春编.荀子二十讲 [M].北京：华夏出版社，2009.

[30] 滕新才，等.中华伦理规范——仁 [M].北京：中国社会科
学出版社，2006.

[31] 桂思卓.从编年史道经典——董仲舒的春秋诠释学 [M].朱
腾，译.北京：中国政法大学出版社，2010.

[32] 梁启超.中国近三百年学术史 [M].长沙：岳麓书社，2000.

[33] 欧阳哲生编.胡适文集：第6卷 [M].北京：北京大学出版社，
1998.

[34] 沈善洪，王凤贤.中国伦理思想史：上 [M].北京：人民出版社，
2005.

[35] 庞朴主编.中国儒学：第一卷 [M].北京：东方出版中心，
1997.

[36] 楼宇烈校释.王弼集校释 [M]，北京：中华书局，1980.

[37] 程树德.论语集释 [M].北京：中华书局，1990.

[38] 嵇康.嵇康集校注 [M].北京：中华书局，2014.

[39] 鲁迅.鲁迅全集 [M]：第3卷.北京：人民文学出版社，

1981.

[40]   韩愈 . 韩愈全集 [M]. 上海：上海古籍出版社，1997.

[41]   张载 . 张载集 [M]. 北京：中华书局，1978。

[42]   程颢，程颐 . 二程集 [M]. 北京：中华书局，1981.

[43]   黄宗羲 . 宋元学案 [M]. 北京：中华书局，1986.

[44]   蒙培元 . 心灵超越与境界 [M]. 北京：人民出版社 1998.

[45]   陈来 . 仁学本体论 [M]. 北京：生活·读书·新知三联书店，
       2014.

[46]   黎德靖编 . 朱子语类 [M]. 中华书局,1994.

[47]   朱熹 . 朱子全书 [M]. 上海：上海古籍出版社，安徽教育出
       版社，2002.

[48]   钱穆 . 朱子新学案 [M]. 九州出版社,2011.

[49]   陈荣捷 . 中国哲学文献选编：2 册 [M]. 台北:巨流图书公司，
       1993.

[50]   张岱年 . 中国哲学史大纲 [M]. 北京：中国社会科学出版社，
       1982.

[51]   陆九渊 . 陆九渊集 [M]. 北京：中华书局，1980.

[52]   黄宗羲 . 明儒学案 [M]. 北京：中华书局,1985.

[53]   陈献章 . 陈献章集 [M]. 北京：中华书局，1987.

[54]   王守仁 . 王阳明全集 [M]. 上海：上海古籍出版社，2011.

[55]   蒙培元 . 理学范畴系统 [M]. 北京：人民出版社，1989.

[56]   黄宗羲 . 黄宗羲全集（增订版)[M]. 杭州:浙江古籍出版社，

2002.

[57]　黄宗羲. 明儒学案 [M]. 北京：中华书局，1985.

[58]　王夫之. 张子正蒙注 [M]. 长沙：岳麓书社，2011.

[59]　王夫之. 船山全书 [M]. 长沙：岳麓书社，1993.

[60]　王夫之. 礼记章句 [M]. 长沙：岳麓书社，2011.

[61]　王夫之. 读四书大全说 [M]. 北京：中华书局，1975.

[62]　戴震. 戴震全书 [M]. 合肥：黄山书社，1995.

[63]　张立文. 戴震哲学研究 [M]. 北京：人民出版社，2014.